Radwanderführer
Oberrhein – Elsaß 2

Süd: Zwischen Straßburg und Basel

Die schönsten familienfreundlichen

- **Rundtouren**
- **Streckentouren**

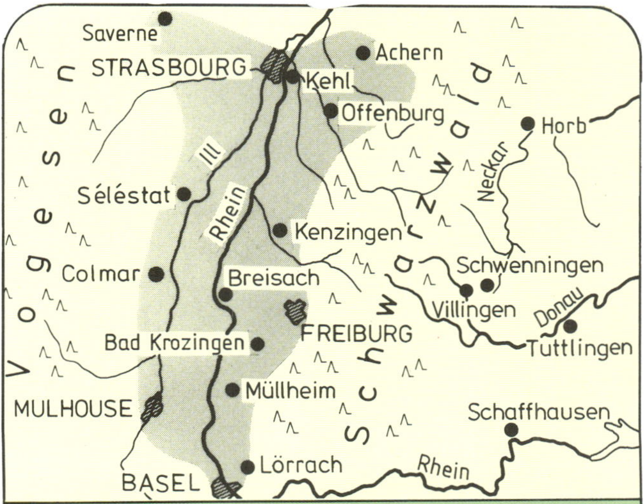

DJH

In Zusammenarbeit mit dem Deutschen Jugendherbergswerk

Kompass Radwanderführer

Radwanderführer Oberrhein – Elsaß 2

Süd: Zwischen Straßburg und Basel

Ausgewählt und beschrieben von
Heinz R. Wittner, abgeradelt von
Christel, Heinz und Jürgen Wittner

Deutscher Wanderverlag
Dr. Mair & Schnabel & Co. · Stuttgart

wandern+ radwandern

Die große Wanderbuch-Reihe
für grenzenloses Wandern

Gesamte Kartographie:
Mairs Geographischer Verlag
(Generalkarte 1:200000),
Ausschnitte bearbeitet von
Ing.-Büro Adolf Benjes

Umschlagbild:
Radwandern am Oberrhein
(*Foto:* Klaus Puntschuh)
und Bild auf Seite 2:
Radtour durch den Kaiserstuhl
(*Foto:* Klaus Puntschuh)

ISBN 3-8134-0188-X

4., korrigierte Auflage 1996

Satz: Gerda Kaul, D-73240 Wendlingen
Druck: Druckhaus Vogel GmbH, D-70771 Leinfelden-Echterdingen
Printed in Germany

Gedruckt auf 100% chlorfrei gebleichtes Papier

INHALT

Rundfahrten und Streckenfahrten

Zu Tour 38, 39, 65 **Ottmarsheim, frühromanische Kirche St. Peter.**
(Foto: Heinz Wittner)

Große Jugendherbergstour

Große Jugendherbergstour – Querwege

Bilderverzeichnis

Mit Seitenangaben

Orts- und Sachverzeichnis

Mit Nummern-Angaben der betreffenden Wanderungen; *schräg*-gedruckte Zahlen weisen auf Kurzbeschreibung im Text hin.

Dies sollten Sie zuvor lesen ...

Wer nicht unbedingt auf Straßen, bei ständiger Gefahr durch ein Auto angefahren zu werden, Radtouren unternehmen möchte (und wer will das schon?), ist oft recht bald mit seinem Latein am Ende. Meist fehlt es an Informationen über das Radwegenetz und auch am Wissen, in welchen Karten Radwege eingezeichnet sind. Wenn man dann anhand von Karten Radtouren plant, stellt man mitunter in der Praxis fest, daß die in der Karte eingezeichneten Wege mit dem Fahrrad nicht oder nur schwerlich zu befahren sind.

Hier soll nun dieses Buch weiterhelfen. Es richtet sich vornehmlich an Familien, die mit Kindern abseits vom Verkehrsgewühl fahren wollen. Deshalb wurden im badischen Raum Strekken ausgesucht, die auf ausgewiesenen Radwegen oder auf für Kraftfahrzeuge gesperrten Wirtschaftswegen verlaufen. Lediglich dort, wo es weder Rad- noch Wirtschaftswege gibt, wurde auf wenig befahrene Autostraßen ausgewichen. Eine Ausnahme macht das Elsaß, wo weder ein Radwegenetz noch für Räder geeignete Wirtschaftswege vorhanden sind. Hier verlaufen die beschriebenen Touren auf ruhigen Nebenstraßen, oder wie im Raum südlich von Straßburg, auf Straßen, die besonders für Radfahrer empfohlen sind.

Sämtliche Rundtouren wurden zusammen mit einem zur Zeit der Fahrten elf Jahre alten Jungen abgefahren. Sie sind also von der Länge und der Beschaffenheit der Strecke her mit Kindern zu bewältigen. Lediglich einige Streckenfahrten, besonders entlang der hügeligen Elsässischen Weinstraße (Route du Vin), erscheinen weniger für kleinere Kinder geeignet. Der größte Teil der hier beschriebenen Touren weist keine oder nur geringe Steigungen auf. Nach Möglichkeit wurden Jugendherbergen und Bahnhöfe mit Fahrradverleih in die Tourenvorschläge einbezogen.

Auch die Große Jugendherbergstour verläuft abseits von Verkehrsstraßen auf Rad- oder Wirtschaftswegen. Mit Hilfe der Querwege können in Verbindung mit der Großen Jugendherbergstour Radtouren mit einer Dauer zwischen zwei und achtzehn Tagen individuell zusammengestellt werden.

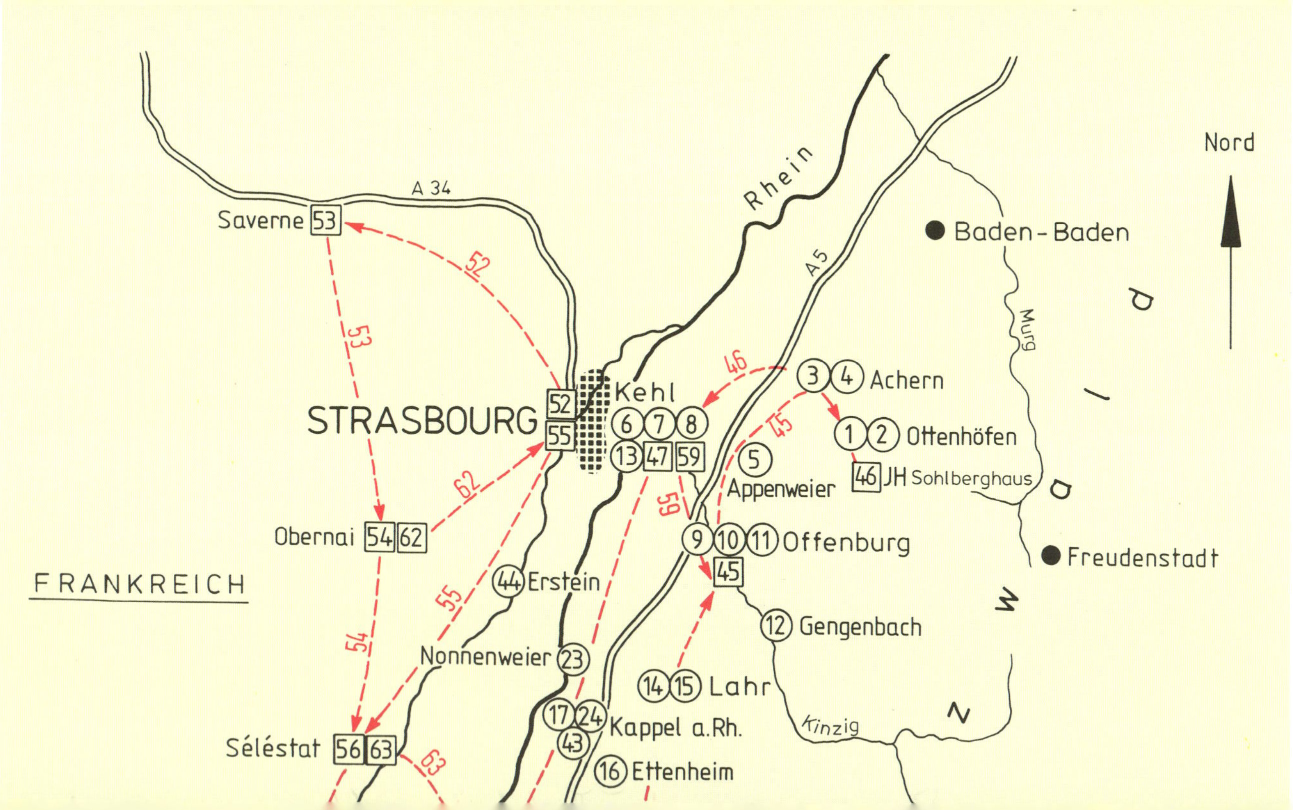
Nord
Baden-Baden
Freudenstadt
Murg
Rhein
A 5
A 34
Saverne 53
52
53
STRASBOURG 52 55
Kehl
6 7 8
13 47 59
3 4 Achern
1 2 Ottenhöfen
46 JH Sohlberghaus
46
45
5
Appenweier
59
9 10 11 Offenburg
45
12 Gengenbach
14 15 Lahr
Kinzig
17 24 Kappel a.Rh.
43
16 Ettenheim
62
Obernai 54 62
44 Erstein
55
54
Nonnenweier 23
Séléstat 56 63
63
FRANKREICH

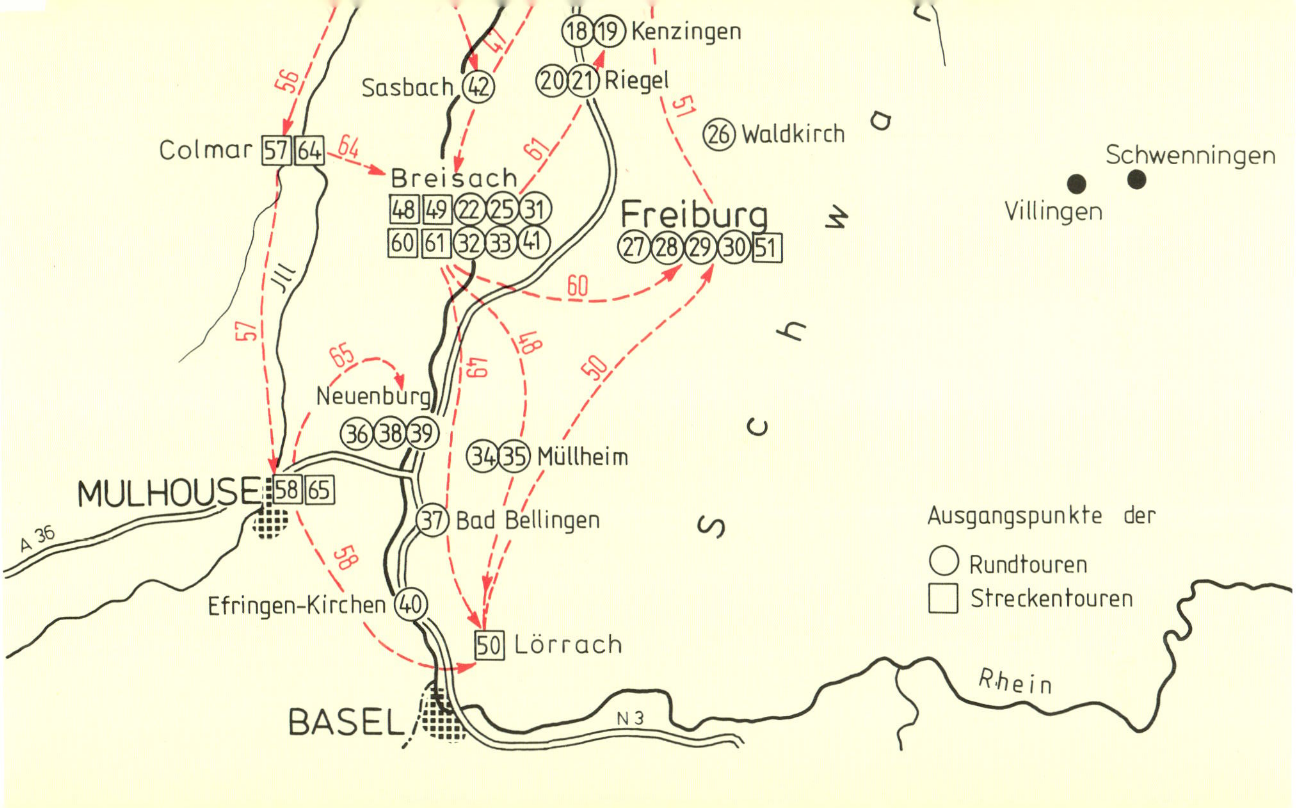

Kenzingen
Riegel
Sasbach
Waldkirch
Colmar
Breisach
Freiburg
Schwenningen
Villingen
Schwarz
Ill
Neuenburg
Müllheim
MULHOUSE
Bad Bellingen
A 36
Efringen-Kirchen
Lörrach
BASEL
N 3
Rhein
Ausgangspunkte der
Rundtouren
Streckentouren

Radwandern mit Kindern

Soll eine Radwanderung sowohl Eltern als auch Kindern Freude bereiten, so müssen ein paar Grundregeln beachtet werden, bei deren Mißachtung eine Radtour schnell zur Strapaze werden kann.

Ebenso wie für Erwachsene ist die Wahl des richtigen Fahrrades für Kinder von größter Wichtigkeit. Wie oft trifft man unterwegs Familien, wo die Eltern gute Sporträder fahren, während sich die Kleinen auf Rädern abstrampeln müssen, für die sie oft schon viel zu groß sind, mit zu kleinen Reifen und ohne Gangschaltung. Auch Kinder benötigen zum Radwandern Gangschaltungen! BMX-Räder sind zum Radwandern ungeeignet und meist auch nicht dazu zugelassen.

Häufig werden bequeme Waldwege auch von Rad-Wanderern benützt. Naturfreunde nehmen aufeinander Rücksicht, einerlei ob »per pedes« oder »per pedale«. (Foto: Ulrich Schnabel, Archiv DWV)

Viele Kinder lieben es, wenn es die Fahrtstrecke zuläßt, mal einen kleinen Spurt einzulegen (besonders, wenn das Rad einen Tacho besitzt, auf dem sie die gefahrene Geschwindigkeit ablesen können). Man sollte sich jedoch davor hüten, von Kindern Dauerhöchstleistungen zu verlangen. Sie könnten in Zukunft streiken, wenn es wieder auf Radtour geht.

Kinder sollte man nicht zur Teilnahme an einer Radwanderung zwingen. Zumindest sollte für das Kind der Zwang nicht erkennbar sein. Wenn man den Kindern schildert, was man unterwegs sehen oder erleben kann, ist ihr Interesse schnell erwacht. Am leichtesten haben es die Kinder, die von klein auf das Mitfahren auf dem Rad eines Elternteils miterlebt haben.

Erfahrene Eltern räumen dem Entdeckungs- und Spieltrieb ihrer Kinder den nötigen Raum ein. Wenn sie Lust verspüren, an einem Weiher, einem See- oder Bachufer zu spielen, sollte man sie eine Zeitlang gewähren lassen. Doch behalten Sie die Kinder immer im Auge, damit nichts passiert!

Bei Fahrten auf öffentlichen Straßen werden Kinder grundsätzlich in die Mitte genommen, damit sie der hinten Fahrende beobachten kann.

Hilfreiche Tips zum Radwandern nach Vorgabe

Will man eine vorgegebene Strecke, z.B. aus einem Radwanderbuch, nachfahren, so ergeben sich oft gewisse Schwierigkeiten. Während man bei einer Fußwanderung eine Tourenbeschreibung zumeist im Gehen nachlesen kann, ist dies bei einer Radwanderung nicht möglich und mit Umständen verbunden: Anhalten, absteigen, womöglich das Buch aus der Packtasche holen, aufschlagen, nachlesen, vielleicht noch die Karten studieren, die meistens zu groß sind, wieder einpacken, aufsitzen und weiterfahren und das eventuell noch bei Regen.

Um diese umständliche Prozedur zu vermeiden, kann man sich eine Kurzfassung der Tour auf einen Zettel schreiben, diesen in eine stabile Plastikhülle stecken, die man auf der Lenkstange befestigt oder um den Hals trägt.

Bei diesem Vorschlag muß man zwar immer noch anhalten zum Lesen, doch bietet die Technik eine viel elegantere Lösung, bei der sogar das Absteigen entfällt: Man spricht sich die Tourenbeschreibung auf eine Kassette, die man unterwegs bei Bedarf mit einem Walkman abhört. Tandem-Radwanderer haben den Vorteil, daß der Hintermann den Tourenverlauf mühelos während der Fahrt kontrollieren kann.

1 Das Achertal hinunter (Achern –) Ottenhöfen – Kappelrodeck – Achern

Verkehrsmöglichkeiten Achern ist Bahnstation an der Strecke Karlsruhe – Basel und besitzt einen Autobahnanschluß.
Parkmöglichkeiten Im Bereich des Bahnhofs Achern.
Jugendherberge Sohlberghaus, Solberg 5, D-7593 Ottenhöfen.
Fahrradbahnhof Achern.
Tourenlänge (24) 12 km.
Fahrzeit (1½) ¾ Stunden.
Höhenunterschiede Von Achern nach Ottenhöfen 160 Meter auf 12 Kilometer. Von Ottenhöfen nach Achern 160 Meter Gefälle.
Karten Topographische Karten RW 1:50000 Baden-Baden und Oberkirch; 1:200000 Generalkarte Blatt 21 oder 21/24.
Anmerkung Diese Tour ist eigentlich eine Spazierfahrt. Sie bietet sich insbesondere im Frühjahr zum Eingewöhnen an.

Die SWEG (Südwestdeutsche Eisenbahn-Gesellschaft) bietet bei allen Triebwagen zwischen Achern und Ottenhöfen Fahrradbeförderung an. Darüber hinaus besteht an bestimmten Sonntagen die Möglichkeit, mit dem Dampfbummelzug zu fahren (Fahrplan studieren!). Gruppen sollten sich vorher anmelden, da normalerweise der Platz für die Räder begrenzt ist.

Wissenswertes In *Achern,* das seit 1808 Stadtrechte besitzt, steht an der Einmündung der Eisenbahnstraße die im 13. Jahr-

Zu Tour 1, 2, 45, 46 **Eine der 7 historischen Mühlen** bei Ottenhöfen. (Foto: Heinz Wittner)

hundert aus Wackersteinen erbaute Nikolauskapelle (Klausenkirchle). – Der Luftkurort *Ottenhöfen,* am Oberlauf der Acher gelegen, hat sieben Mühlen aufzuweisen, die als Denkmäler des Müllerhandwerks erhalten werden.

Tourenbeschreibung Wer nicht vom Angebot der SWEG Gebrauch machen will und mitsamt dem Fahrrad mit der Bahn nach Ottenhöfen fährt, beginnt die Fahrt am Bahnhof *Achern:* Nach links die Eisenbahnstraße kreuzen, in »Am alten Bahnhof« halbrechts in die Jahnstraße, geradeaus weiter »Im Engert«, geradeaus »Am Stadtgarten«, rechts durch die Rosenstraße, an deren Ende bei der Ampel die Bundesstraße kreuzen, in die Hornisgrindestraße und sofort rechts durch die Illenauer Allee, an deren Ende geradeaus weiter auf der Oberacherner Straße durch den Stadtteil *Oberachern,* vor dem Bahnübergang nach links auf der Fabrikstraße durch ein Gewerbegebiet.

An dessen Ende in Schleifen über die Bahn und zur Straße, wo wir links abbiegen und nach links an der Bundesstraße entlang fahren. Später bleibt der Radweg rechts von der Bahn und führt hinein nach *Kappelrodeck* mit seinen schönen Fachwerkhäusern, das wir auf seiner Hauptstraße durchfahren. Bis Ottenhöfen und wieder zurück gibt es noch keinen Radweg.

Bald darauf durchqueren wir das zu Ottenhöfen gehörende Dorf *Furschenbach,* wo uns links der stattliche Fachwerkbau des Gasthauses »Zum Rebstock« auffällt. Bevor wir nach *Ottenhöfen* kommen, dreht sich rechts der Straße an der Acher das

Rad einer alten Mühle. Rückfahrt ab Bahnhof Ottenhöfen: Nach links aus dem Ort hinaus. Fast ständig mit leichtem Gefälle kommen wir bald nach der alten Mühle in den Ortsteil *Furschenbach.*

Bei *Kappelrodeck,* das wir auf seiner Hauptstraße durchfahren, zeigen sich die ersten Rebhänge des Ortenauer Weinbaugebiets. Draußen fahren wir geradeaus weiter und vor der Brücke über die Bahn biegen wir rechts hinunter und radeln an der Bahn entlang. Sofort, nachdem wir wieder die Straße unterqueren, folgen wir dem Radweg, der nach links an ihr entlang führt. An der Straßenabzweigung nach Achern rechts und gleich nochmals rechts ab in die Straße »Spinnerhöfe«.

In einer Schleife geht es über die Bahn und drüben links weiter. Durch *Achern:* Zuerst durch ein Industriegebiet, dann auf der Fabrikstraße durch ein Gewerbegebiet, bei der Hirschenmühle bleiben wir rechts von der Bahn, durchfahren auf der Oberacherner Straße den Stadtteil *Oberachern,* geradeaus weiter durch die Illenauer Allee, an deren Ende links in die Hornisgrindestraße, gleich darauf kreuzen wir an der Ampel die Bundesstraße, in die Rosenstraße, nach links in »Am Stadtgarten«, geradeaus »Im Engert«, geradeaus durch die Jahnstraße und halblinks durch »Am alten Bahnhof« zum Bahnhof zurück.

2 Ottenhöfen – Jugendherberge Sohlberg – Ottenhöfen – Kappelrodeck – Achern

Verkehrsmöglichkeiten Achern ist Bahnstation an der Strecke Karlsruhe – Basel und besitzt einen Autobahnanschluß.
Parkmöglichkeiten Im Bereich des Bahnhofs Achern.
Jugendherberge Sohlberghaus, Solberg 5, D-7593 Ottenhöfen.
Fahrradbahnhof Achern.
Tourenlänge 29 km.
Fahrzeit 2 Stunden.
Höhenunterschiede Von Ottenhöfen bis zur Abzweigung in Unterwasser 145 Meter auf 3,5 Kilometer; von Unterwasser bis zum Sohlberghaus 325 Meter auf 3,5 Kilometer; ab Sohlberghaus zuerst 6 Kilometer starkes Gefälle, dann ständig leichtes Gefälle bis Achern.
Karten Topographische Karten RW 1:50000 Baden-Baden und Oberkirch; 1:200000 Generalkarte Blatt 21 oder 21/24.
Anmerkung Der Aufstieg von Unterwasser auf den Sohlberg verlangt Kondition, auch wenn man das Rad schiebt (was keine

Schande ist). Dafür wird man durch eine lange Abwärtsfahrt vielfach entschädigt. Die Bremsen müssen jedoch in Ordnung sein!

Wissenswertes Achern und Ottenhöfen siehe Tour 1.

Tourenbeschreibung Ausgangspunkt ist der Bahnhof *Achern,* wo wir auf dem Bahnhofsvorplatz entweder mit dem Triebwagen der SWEG oder nostalgisch mit dem Dampfbummelzug (Fahrplan studieren!) nach Ottenhöfen fahren. Bei Gruppenfahrten ist vorherige Anmeldung erforderlich, damit in den Zügen ausreichend Platz für die Räder zur Verfügung gestellt wird.

In *Ottenhöfen:* Vom Bahnhof fahren wir links, sofort wieder rechts und gleich nochmals rechts auf der Allerheiligenstraße aus dem Ort hinaus. Gleich darauf durchfahren wir bei leichter Steigung die zu Ottenhöfen gehörende Streusiedlung *Unterwasser.* Weit außerhalb der dichteren Bebauung, wo rechts ein stattlicher Fachwerkbauernhof steht, biegen wir scharf rechts hinauf (Wegweiser: Heidenbach, Sohlberg). Ab hier werden wir wohl unser Rad schieben müssen. Die Straße gewinnt in einem Taleinschnitt an Höhe, in dessen oberer Hälfte beiderseits stattliche Gehöfte der Streusiedlung Heidenbach stehen. Oben an der Straßenkreuzung, bei einem Bildstock, biegen wir links hinauf. Hinter der Schranke folgt der steilste Teil der Strecke.

Auf dem höchsten Punkt angelangt, geht es vor dem Sportplatz nach rechts etwa 150 Meter zur *Jugendherberge Sohlberghaus.* Wir fahren jedoch links, nunmehr eben, am Sportplatz vorbei zum Knappeneck (Rastplatz mit Blockhütte). 150 Meter weiter kommen wir zum Eselsbrunnen; der eigentliche Brunnen befindet sich 10 Meter rechts im Wald mit folgender Inschrift: »Anno 1191 ward ein Esel hier durchgeführt, durch dessen Huf der Brunn herrührt.« Hier biegen wir scharf links hinunter. Vorbei an stattlichen Einzelgehöften windet sich unser Weg hinunter in ein tief eingeschnittenes Tal (vorsichtig fahren!) mit dem Blick zur Hornisgrinde mit dem Fernsehturm.

Unten bei der Autostraße angelangt, biegen wir scharf links ab und durchfahren den Ottenhöfener Ortsteil *Unterwasser* und kommen auf der Allerheiligenstraße nach *Ottenhöfen.* An ihrem Ende biegen wir links ab und verlassen wieder das Dorf. Bald dreht sich links von der Straße an der Acher das Rad einer alten Mühle und schon durchfahren wir den Ortsteil *Furschenbach,* wo rechts der stattliche Fachwerkbau des Gasthauses »Zum Rebstock« auffällt.

Bei *Kappelrodeck,* das wir auf seiner Hauptstraße durchfahren, zeigen sich die ersten Rebhänge des Ortenauer Weinbaugebiets. Schöne Fachwerkhäuser säumen die Straße. Draußen

fahren wir geradeaus weiter, vor der Straßenbrücke über die Bahn biegen wir rechts hinunter und radeln an der Bahn entlang. Sofort, nachdem wir wieder die Straße unterquert haben, folgen wir dem Radweg, der nach links an ihr entlangführt. An der Straßenabzweigung nach Achern fahren wir rechts und gleich nochmals rechts in die Straße »Spinnerhöfe«.

In einer Schleife geht es über die Bahn und drüben links weiter. Durch *Achern:* Zuerst durch ein Industriegebiet, dann auf der Fabrikstraße durch ein Gewerbegebiet, bei der Hirschenmühle bleiben wir rechts von der Bahn, durchfahren auf der Oberacherner Straße den Stadtteil *Oberachern,* geradeaus weiter durch die Illenauer Allee, an deren Ende links in die Hornisgrindestraße, gleich darauf kreuzen wir an der Ampel die Bundesstraße, in die Rosenstraße, nach links in »Am Stadtgarten«, geradeaus »Im Engert«, geradeaus durch die Jahnstraße und halblinks durch »Am alten Bahnhof« zum Bahnhof zurück.

3 Wo Grimmelshausen lebte
Achern – Önsbach – Renchen – Erlach – Oberkirch (– Lautenbach) – Zusenhofen – Urloffen – Renchen – Achern

Verkehrsmöglichkeiten Achern ist Bahnstation an der Strecke Karlsruhe – Basel und besitzt Autobahnanschluß.
Parkmöglichkeiten Im Bereich des Bahnhofs Achern.
Fahrradbahnhöfe Achern und Oberkirch.
Tourenlänge 41 (48) km.
Fahrzeit 3 (3½) Stunden.
Höhenunterschiede Keine nennenswerten.
Karten Topographische Karten RW 1:50000 Baden-Baden, Oberkirch und Offenburg; 1:200000 Generalkarte Blatt 21 oder 21/24.
Anmerkung Diese Tour führt durch ausgedehnte Obstanlagen nach Oberkirch, einem Städtchen mit einer sehenswerten Altstadt. Wer sich jedoch für Kunst interessiert, sollte einen Abstecher nach Lautenbach machen, wo er ein wahres Kleinod gotischer Kunst findet.
Wissenswertes Achern siehe Tour 1.

In *Renchen* erinnert das Denkmal vor der Kirche an Johann Jacob Christoffel von Grimmelshausen, der hier von 1667 bis zu seinem Tod, 1676, Schultheiß war und in dieser Zeit seinen Ro-

Zu Tour3 Fachwerkhäuser bestimmen die **Altstadt von Oberkirch.**
(Foto: Heinz Wittner)

man »Der abenteuerliche Simplicius Simplicissimus« vollendete. Der Ort erhielt 1836 Stadtrechte.

Das 1229 erstmals erwähnte *Oberkirch* gehörte zuerst den Zähringern, dann den Fürstenbergern und von 1303 bis 1803 dem Erzbistum Straßburg. Es erhielt 1326 Stadtrechte. Von 1650 bis 1667 lebte hier Grimmelshausen als Burgvogt der Schauenburg und als Gastwirt »Zum silbernen Sternen« im Ortsteil Gaisbach. In der Altstadt, besonders beiderseits des Baches, gibt es eine Reihe schöner und stattlicher Fachwerkhäuser, das sehenswerteste ist der Hotel-Gasthof »Zur oberen Linde« in der Hauptstraße.

Die hochgotische, von 1471 bis 1488 erbaute Wallfahrtskirche Mariä Krönung in *Lautenbach* gehört mit ihrer überaus reichen Innenausstattung (15.–16. Jahrhundert) zum Besten und Schönsten, was die Gotik in Baden zu bieten hat.

Tourenbeschreibung Ausgangspunkt ist der Bahnhof Achern: Nach links und gleich wieder rechts durch die Eisenbahnstraße bis zur Ampel bei der Nikolaus-Kapelle, hier rechts ab und auf der Fautenbacher Straße stadtauswärts; am Ende der Bebauung beginnt der Radweg. Den Stadtteil *Fautenbach* durchfahren wir auf seiner Hauptstraße und den Stadtteil *Önsbach* auf der Offenburger Straße. Außerhalb der Orte verlaufen jeweils Radwege parallel zur Bundesstraße.

Im Städtchen *Renchen* fahren wir auf der Hauptstraße bis zur Renchbrücke. Unmittelbar dahinter biegen wir in den Weg, der nach links dem Bach folgt. Beim französischen Militärlager wenden wir uns nach links in das wenig befahrene Sträßchen zum Stadtteil *Erlach.* Hier benützen wir die Kirchstraße bis zur Kirche und biegen links in die Erlacher Straße. Außerhalb des Ortes, am Ende des Hohlweges, fahren wir rechts durch die Obstanlagen weiter.

Den Oberkircher Stadtteil *Stadelhofen* erreichen wir, wenn wir am Kruzifix rechts abbiegen. Im Ort: Durch »Am Rebhag«, die zweite Straße links, die Ringstraße, an deren Ende links in die Ortenaustraße, gleich nach der Kirche rechts durch die Rainstraße (Radweg: Oberkirch) und mit ihr rechts ab und an ihrem Ende bei der Schule aus dem Ort hinaus.

Wo wir wieder zur Straße kommen, biegen wir links in die Appenweierer Straße und wo diese endet, rechts in die Hauptstraße und damit in die Altstadt von *Oberkirch.* Nach ausgiebiger Besichtigung fahren wir die Hauptstraße zurück, links in die Appenweierer Straße und in der folgenden Kurve geradeaus durch die Eisenbahnstraße, über die Bahn bis zur Rench.

Wer nach Lautenbach fahren möchte, biegt davor links auf den Renchdamm. In *Lautenbach* links in die Siedelbacher Straße, nach dem Bahnübergang rechts in die Bahnhofstraße zur Kirche. Zurück durch die Bahnhofstraße, links in die Siedelbacher Straße und nach rechts auf dem Renchdamm weiter nach Oberkirch und dort auf dem Damm weiter.

Aus Oberkirch: Nach rechts auf dem Renchdamm unter einer Lindenallee stadtauswärts; bei Erreichen der Straße über die Brücke und auf der anderen Seite an der Rench entlang in der gleichen Richtung weiter. Nach 1,5 Kilometern, vor der Finsterbachbrücke, links weiter, am Bach entlang zu den verstreut liegenden Häusern des Weilers Müllen. Hier bei der Reitanlage links ab, wo das Sträßchen endet, biegen wir rechts ab in den Oberkircher Stadtteil *Zusenhofen:* Am Ende der Steinstraße rechts ab in die Nußbacher Straße, gleich wieder links durch die Lindenstraße (Wegweiser: Appenweier) und nach den letzten Häusern rechts ab (Wegweiser: Urloffen).

Den Appenweierer Ortsteil *Zimmern* durchfahren wir auf dem Schwabweg (am Ortseingang rechts im Friedhof eine gotische Kapelle). Bei Erreichen der Bundesstraße fahren wir rechts und gleich wieder links und unmittelbar hinter dem Bahnüber-

Zu Tour 1, 2, 3, 4, 45, 46 **Achern, Nikolauskapelle** aus dem 13. Jahrhundert.
(Foto: Heinz Wittner)

gang rechts durch *Urloffen:* Im Neubaugebiet durch die Straße »Renchtalblick«, rechts am Friedhof entlang, beim Rathaus rechts durch die Hauptstraße, an ihrem Ende links in die Mattenstraße (Wegweiser: Kart-Bahn) und die nächste Straße rechts, die Waldstraße, aus dem Dorf hinaus.

Wir passieren den Max-Jordan-See (Badegelegenheit) und behalten unsere Richtung bei, bis der Weg am Renchkanal endet. Nach links und auf einer Furt durch den Kanal und drüben nach links auf dem befestigten Weg durch den Wald. Bald danach, bei der Schutzhütte, biegen wir rechts ab. Draußen vor dem Wald bleiben wir im Bereich der Bahn und benützen die erste Gelegenheit, um sie zu kreuzen.

Wo die Straße endet, auf der wir nach *Renchen* kommen, biegen wir links in die Hauptstraße, auf der wir die Stadt durchfahren. *Önsbach* durchqueren wir auf der Offenburger Straße und *Fautenbach* auf der Hauptstraße. In *Achern* fahren wir auf der Fautenbacher Straße bis zur Ampel an der Nikolaus-Kapelle und nach links auf der Eisenbahnstraße zum Bahnhof zurück. Zwischen Renchen und Achern begleiten außerhalb der Orte jeweils Radwege die Bundesstraße.

4 Von Achern durch das Hanauer Land Achern – Rheinbischofsheim – Leutesheim – Zierolshofen – Renchen – Önsbach – Achern

Verkehrsmöglichkeiten Achern ist Bahnstation an der Strecke Karlsruhe – Basel und besitzt einen Autobahnanschluß.
Parkmöglichkeiten Im Bereich des Bahnhofs Achern.
Fahrradbahnhof Achern.
Tourenlänge 52 km.
Fahrzeit 4 Stunden.
Höhenunterschiede Keine.
Karten Topographische Karten RW 1:50000 Baden-Baden, Rheinau, Offenburg und Oberkirch; 1:200000 Generalkarte Blatt 21 oder 21/24.
Anmerkung Diese Tour verläuft nicht immer auf asphaltierten Wegen, sondern auch größere Strecken über befestigte Wege. Dafür bietet sie stille Wälder, Schutzhütten, mehrere Grillstellen und Bademöglichkeiten.
Wissenswertes Achern siehe Tour 1. Renchen siehe Tour 3.
Das *Hanauer Land* war bis 1480 im Besitz des elsässischen Grafengeschlechtes von Lichtenberg; bei dessen Aussterben fiel es an die hessischen Grafen von Hanau und bildete bis 1736 einen Teil der Herrschaft Hanau-Lichtenberg.
Tourenbeschreibung Ausgangspunkt ist der Bahnhof *Achern:* Nach links und gleich wieder rechts durch die Eisenbahnstraße bis zur Ampel bei der Nikolaus-Kapelle, hier rechts ab und auf der Fautenbacher Straße stadtauswärts; am Ende der Bebauung beginnt der Radweg. Im Stadtteil *Fautenbach* fahren wir auf der Hauptstraße bis zur großen Edelkastanie; hier biegen wir rechts in die Ringstraße und fahren am Fautenbach entlang bis zur Bahn, die wir unterqueren (absteigen und Kopf einziehen!); drüben geht es durch die Weststraße in gleicher Richtung am

Zu Tour 3 **Zimmern, Gotische Friedhofskapelle.** (Foto: Heinz Wittner)

Bach entlang. Etwa 400 Meter nach den letzten Häusern biegen wir links über den Bach, fahren links vom Aussiedlerhof vorbei und rechts um das Wasserwerk.

Am Waldrand wenden wir uns nach rechts in den befestigten Weg und unter der Hochspannungsleitung nochmals rechts, überqueren die Autobahn und behalten drüben die Richtung bei bis zum Sträßchen, dem wir scharf links folgen (Wegweiser: Waghurst). Am Waldrand biegen wir rechts über den Rittgraben. Fast 5 Kilometer lang führt der befestigte Weg nahezu kerzengerade durch die Landschaft, zuerst am Waldrand entlang, wobei wir eine Straße kreuzen, dann durch Felder, über den Rench-Kanal und wieder durch Wald.

Am Ende dieses Weges biegen wir rechts in die Straße zum Rheinauer Stadtteil *Rheinbischofsheim:* Durch die Renchener Straße, an ihrem Ende geradeaus durch die Kirchstraße, an deren Ende rechts ab durch den »Schloßplatz«, halblinks durch die Altrheinstraße ortsauswärts und nach den letzten Häusern halbrechts auf die vor uns liegende Lochmühle zu.

Bei der Mühle rechts und sofort wieder links und später, nach der Mühlbachbrücke, geradeaus auf dem geschotterten Weg in die Auwälder. Vorbei an stillen Altwässern, auf denen die Teichrosen blühen, windet sich der Weg durch die Auen, wobei wir uns bei der ersten Abzweigung rechts und bei den beiden folgenden links halten. Später biegen wir links in die kaum befahrene Rheinuferstraße. Nach gut zwei Kilometern bietet der

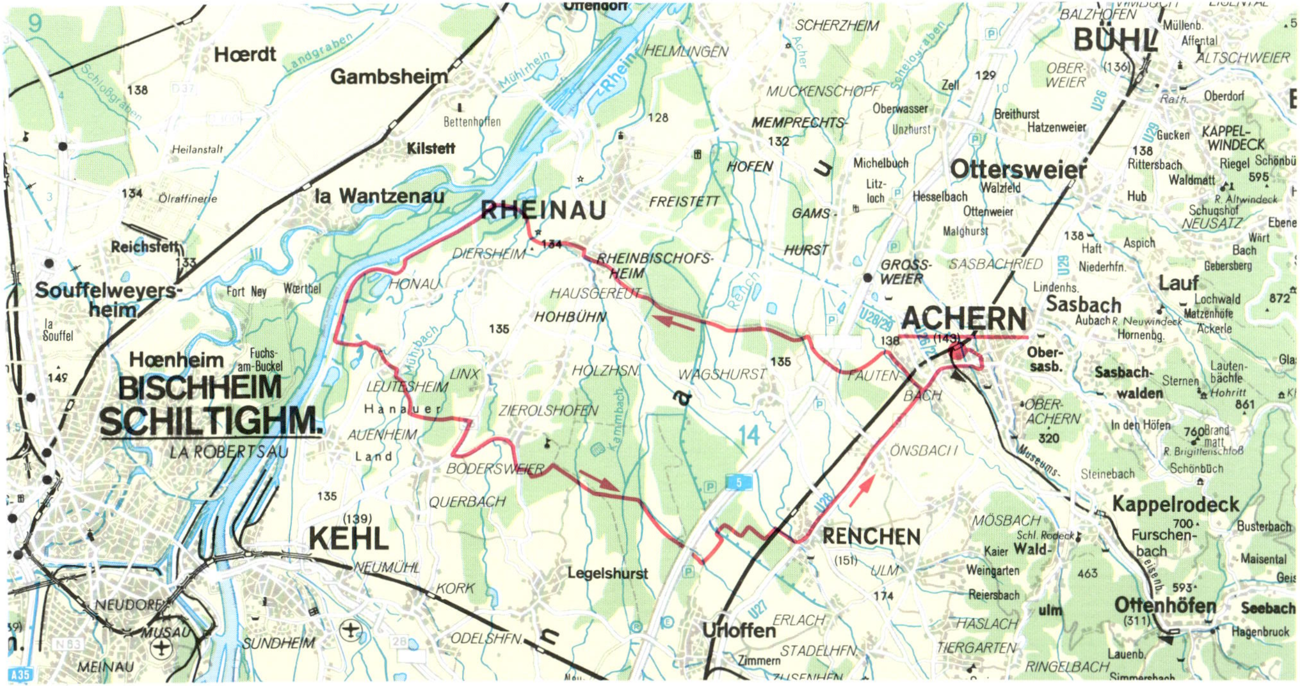

Hœrdt
Gambsheim
Kilstett
la Wantzenau
Reichstett
Souffelweyersheim
Hœnheim
BISCHHEIM
SCHILTIGHM.
LA ROBERTSAU
RHEINAU
DIERSHEIM
HONAU
RHEINBISCHOFSHEIM
HAUSGEREUT
HOHBÜHN
LINX
LEUTESHEIM
Hanauer Land
AUENHEIM
BODERSWEIER
QUERBACH
KEHL
NEUMÜHL
KORK
ODELSHFN.
SUNDHEIM
NEUDORF
MUSAU
MEINAU
Legelshurst
HOLZHSN.
ZIEROLSHOFEN
WAGSHURST
FREISTETT
HOFEN
GAMS-HURST
MEMPRECHTS-
MUCKENSCHOPF
SCHERZHEIM
HELMLINGEN
Rhein
ACHERN
GROSS-WEIER
FAUTENBACH
ÖNSBACH
RENCHEN
Urloffen
ERLACH
STADELHFN.
Zimmern
ULM
MÖSBACH
Wald-ulm
Kaier
Weingarten
Reiersbach
HASLACH
TIERGARTEN
RINGELBACH
Kappelrodeck
Ottenhöfen
Seebach
Furschenbach
Busterbach
Sasbach
Lauf
Sasbachwalden
Ober-sasb.
OBER-ACHERN
Ottersweier
BÜHL
KAPPEL-WINDECK
Michelbuch
Hesselbach
Oberwasser
Zell
Breithurst
Hatzenweier

Badesee Honau in den Sommermonaten eine willkommene Erfrischung. Beim Kieswerk geht es rechts und dann wieder links auf der Uferstraße weiter.

Kurz vor Rhein-Kilometer 300 verlassen wir die Straße nach links (Wegweiser: Leutesheim). Im Kehler Stadtteil *Leutesheim* fahren wir auf der Rheinwaldstraße bis zu deren langgezogener Rechtskurve; hier links in die Rathausstraße, an deren Ende beim Gasthaus »Sonne« links und gleich wieder rechts durch die Bodersweierer Straße aus dem Dorf hinaus.

Nach Durchfahren eines Wäldchens, wo wir vor uns schon die Häuser von Bodersweier sehen, biegen wir links in den befestigten Wirtschaftsweg, durchqueren den Wald (mit einer Grillstelle), folgen der Bundesstraße nach rechts (der Radweg ist kurz unterbrochen) bis zur Großgärtnerei, wo wir der Kreisstraße nach links folgen (Wegweiser: Zierolshofen). Im Kehler Stadtteil *Zierolshofen* biegen wir an der Stoppstraße rechts ab und fahren wieder aus dem Ort hinaus.

Am Waldrand folgen wir links dem befestigten Weg. Er verläuft in Windungen, wobei wir bei allen Abzweigungen stets den breiteren Weg wählen, bis er in eine lange Gerade einmündet mit der Markierung blaue Raute (Wegweiser: Zum Eichenkönig). Der Bach »Fischgießen« wird nach links versetzt gekreuzt. Einen Kilometer weiter zeigt uns ein Wegweiser nach links den Weg zum *Eichenkönig,* einem Baumriesen von 32 Meter Höhe und 1,70 Meter Stammdurchmesser in Brusthöhe. Er ist das Wahrzeichen des Hanauer Waldes und erinnert an die Forstordnung von 1476, die bis 1811 Bestand hatte.

Wir fahren wieder zurück zu unserem Waldweg, dem wir nach links und gleich darauf bei der Abzweigung halblinks folgen. Bei einer Schutzhütte überqueren wir nach links den Kanal. Bei der Rodbrücke außerhalb des Waldes wenden wir uns rechts in den asphaltierten Weg. Bald kündigt sich durch laute Geräusche die Autobahn an. Dahinter, beim Max-Jordan-See (Badegelegenheit), verlassen wir die Markierung blaue Raute nach links und bleiben in der Nähe der Hochspannungsleitung. Vor dem Renchkanal geht es nach links, dann auf einer Furt durch den Kanal und am anderen Ufer in den Wald. Bald danach bei der Schutzhütte biegen wir rechts ab. Draußen vor dem Wald bleiben wir im Bereich der Bahn, die wir bei der ersten Gelegenheit kreuzen. Wo die Straße endet, auf der wir in das Städtchen *Renchen* kommen, biegen wir links in die Hauptstraße, auf der wir die Stadt durchqueren. Den Acherner Stadtteil *Önsbach* durchfahren wir auf der Offenburger Straße und *Fautenbach* auf der Hauptstraße. In *Achern* bleiben wir auf der Fautenbacher

Straße bis zur Ampel bei der Nikolaus-Kapelle, wo wir nach links mit der Eisenbahnstraße zum Bahnhof zurückfahren. Zwischen Renchen und Achern begleiten außerhalb der Orte jeweils Radwege die Bundesstraße.

5 Appenweier – Griesheim – Willstätt – Legelshurst – Eichenkönig – Urloffen – Appenweier

Verkehrsmöglichkeiten Appenweier ist Bahnknotenpunkt und besitzt einen Autobahnanschluß.
Parkmöglichkeiten In Appenweier rund um die Kirche.
Fahrradbahnhof Offenburg Hauptbahnhof.
Tourenlänge 31 km.
Fahrzeit 2½ Stunden.
Höhenunterschiede Keine.
Karten Topographische Karte RW 1:50000 Offenburg; 1:200000 Generalkarte Blatt 21 oder 21/24.
Wissenswertes Die Pfarrkirche St. Michael in *Appenweier* entstand 1748 bis 1752; im Innern reiche Stuckarbeiten und Malereien aus der Erbauungszeit sowie ein spätgotisches Holzrelief; auf dem Kirchplatz eine Kreuzigungsgruppe (um 1750).

Griesheim siehe Tour 9.

Tourenbeschreibung Ausgangspunkt Kirchplatz in *Appenweier:* Zur Hauptstraße, hier nach links durch die Bahnhofstraße, hinter dem Bahnübergang nochmals links ab, wobei noch zweimal Gleise zu kreuzen sind, mit der Ludwig-Winter-Straße durch das Gewerbegebiet, an ihrem Ende links ab und vor der Bahnunterführung rechts weiter (Wegweiser: Sportanlagen). Unmittelbar nach Unterqueren der Bundesstraße biegen wir links ab. Am Querweg, wo wir schon die Kirche von Windschläg vor uns sehen, fahren wir rechts und anschließend halblinks weiter. Im Offenburger Stadtteil *Windschläg:* Durch die Bachallee, an deren Ende links in die Freiherr-von-Neveu-Straße und bei der Kirche auf der Windschläger Straße ortsauswärts. Bald danach sind wir im Offenburger Stadtteil *Griesheim:* Durch den Schießrain, an dessen Ende rechts in die Hauptstraße und gleich wieder halblinks durch den Flößerweg, an dessen Ende führt der Weg durch einen Bauernhof zum Kinzigdamm, wo wir dem Radweg nach rechts folgen.

In *Willstätt:* Durch die Feldbergstraße, nach links durch die Hornisgrindestraße, an deren Ende nach rechts durch die

Hauptstraße; am Ende der dichten Bebauung links ab (Wegweiser: Legelshurst), über die Bundesstraße, nach der Brücke scharf links parallel zur Bundesstraße und den ersten Wirtschaftsweg rechts weiter, zwischen Aussiedlerhöfen durch, vor dem letzten halblinks in den befestigten Weg.

Wir kreuzen die Bahnstrecke und kommen mit dem Kastanienweg in den Ortsteil *Legelshurst,* den wir auf der Legelshurster Straße durchfahren, dann biegen wir rechts in die Bolzhurststraße und durchqueren den Ortsteil *Bolzhurst.* Wo unser Weg im Wald auf einen Querweg stößt, geht es links weiter. 100 Meter, nachdem von rechts ein weiterer Weg dazugestoßen ist, biegen wir rechts ab und sind nach 300 Metern am *Eichenkönig,* einem 32 Meter hohen Baumriesen. Wir fahren wieder zurück und auf dem Waldweg links und bei der Gabelung halblinks weiter.

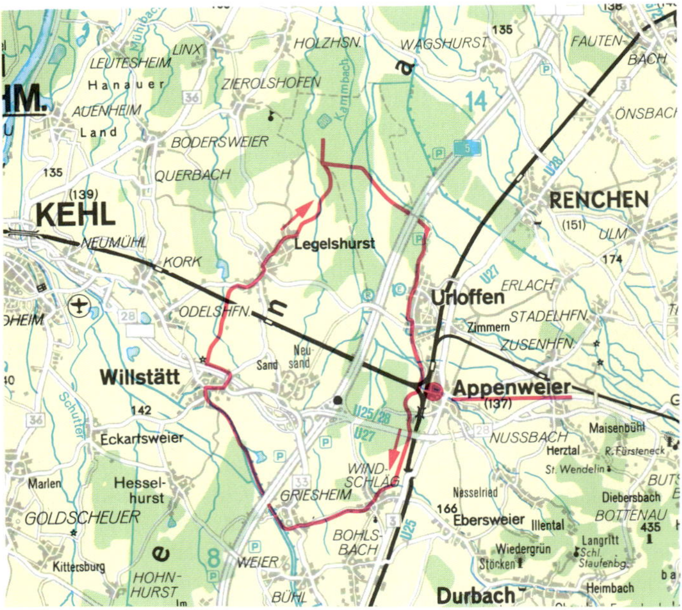

Bei einer Schutzhütte überqueren wir den Kanal. Bei der Rodbrücke, außerhalb des Waldes, wenden wir uns rechts in den asphaltierten Weg. Bald kündigt sich durch laute Geräusche die Autobahn an. Dahinter, beim Max-Jordan-See (Badegelegenheit), geht es nach rechts weiter. In *Urloffen:* Durch die

Zu Tour 5, 7, 9, 45, 59, 64 **Appenweier, barocke Pfarrkirche St. Michael.** (Foto: Heinz Wittner)

Waldstraße, nach links in die Mattenstraße und gleich wieder rechts und auf der Hauptstraße durch das Dorf.

Nach dem Bahnhof *Appenweier* kreuzen wir zuerst die Bahnstrecke nach Kehl und dann nach links die Strecke nach Offenburg, durchfahren die Bahnhofstraße, biegen rechts in die Hauptstraße und gleich wieder rechts zur Kirche.

6 Von Kehl durch das Hanauer Land
Kehl – Bodersweier – Eichenkönig – Willstätt – Kehl

Verkehrsmöglichkeiten Kehl ist Grenzbahnhof an der Strecke nach Straßburg und ist ab der Autobahnausfahrt Appenweier vierspurig auf der Europastraße 11 zu erreichen.
Parkmöglichkeiten In Kehl im Bereich östlich des Bahnhofs oder bei der Stadthalle.
Jugendherberge Kehl, Altrheinweg 11.
Fahrradbahnhof Kehl.
Tourenlänge 38 km.
Fahrzeit 3 Stunden.
Höhenunterschiede Keine.
Karten Topographische Karten RW 1:50000 Offenburg und Rheinau; 1:200000 Generalkarte Blatt 21 oder 21/24.
Wissenswertes Die heutige Stadt *Kehl* geht auf ein mittelalterliches Fischerdorf zurück; es erlangte Bedeutung, als 1392 die Rheinbrücke erbaut wurde. Im 30jährigen Krieg zur Festung ausgebaut; nach 1680 von Vauban erneut befestigt; danach wechselten Ort und Festung oft den Besitzer; Stadtrechte seit 1774.

Tafel am *Eichenkönig:* Wahrzeichen der Hanauer Wälder. Zur Erinnerung an den Korker Waldbrief des Jahres 1476, der Forstordnung für die Korker Waldgenossenschaft, die bis zum Jahre 1811 bestand.

Hanauer Land siehe Tour 4.

Tourenbeschreibung Ab Bahnhof *Kehl:* Nach links und auf der Straßburger Straße (Bundesstraße 28/36) stadtauswärts. Ab Stadthalle: Nach links auf der Großherzog-Friedrich-Straße durch die Stadt bis zu deren Ende, wo wir rechts in die Straßburger Straße einbiegen, gleich darauf nach der Tankstelle beginnt der Radweg. Sofort nach Überqueren der Kinzigbrücke biegen wir rechts hinunter und folgen den Wegweisern nach Lichtenau. Gleich nach dem Unterqueren der Bahnstrecke folgen wir dem rechts unterhalb der Bundesstraße verlaufenden Wirtschaftsweg.

Bei der ersten Abzweigung biegen wir rechts ab und fahren durch die Felder mit dem Blick auf die Schwarzwaldberge. Wir bleiben geradeaus bis zum Weiher des Angelsportvereins (Badegelegenheit), wo wir links weiterfahren und ebenfalls die Richtung beibehalten, unterwegs die Bundesstraße kreuzen (Vorsicht!), bis wir den Ortsrand des Stadtteils *Auenheim* erreichen. Hier fahren wir gleich wieder rechts auf der Gärtnerstraße aus

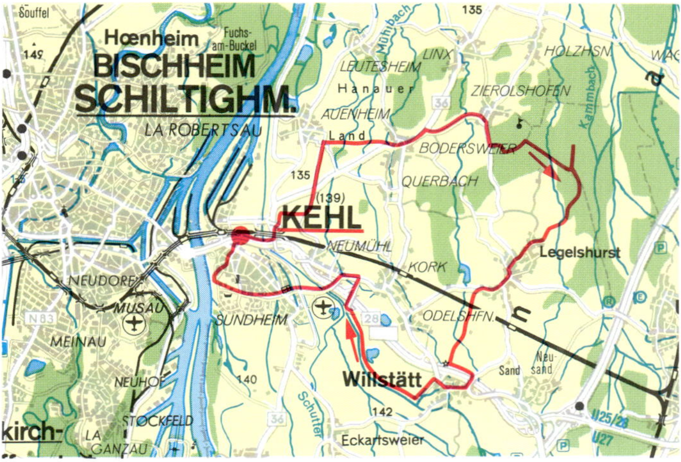

dem Dorf hinaus. Den Stadtteil *Bodersweier* mit seinen schönen Fachwerkhäusern durchfahren wir auf der Rastatter Straße. Etwa 200 Meter nach der Bebauung wenden wir uns bei der Großgärtnerei in die Kreisstraße zum Stadtteil *Zierolshofen,* wo wir an der Stoppstraße rechts abbiegen und wieder aus dem Ort hinausfahren.

Am Waldrand folgen wir links dem befestigten Weg. Er verläuft in Windungen, wobei wir bei allen Abzweigungen stets den breiteren Weg wählen, bis er in eine lange Gerade einmündet mit der Markierung blaue Raute (Wegweiser: Zum Eichenkönig). Nach dem Bach »Fischgießen« fahren wir nach links versetzt weiter. Einen Kilometer danach zeigt uns ein Wegweiser nach links den Weg zum *Eichenkönig.* Wir fahren wieder zurück zu unserem Waldweg, dem wir nach links und gleich darauf bei der Gabelung halbrechts folgen.

Bei der nächsten Abzweigung geht es nochmals halbrechts. Den Willstätter Ortsteil *Bolzhurst* durchfahren wir auf der Bolzhurststraße, an deren Ende fahren wir nach links auf der Legelshurster Straße durch den Ortsteil *Legelshurst;* wo diese eine scharfe Rechtskurve macht, biegen wir links in den Kastanienweg und mit ihm nach rechts aus dem Dorf hinaus. Die Ortsbilder von Bolzhurst und Legelshurst werden bestimmt von stattlichen, gepflegten Fachwerkhäusern.

Nach dem Bahnübergang fahren wir in den Wald. Bei einem Stallgebäude folgen wir rechts dem asphaltierten Weg zwischen den Aussiedlerhöfen durch immer in Richtung auf den Zwiebelturm der Willstätter Kirche zu. Wo wir zur Bundesstraße kommen, wenden wir uns nach links, um sie auf der nächsten Brücke zu überqueren. In *Willstätt:* Nach rechts durch die Hauptstraße, nach der Kirche links durch die Sessichstraße; sie mündet direkt auf den Kinzigdamm, auf dem wir Richtung in Kehl fahren.

Unter der Hochspannungsleitung biegen wir scharf rechts hinunter. Wo wir zur Bundesstraße kommen, schieben wir das Rad zwei Meter über die Böschung, biegen links in die Straße, die uns in einem Rechtsbogen über die Bundesstraße bringt. 400 Meter nach der Brücke folgen wir nach links dem Radweg parallel zur Straße in den Kehler Stadtteil *Neumühl.* Wir verlassen den Ort bei der Tankstelle sofort nach links wieder (Wegweiser: Kehl – Sundheim). Bis zur zweiten Ampel im Stadtteil *Sundheim* gibt es keinen Radweg. Dann leitet uns der Radweg parallel zur Vogesenallee, an deren Ende beim Wasserturm gerade-

Zu Tour 6, 7, 8, 13, 46, 47, 59 **Kehl am Rhein; im Hof der Jugendherberge.**
(Foto: Klaus Puntschuh)

aus weiter durch die Schwimmbadstraße, an deren Ende beim Schwimmbad schieben wir das Rad über den Rheindamm und fahren auf dem Uferweg nach rechts bis zur ersten breiten Abzweigung, der wir nach rechts folgen. Geradeaus durch die Großherzog-Friedrich-Straße und über das Brückchen über die Parkanlagen fahren wir zum Ausgangspunkt zurück.

7 Große Rundfahrt von Kehl durch das Hanauer Land
Kehl – Bodersweier – Eichenkönig – Urloffen – Appenweier – Griesheim – Willstätt – Kehl

Verkehrsmöglichkeiten Kehl ist Grenzbahnhof an der Strecke nach Straßburg und ist ab der Autobahnabfahrt Appenweier vierspurig auf der Europastraße 11 zu erreichen. Appenweier ist Bahnknotenpunkt und besitzt einen Autobahnanschluß.
Parkmöglichkeiten In Kehl östlich des Bahnhofs und bei der Stadthalle. In Appenweier am Bahnhof und um die Kirche.

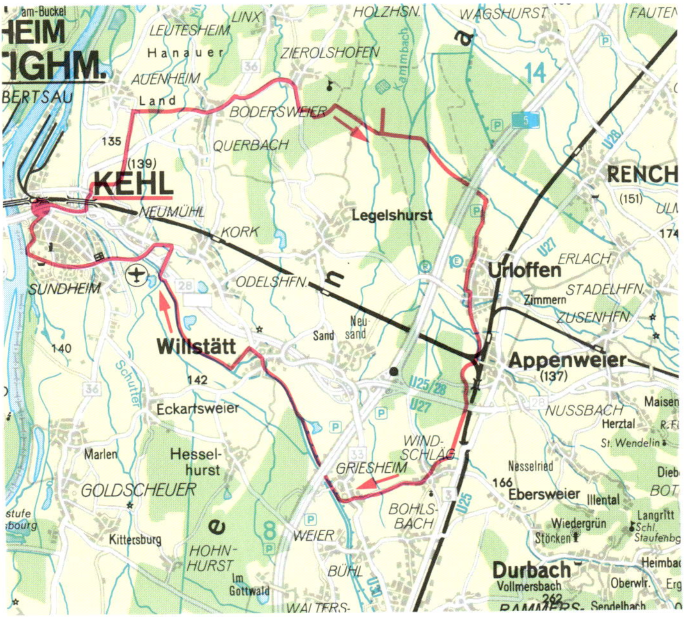

Jugendherberge Kehl, Altrheinweg 11.
Fahrradbahnhof Kehl. **Tourenlänge** 47 km.
Fahrzeit 4 Stunden.
Höhenunterschiede Keine.
Karten Topographische Karten RW 1:50000 Offenburg und Rheinau; 1:200000 Generalkarte Blatt 21 oder 21/24.
Anmerkung Diese Tour stellt eine Verknüpfung der Vorschläge 5 und 6 dar. Aus diesem Grund ist die Wegebeschreibung kurz gefaßt. Die ausführliche Beschreibung ist diesen beiden Touren zu entnehmen.
Wissenswertes Kehl und Eichenkönig siehe Tour 6. Appenweier siehe Tour 5. Hanauer Land siehe Tour 4. Griesheim siehe Tour 9.
Tourenbeschreibung Ab Bahnhof *Kehl* bzw. ab Stadthalle wie bei Vorschlag 6 durch die Stadtteile *Auenheim, Bodersweier* und *Zierolshofen* bis zum *Eichenkönig.*

Ab Eichenkönig über die Rodbrücke, durch *Urloffen, Appenweier,* die Offenburger Stadtteile *Windschläg* und *Griesheim* nach *Willstätt* wie bei Tourenbeschreibung 5.

In Willstätt nach links in die Hauptstraße und nach der Kirche links in die Sessichstraße und wie bei Tour 6 beschrieben durch die Kehler Stadtteile *Neumühl* und *Sundheim* nach *Kehl* zurück.

8 Deutsch-französische Rheinauenfahrt 1 Kehl – Staustufe Gambsheim – Robertsau – Straßburg – Kehl

Verkehrsmöglichkeiten Kehl ist Grenzbahnhof an der Strecke nach Straßburg und ist ab Autobahnausfahrt Appenweier vierspurig auf der Europastraße 11 zu erreichen.
Parkmöglichkeiten In Kehl östlich des Bahnhofs und bei der Stadthalle.
Jugendherbergen Kehl, Altrheinweg 11; Strasbourg, 9 Rue de l'Auberge de Jeunesse; voraussichtlich ab 1989: Auberge de Jeunesse »Parc du Rhin«.
Fahrradbahnhof Kehl.
Tourenlänge 37 km.
Fahrzeit 3 Stunden.
Höhenunterschiede Keine.
Karten Topographische Karten RW 1:50000 Offenburg und Rheinau; 1:200000 Generalkarte Blatt 21 oder 21/24 oder Blatt Vogesen/Elsaß.

Anmerkung Personalausweis nicht vergessen!

Wissenswertes Kehl siehe Tour 6.

Die Europastadt *Straßburg* kann auf eine 2000jährige Geschichte zurückblicken. Die Römer errichteten hier ihre Stadt Argentorate. Sie wurde 406 von den Alemannen erobert. Schon im 6. Jahrhundert ist der Name Stratisburgo nachweisbar. Zu Beginn des 13. Jahrhunderts Reichsstadt; 1275 freie Reichsstadt; 1681 wird Straßburg von den Franzosen besetzt; seit 1697 im Besitz von Frankreich. Heute Sitz des Europarates und -parlaments. Hauptanziehungspunkt ist das 1276 begonnene Münster; Bauende 1439; es gilt als eine der schönsten gotischen Kirchen des deutschen Sprachraums. Die Stadt weist eine sehr große Zahl von Kirchen, ehemaligen Kloster- und Adelshöfen sowie Bürgerhäusern auf.

Tourenbeschreibung Ab Bahnhof *Kehl:* Nach links auf der Straßburger Straße (Bundesstraße 28/36) aus der Stadt heraus; bei der Ortstafel beginnt der Radweg. Unmittelbar vor der Kinzigbrücke biegen wir rechts hinunter, unterqueren die Bundesstraße und fahren am Hochwasserdamm der Kinzig entlang in das Hafengebiet. An dessen Ende überqueren wir die Kinzig und biegen direkt dahinter links in die kaum befahrene Rheinuferstraße.

Nach der Kiesbaggerei (etwa 7 km nach der Kinzigbrücke), wo die Straße vom Rhein wegführt, biegen wir links ab. Bei Rhein-Kilometer 304 liegt rechts der Straße der *Badesee Honau;* er bietet in der heißen Jahreszeit eine willkommene Erfrischung. Wo die Rheinuferstraße endet, biegen wir links ab, unterqueren die Rheinbrückenauffahrt, fahren dahinter in einem Rechtsbogen hinauf und überqueren auf der *Staustufe Gambsheim* den Rhein (Zoll!); durch die Aufstauung hat er hier die Breite von einem Kilometer.

Unmittelbar nach der Staustufe wenden wir uns mit der EDF-Straße links hinunter. Wir fahren unterhalb des Rheindammes weiter bis Rhein-Kilometer 302. Hier biegen wir rechts ab und fahren nach links auf dem Hochwasserdamm weiter durch den Auwald der Robertsau mit seinen Baumriesen. In Höhe der Raffinerie verlassen wir den Damm nach rechts, kommen an der Mauer des Schlosses *Robertsau* vorbei und gelangen in die Rue Melanie. Vor der Mauer des Hospitals Robertsau links ab durch die Rue Himmerich, an ihren Ende nach rechts in die Rue de la Carpe Haute und mit ihr an der Kreuzung links weiter.

Durch *Straßburg:* Über die Brücke des Rhein-Marne-Kanals (hier Radweg), unmittelbar dahinter links in die Rue Boussin-

Zu Tour 9, 10, 11, 45, 59 **Offenburg;** am Südring steht dieses **Lokdenkmal,** die »schöne Badnerin«, Lokomotivbaureihe 18. (Foto: Heinz Wittner)

gault, nach der Rechtskurve heißt sie Rue Général Conrad, geradeaus in die Rue Général Picquart, unter der vor uns liegenden Brücke durch; wir tragen das Fahrrad die Treppe zur Brücke hinauf, rechts weiter (Osten), nach der Hafenbrücke halbrechts weiter (Wegweiser: Kehl), am Ende der Route du Petit Rhin links ab, nach der Bahnunterführung rechts weiter (bei zwei gegenüberliegenden Kapellen geht es rechts zur Jugendherberge Parc du Rhin, Rue des Cavalliers). Auf der Europabrücke überqueren wir den Rhein. Gleich hinter dem Zoll liegt links der Bahnhof *Kehl.*

9 Zu Barockkirchen (I) im Herzen der Ortenau
Offenburg – Appenweier – Windschläg – Griesheim – Schutterwald – Offenburg

Verkehrsmöglichkeiten Offenburg ist Bahnknotenpunkt und IC-Station und besitzt Autobahnanschluß. Appenweier ist ebenfalls Bahnknotenpunkt und hat einen Autobahnanschluß.
Parkmöglichkeiten In der Rammersweierer Straße auf der Rückseite des Hauptbahnhofs; Fußgänger- und Radfahrerunterführung zum Hauptbahnhof. In Appenweier auf dem Kirchplatz und am Bahnhof.
Jugendherberge Schloß Ortenberg, Burgweg 21, D-7601 Ortenberg.
Fahrradbahnhof Offenburg Hauptbahnhof.
Tourenlänge 36 km.
Fahrzeit Knapp 3 Stunden.
Höhenunterschiede 20 Meter auf 2 Kilometer zwischen Ebersweier und Appenweier; sonst keine.
Karten Topographische Karte RW 1:50000 Offenburg; 1:200000 Generalkarte Blatt 21 oder 21/24.
Anmerkung Bei diesem Vorschlag kommt jeder auf seine Kosten; derjenige, den die Barockkirchen interessieren, und auch der, welcher Erfrischung in einem Badesee sucht.
Wissenswertes *Offenburg* erscheint zum erstenmal in einer Urkunde anno 1101, ist seit etwa 1240 freie Reichsstadt, gehörte seit der Mitte des 16. Jahrhunderts zu Vorderösterreich und war von 1706 bis 1771 im Besitz der Markgrafen von Baden. Da die Stadt 1689 von den Franzosen vollkommen niedergebrannt wurde, beherrschen überwiegend Gebäude des 18. Jahrhunderts die Altstadt, darunter das Rathaus von 1741 und der ehemalige Amtshof der Landvogtei von 1717 (heute Polizeidirektion), Die

Kirchen der Stadt wurden zu Beginn des 18. Jahrhunderts erbaut. Das Kapuzinerkloster, 1640–1647 erbaut, gehört zu den wenigen Gebäuden, die vom Stadtbrand verschont blieben. Als technisches Denkmal wurde an der Kreuzung Südring/Badstraße eine Schnellzuglokomotive der Baureihe 18 (»schöne Badenerin«) aufgestellt. – Appenweier siehe Tour 5.

Die Kirche St. Nikolaus in *Griesheim* mit ihrem gotischen Turm wurde 1748 bis 1750 unter Verwendung älterer Bausubstanz erbaut. Sie wirkt äußerlich eher bescheiden, überrascht jedoch in ihrem Innern durch eine prachtvolle Barockausstattung.

Tourenbeschreibung Ausgangspunkt Bahnhof *Offenburg:* Nach rechts (Norden), durch den Fußgänger- und Radtunnel unter dem Bahngelände durch und drüben nach links auf dem Radweg parallel zur Rammersweierer Straße stadtauswärts. Am Ortseingang des Stadtteils *Rammersweier* biegen wir mit dem Radweg links ab, geradeaus durch die Blumenstraße und an deren Ende geht es links mit dem Radweg durch die Felder wieder hinaus.

Durch ausgedehnte Obstanlagen gelangen wir zur Landesstraße, der wir wenige hundert Meter nach rechts in den Durbacher

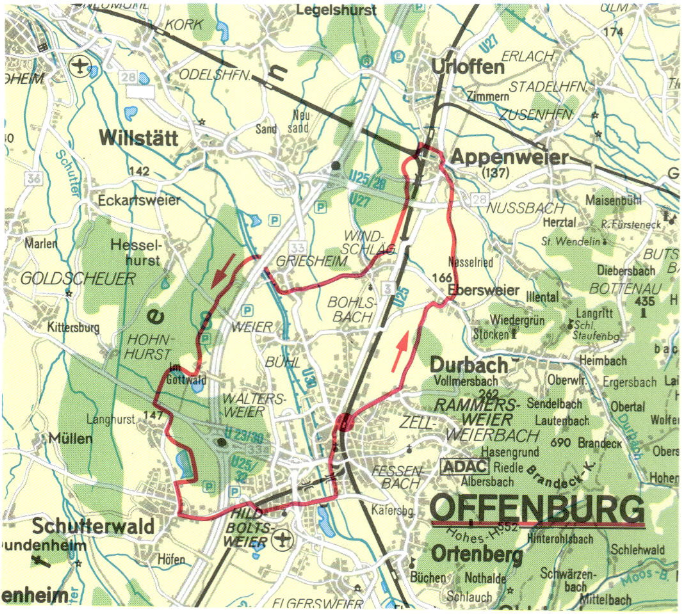

Ortsteil *Ebersweier* folgen, den wir auf der Bohlsbacher Straße erreichen. Weiter: Nach links über den Durbach, nach rechts »Am Durbach« entlang, biegen an der Post die nächste Straße links ab und fahren wieder ortsauswärts. Unser Weg führt leicht ansteigend durch Obstanlagen und dann bei leichtem Gefälle wieder abwärts.

Kurz vor *Appenweier* überqueren wir die Bundesstraße. Im Ort: »Hinter den Gärten«, am Ende dieser Straße nach links durch die Nesselrieder Straße, an deren Ende nach rechts in die Hauptstraße bis in die Ortsmitte, nach links durch die Bahnhofstraße, hinter dem Bahnübergang links ab, wobei noch zweimal Schienen zu kreuzen sind, auf der Ludwig-Winter-Straße durch das Gewerbegebiet, an ihrem Ende links ab und vor der Bahnunterführung rechts weiter (Wegweiser: Sportanlagen).

Unmittelbar nach Unterqueren der Bundesstraße biegen wir links ab. An einem Querweg, wo wir vor uns schon die Kirche von Windschläg sehen, fahren wir rechts und anschließend halblinks weiter. Im Offenburger Stadtteil *Windschläg:* Durch die Bachallee, an deren Ende links in die Freiherr-von-Neveu-Straße und bei der Kirche auf der Windschläger Straße wieder aus dem Dorf hinaus. Bald danach sind wir im Offenburger Stadtteil *Griesheim:* Durch den Schießrain, an dessen Ende rechts in die Hauptstraße und gleich wieder halblinks durch den Flößerweg, an dessen Ende (halbrechts) weiter durch die Eichwaldstraße, an deren Ende links auf der Hesselhurster Straße über die kanalisierte Kinzig, unter der Autobahn durch in den Wald.

Am Ende dieses Weges an der Straße geht es nach links versetzt auf dem befestigten Waldweg, dem »Viehweg«, weiter. Am Ende des Viehwegs links und gleich darauf nach rechts auf dem asphaltierten Weg weiter. Wir kreuzen die Bundesstraße (Vorsicht!), fahren 300 Meter nach links auf ihr weiter und biegen rechts ab (Wegweiser: Schutterwald).

Vor den ersten Häusern des Schutterwalder Ortsteils *Langhurst* nehmen wir nach links den befestigten Weg am Waldrand entlang. Bald erstreckt sich rechts ein großer Baggersee, an dessen unterem Ende ein Freibad eingerichtet ist. Weg durch *Schutterwald:* 100 Meter nach der Badefläche nach rechts »Auf der Fohlenweide« bis zu deren Ende, nach links durch die Bahnhofstraße; an ihrem Ende steht rechts in der Hauptstraße die barocke Pfarrkirche (ihre Ausstattung ist eher bescheiden) mit ihrem schmucken Äußeren; wir fahren nach links mit der Hauptstraße aus dem Ort hinaus. Schon innerhalb des Dorfes beginnt links von der Straße der Radweg.

Etwa 700 Meter nach dem Überqueren der Autobahn kommen wir zu einer kreuzenden Landesstraße. Wir fahren nach links parallel zu ihr weiter; sie führt in einem Rechtsbogen über die Bahn nach *Offenburg:* Parallel zum Südring am Flugplatz vorbei; bevor wir auf der Kurt-Schumacher-Brücke die Kinzig überqueren, bietet rechts ein großer Badesee willkommene Erfrischung; vor der nächsten Kreuzung (rechts die alte Dampflok) unterqueren wir nach links den Südring, fahren auf der Badstraße stadteinwärts, später halbrechts dem Radweg mit »Stadtmitte« folgend in den Zwingerpark, nach links aus dem Park heraus, an der Ampel nach links an der Grabenallee entlang und nach rechts durch die Hauptstraße (Fußgängerzone) geradeaus zum Bahnhof zurück.

10 Barockkirchen (II) und Badeseen im Herzen der Ortenau Offenburg – Schutterwald – Ichenheim – Meißenheim – Schuttern – Friesenheim – Ober- und Niederschopfheim – Offenburg

Verkehrsmöglichkeiten Offenburg ist Bahnknotenpunkt und IC-Station und besitzt Autobahnanschluß.
Parkmöglichkeiten In der Rammersweierer Straße auf der Gegenseite des Hauptbahnhofs; Fußgängerunterführung zum Hauptbahnhof.
Jugendherberge Schloß Ortenberg, Burgweg 21, D-7601 Ortenberg.
Fahrradbahnhof Offenburg Hauptbahnhof.
Tourenlänge 46 km.
Fahrzeit 3½ Stunden.
Höhenunterschiede 60 Meter auf einer Strecke von 1,5 Kilometern; sonst keine.
Karten Topographische Karten RW 1:50000 Offenburg und Lahr; 1:200000 Generalkarte Blatt 21 oder 21/24.
Anmerkung Noch mehr als der vorherige Tourenvorschlag bietet dieser interessante Kirchen und mehrere Badeseen.
Wissenswertes Offenburg siehe Tour 9.

Die 1763 bis 1766 erbaute Pfarrkirche von *Meißenheim* enthält eine der wenigen noch original erhaltenen Silbermann-Orgeln des badischen Raumes. Als evangelische Kirche bietet sie eine erstaunlich reichhaltige barocke Ausstattung; leider ist sie meist geschlossen. An der Choraußenmauer befindet sich das Grab-

Zu Tour 9, 10, 11, 45, 59 **Offenburg, ehemalige Landvogtei** (erbaut 1717), heute Polizeidirektion. (Foto: Heinz Wittner)

denkmal von Frederike Brion, der Geliebten von Goethe; sie starb 1803 in Meißenheim, wo sie im Pfarrhaus bei ihrer Schwester und ihrem Schwager, dem Pfarrer Marx, ihre letzten Jahre verbrachte.

Nach einer alten Überlieferung, die sich durch Ausgrabungen bestätigte, wurde 603 durch den irisch-schottischen Pilgermönch Offo in *Schuttern* das älteste Benediktinerkloster in Südbaden gegründet. Nach der Säkularisation im Jahre 1803 wurde es fast vollständig abgebrochen; lediglich das Pfarrhaus ist das einzige erhaltene Klostergebäude. Die heutige Pfarrkirche Mariä Himmelfahrt wurde 1773 vollendet, 1853 abgebrannt, wurde sie weitgehend original wiederhergestellt; die Turmvorhalle stammt aus der Mitte des 12. Jahrhunderts; im Innern eine gotische Madonna (um 1470). Bei Ausgrabungen in den 70er Jahren wurden die Fundamente der fränkischen Vorgängerkirchen, das Grab des Offo und römische Fundamente freigelegt; die Ausgrabungen sind in der Unterkirche zugänglich.

Die Kirche St. Brigitta in *Niederschopfheim* entstand in den Jahren 1754 bis 1756; neben einer Madonna aus dem 17. Jahrhundert, dem Taufstein von 1606 und der barocken Ausstattung verdient besonders der prächtige Hochaltar Beachtung. Vor der Kirche eine Kreuzigungsgruppe von 1725.

Tourenbeschreibung Ausgangspunkt Hauptbahnhof *Offenburg:* Gegenüber in die Straßburger Straße, die erste Straße, die Okenstraße nach links und mit ihr nochmals links, an ihrem

Ende nach rechts durch die Hauptstraße mit der Fußgängerzone, nach der Ampel am Ende der Hauptstraße nach links durch die Badstraße; wo der Südring kreuzt (gegenüber steht die alte Schnellzuglok), nach rechts parallel zum Südring weiter und aus der Stadt heraus.

Wo unsere Straße in einem Linksbogen zu einer anderen Straße führt, folgen wir dieser nach rechts, überqueren die Autobahn und erreichen *Schutterwald* auf der Hauptstraße; an der Barockkirche verlassen wir das Dorf nach links auf der Kirchstraße. Bei den ersten Häusern des Ortsteils *Höfen* biegen wir rechts in den Wirtschaftsweg und wo er endet, geht es nach links und auf der Straße gleich wieder nach rechts weiter. Knapp zwei Kilometer danach biegen wir im Wald nach links ab. Gleich darauf liegt links des Weges der erste Badeweiher. Dahinter, vor der Dundenheimer Mühle, wenden wir uns nach rechts. Draußen nach dem Wald nehmen wir den ersten Weg nach links und sind schon am nächsten Badesee.

Wo unser Weg am Wald endet, fahren wir nach rechts in den Neurieder Ortsteil *Ichenheim:* Hier links in die Hauptstraße, an der Kirche rechts in die Meißenheimer Straße und gleich wieder nach rechts durch die Magdalenenstraße aus dem Dorf hinaus und geradeaus auf den Wald zu. Am Eingang des Waldes steht eine alte Linde. Etwa 250 Meter nach dem Wald folgen wir nach links dem geschotterten Weg, der sich später als Betonweg fortsetzt.

In *Meißenheim* fahren wir durch die Winkelstraße, links an der Kirche vorbei durch die Kirchstraße, geradeaus weiter durch die Hauptstraße und an ihrem Ende nach rechts auf der Schillerstraße hinaus in das Feld. Bei allen Abzweigungen halten wir uns an den Betonweg, immer in Richtung auf die Schwarzwaldberge, und wo dieser endet, nach rechts am Waldrand entlang und den ersten Weg nach links in den Wald hinein. Bald darauf folgen wir der Straße nach links. Ab hier bis zum Bahnhof Friesenheim gibt es keinen Radweg. Vor der Kreuzung der Bundesstraße (Vorsicht!) lädt links bei der Gaststätte ein weiterer Badesee ein. Im Meißenheimer Ortsteil *Kürzell* geht es in der Ortsmitte geradeaus durch die Schutternstraße weiter.

Den Friesenheimer Ortsteil *Schuttern* mit seiner markanten, roten Barockkirche durchfahren wir auf der Hauptstraße. In *Friesenheim:* Nach dem Überqueren der Bahn durch die Bahnhofstraße, an ihrem Ende an der Ampel geradeaus in die Friesenheimer Hauptstraße, zuerst links eine Kirche mit Rokokoturm, nach der zweiten Kirche (mit dem gotischen Turm), bei der Post nach links auf der Weinbergstraße leicht ansteigend

OFFENBURG
GENGEN-
BACH
LAHR/Schwarzwald
ERSTEIN
Schwanau
Neuried
Hohberg
Friesen-
heim
Schutterwald
Ichenheim
Meißenheim
Altenheim
Dundenheim
Ortenberg
Ohlsbach
Durbach
Berg-
haupten
Diersburg
Nieder-
schopfheim
Ob.-
Schopfheim
Hofweier
Schuttern
Kürzell
Ottenheim
Allmannsweier
Plobsheim
Eschau
Fegersheim
Lipsheim
Hipsheim
Nordhouse
Osthouse
Gerstheim
Obenheim
Müllen
Kittersburg
GOLDSCHEUER
ELGERSWEIER
ZUNS-
WEIER
RAMMERS-
WEIER
ZELL-
WEIERBACH
FESSEN-
BACH
Ebersweier
BOHLS-
BACH
BÜHL
WALTERS-
WEIER
WEIER
HILD-
BOLTS-
WEIER
Höfen
HOHN-
HURST
Ottenweierhof
Schutterzell
HUGSWEIER
Heiligenzell
Oberweier
Rhein
Schutter

ortsauswärts. Die Anstrengung des Anstieges wird wettgemacht durch eine längere Gefällstrecke bis zum Friesenheimer Ortsteil *Oberschopfheim:* Am Ende der Hebelstraße parallel zur Bundesstraße und am Ortsende halbrechts durch die Niederschopfheimer Straße wieder hinaus.

Im Hohberger Ortsteil *Niederschopfheim:* Durch die Blumenstraße, geradeaus durch die Steinebühlstraße bis zur Linde, nach links durch die Hauptstraße an der Barockkirche vorbei und auf deren Fortsetzung, der Alten Landstraße, nach rechts wieder ortsauswärts. Draußen parallel zur Bundesstraße hinein in den Hohberger Ortsteil *Hofweier,* den wir auf der Freiburger Straße fast ganz durchqueren. Wo wir schon das Ortsende sehen, geht es halblinks durch die Breitmattstraße wieder hinaus und geradeaus durch die Felder bis zu einem Wegkreuz unter vier Birken. Hier fahren wir halbrechts auf das vor uns liegende Hochhaus zu.

Bald haben wir rechts den Luftlandeplatz *Offenburg* und links einen riesigen Badesee. Am Ende des Badesees fahren wir nach rechts am Zaun des Flugplatzes entlang bis zu dessen Ende. Hier fahren wir nach rechts am Südring entlang, unter der Bundesstraße durch, über die Kurt-Schumacher-Brücke (davor rechts ebenfalls ein großer Badesee), vor der nächsten Kreuzung (rechts wieder die Dampflok) nach links durch die Radunterführung und in die Badstraße, später mit dem Radwegweiser

Zu Tour 11, 12 **Gengenbach, Haigeracher Tor.** (Foto: Heinz Wittner)

»Stadtmitte« am Bach entlang und in den Zwingerpark, nach links wieder hinaus, bei der Ampel die Straße kreuzen, nach links parallel zur Grabenallee und nach rechts durch die Hauptstraße zum Bahnhof zurück.

11 Von Reichsstadt zu Reichsstadt im Kinzigtal Offenburg – Ortenberg – Ohlsbach – Gengenbach – Berghaupten – Elgersweier – Offenburg

Verkehrsmöglichkeiten Offenburg ist Bahnknotenpunkt und IC-Station und besitzt Autobahnanschluß. Gengenbach ist Bahnstation an der Schwarzwaldbahn Offenburg – Bodensee.
Parkmöglichkeiten In Offenburg in der Rammersweierer Straße auf der Rückseite des Hauptbahnhofs; Fußgänger- und Radunterführung zum Bahnhof. In Gengenbach am Bahnhof und in der Altstadt.
Jugendherberge Schloß Ortenberg, Burgweg 21, D-7601 Ortenberg.
Fahrradbahnhöfe Offenburg Hauptbahnhof und Gengenbach.
Tourenlänge 31 km.
Fahrzeit 2½ Stunden.
Höhenunterschiede Ein Anstieg in Ortenberg zum Schloß; sonst weitgehend eben.
Karten Topographische Karten RW 1:50000 Offenburg und Oberkirch; 1:200000 Generalkarte Blatt 21 oder 21/24.
Wissenswertes Offenburg siehe Tour 9.

Die Burg *Ortenberg,* in der sich die Jugendherberge befindet, wurde um 1840 in romantisierendem, neugotischem Stil auf den Ruinen der 1678 zerstörten Burg erbaut.

Südlich der Gemeinde *Ohlsbach* wurde 1976 eine Solequelle erbohrt. In einer unentgeltlich benutzbaren Anlage wurden ein Gradierwerk (Saline), ein Tret- und ein Badbecken und eine Liegewiese eingerichtet.

Gengenbach, das seit 1231 Stadtrechte besitzt, war bis 1803 freie Reichsstadt. Seine Altstadt weist wohl eines der eindrucksvollsten Stadtbilder am Oberrhein auf. Trotz Zerstörungen im 30jährigen Krieg und 1689 sind noch große Teile der einstigen Stadtbefestigung erhalten, wie das Haigeracher Tor, das Kinzigtor, der Schweden-, der Prälaten- und der Niggelturm (heute:

Narrenmuseum). In der Stadtmitte steht am Marktplatz das 1784 erbaute klassizistische Rathaus und davor der Marktbrunnen mit dem Ritter von 1582 (heute Nachbildung). Östlich des Marktes befinden sich die ausgedehnten Anlagen des um 740 gegründeten und 1803 aufgehobenen Benediktinerklosters mit der Pfarrkirche St. Maria, die zu Beginn des 12. Jahrhunderts erbaut wurde. Die frühere Pfarr- und jetzige Friedhofskirche St. Martin wurde seit dem 15. bis zum Ende des 18. Jahrhunderts vielfach verändert.

Tourenbeschreibung Ausgangspunkt Hauptbahnhof *Offenburg:* Gegenüber in die Straßburger Straße, nach links in die Okenstraße und mit ihr nochmals links, an ihrem Ende nach rechts durch die Hauptstraße mit der Fußgängerzone, nach der Ampel am Ende der Hauptstraße nach links durch die Badstraße, an der Kreuzung mit dem Südring durch die Radunterführung (hier steht die alte Schnellzuglok), der Radweg führt links parallel zur Straße in gleicher Richtung am Bach entlang weiter.

Am Ende des Radweges bei der Gaststätte »Am Großen Deich« überqueren wir den Bach und fahren auf dem befestigten Dammweg weiter. Wo wir zur Straße kommen, geht es nach links hinter der Leitplanke parallel zur Straße hinein nach *Ortenberg:* Bei der Kreuzung am Rathaus (Vorsicht!) geradeaus in den Burgweg und hinauf zur Burg mit der Jugendherberge und dem Aussichtsturm. Gleich nach dem Eingangstor links hinauf und etwa 150 Meter nach der Burg rechts weiter, am Brunnenhaus vorüber und in Schleifen durch die Weinberge mit Blick auf die Burg wieder hinunter ins Tal und unten links weiter.

Später bei der Ortstafel »Ohlsbach« nach links durch die Schlauchstraße (Ortsteil *Schlauch*), dann am Bächlein entlang durch die Ebersweierer Straße im Ortsteil *Ebersweier,* an der Telefonzelle scharf rechts durch die Hubersgasse hinein nach *Ohlsbach,* an ihrem Ende rechts und die nächste Straße, die Schwarzwaldstraße, links weiter, an ihrem Ende nach rechts aus dem Dorf hinaus. Etwa 250 Meter nach dem Bahnübergang geht es nach rechts zur Sole-Mineral-Anlage. Nach dem Besuch der Anlage fahren wir zurück, jetzt jedoch geradeaus weiter.

Etwa 1300 Meter danach kreuzen wir wieder die Bahngleise. Wo wir zur Alten Landstraße kommen, folgen wir ihr nach rechts und fahren auf ihrer Fortsetzung, der Leutkirchstraße, in

Zu Tour 12 **Zell am Harmersbach; Storchenturm mit den Schwedenkanonen.**
(Foto: Heinz Wittner)

die Stadtmitte von *Gengenbach,* wo wir mit der Hauptstraße den Altstadtkern erreichen; vor dem Rathaus mit der Hauptstraße nach rechts, durch das Kinzigtor, über die Bahn und die Kinzigbrücke und dahinter sofort auf dem Radweg parallel zur Berghauptener Straße nach rechts aus der Stadt heraus.

Vor den ersten Häusern von *Berghaupten* biegen wir rechts ab und fahren nach links parallel zur Bundesstraße weiter, wobei wir uns bei allen Abzweigungen im Bereich der Bundesstraße halten. Bald nach Berghaupten bietet links des Weges ein Badesee im Sommer eine willkommene Erfrischung.

Immer parallel zur Bundesstraße, wobei wir unterwegs zwei Straßen kreuzen, kommen wir in den Offenburger Stadtteil *Elgersweier,* den wir auf der Kirchstraße durchfahren. Wir biegen mit ihr kurz vor ihrem Ende rechts ab und fahren geradeaus »Zum Großen Deich« wieder aus dem Ort hinaus. Nach dem Unterqueren der Bundesstraße fahren wir nach links auf dem Kinzigdamm weiter, kommen an einem langgestreckten Badesee mit einem kleinen Tiergehege vorüber und überqueren auf der Kurt-Schumacher-Brücke nach rechts die Kinzig.

Weg durch *Offenburg:* Gleich nach der Brücke vor der nächsten Kreuzung (rechts steht wieder die Dampflok) nach links durch die Radunterführung und in die Badstraße, später mit dem Radwegweiser »Stadtmitte« am Bach entlang und in den Zwingerpark, nach links wieder hinaus, bei der Ampel die Straße kreuzen, nach links parallel zur Grabenallee und nach rechts durch die Hauptstraße wieder zum Bahnhof zurück.

12 Kleinstadtromantik im Kinzigtal Gengenbach – Biberach – Zell a.H. – Bollenbach – Haslach – Steinach – Gengenbach

Verkehrsmöglichkeiten Gengenbach, Biberach und Haslach liegen an der Schwarzwaldbahn Offenburg – Bodensee und sind ab Autobahnausfahrt Offenburg über die Bundesstraße 33 zu erreichen. Zell am Harmersbach liegt an der Nebenbahn der SWEG Biberach – Oberharmersbach.
Parkmöglichkeiten In Gengenbach am Bahnhof, in der Altstadt und vor dem Kinzigtor, in Zell, Biberach und Haslach jeweils im Bahnhofsbereich.
Jugendherberge Schloß Ortenberg, Burgweg 21, D-7601 Ortenberg.

Fahrradbahnhöfe Gengenbach, Biberach und Haslach.
Tourenlänge 45 km.
Fahrzeit 3½ Stunden.
Höhenunterschiede Keine nennenswerten.
Karten Topographische Karte RW 1:50000 Haslach i.K.; 1:200000 Generalkarte Blatt 21 oder 21/24.
Anmerkung Zwischen Gengenbach und Fröschbach und zwischen Steinach und Haslach stehen nicht immer Radwege zur Verfügung; die vorgeschlagenen Straßen sind jedoch wenig befahren.
Wissenswertes Gengenbach siehe Tour 11.

Der staatlich anerkannte Erholungsort *Biberach* wurde bereits 787 zum erstenmal urkundlich erwähnt. An der Stelle des heute zum Gemeindebereich zählenden Weilers Prinzbach befand sich im Mittelalter eine durch den Silbererzbergbau reich gewordene Stadt. Vor Jahren hat man dort Mauerreste der alten Stadt freigelegt.

Zell am Harmersbach wird 1139 erstmals in einer Urkunde genannt. Es war später freie Reichsstadt. Zusammen mit Unter- und Oberharmersbach wurde das ganze Tal zum Freien Reichstal Harmersbach, einer Bauernrepublik, erhoben. Teile der Stadtbefestigung zeugen heute noch von der Reichsstadtherrlichkeit, wie der Hirschturm, erbaut um 1330, und der Storchenturm mit den vier Schwedenkanonen von 1633. Zu den Sehenswürdigkeiten des Städtchens zählen neben den Häusern an der Hauptstraße zwei Kirchen: Die Pfarrkirche St. Symphorion (erbaut 1790–94) mit ihrer ungewöhnlichen Ausstattung und die Wallfahrtskirche Maria zur Ketten, um 1480 erbaut und mehrfach erweitert.

Das reizvolle Städtchen *Haslach im Kinzigtal* erhielt 1278 Stadtrechte. Es ist Geburtsort des Volksschriftstellers, Pfarrers und Landtagsabgeordneten Heinrich Hansjakob, dessen Andenken im Museum im Freihof wachgehalten wird. Im 1630 bis 1632 erbauten Kapuzinerkloster befindet sich ein sehenswertes Schwarzwälder Trachtenmuseum. Neben dem gotischen Turm der 1780 erbauten Pfarrkirche St. Arbogast befindet sich die Zehntscheuer von 1550.

Der »Schwarze Adler« in *Steinach* gehört zu den schönsten Fachwerkbauten am Oberrhein. Im Turm der um 1750 erbauten barocken Pfarrkirche wurden mittelalterliche Fresken freigelegt.
Tourenbeschreibung Ausgangspunkt Bahnhof *Gengenbach:* Nach rechts (Osten) auf dem Radweg an der Bahn entlang, geradeaus durch die Friedrichstraße, am Kinzigtor vorbei durch die Einachstraße und deren Fortsetzung, der Kinzigstraße,

stadtauswärts. Wir passieren die Stadtteile *Schwaibach* und *Schönberg.*

Bei dem zu Biberach gehörenden Weiler *Fröschbach* kreuzen wir die Bahn, um sie gleich darauf in der Gegenrichtung nochmals zu überqueren. Bei den folgenden Wegekreuzungen fahren wir geradeaus. *Biberach* durchfahren wir auf der Waldstraße und biegen an ihrem Ende links ab (Wegweiser: Zell a. H.).

Etwa 250 Meter weiter verlassen wir die Straße nach rechts (Wegweiser: Unterentersbach). Vor den Häusern von *Unterentersbach* fahren wir nach links parallel zur Straße weiter. Auf der Unterentersbacher Straße kommen wir zur Stadtmitte von

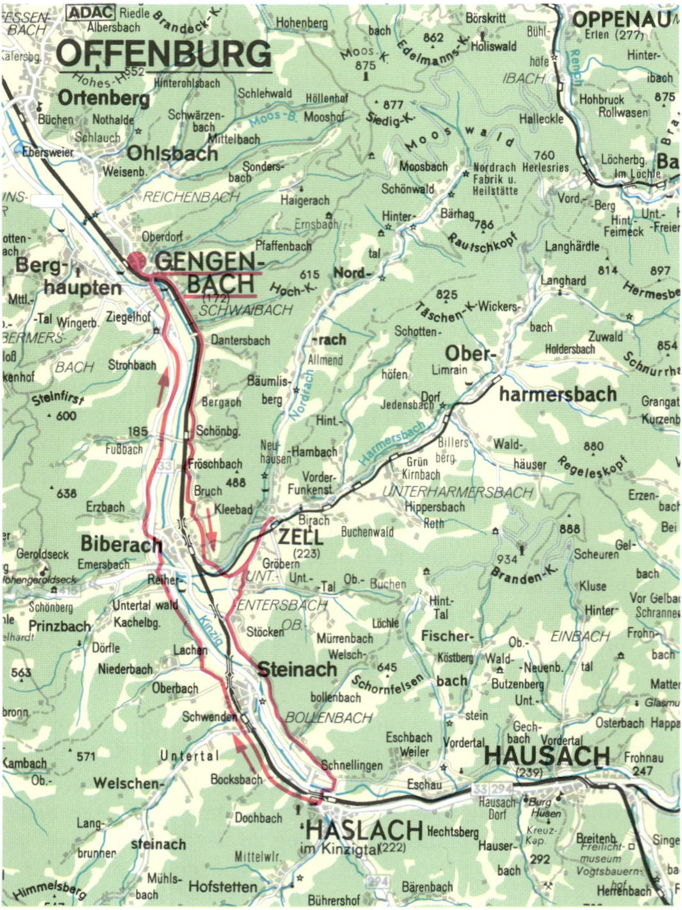

Zell am Harmersbach, die durch die Hauptstraße gebildet wird. Zell verlassen wir wieder auf der Unterentersbacher Straße. Den Stadtteil *Unterentersbach* durchfahren wir auf der Zeller Straße, vor dem barocken Kirchlein (von 1768) geht es nach rechts und wieder nach links mit der Dorfstraße ortsauswärts. Nach 800 Metern biegen wir links in die ehemalige Bundesstraße (Wegweiser: Haslach) und gleich darauf hinter dem Gasthof »Rebstock« rechts unter der Bahn durch.

Später führt der Weg wieder zur Straße zurück, wir bleiben jedoch bei der Brücke (gegenüber liegt Steinach) links von der Kinzig (Wegweiser: Bollenbach). Bei einem Feldkreuz, wo wir schon Bollenbach vor uns sehen, fahren wir halbrechts den Radweg weiter, der später an einem Bächlein entlang verläuft, berühren gerade noch den Haslacher Stadtteil *Bollenbach* und biegen wieder rechts hinaus. Am Umspannwerk geht es links und gleich wieder rechts weiter. Den Stadtteil *Schnellingen* durchfahren wir auf der Schnellinger Straße. Am Ortsende überqueren wir auf der Brücke die Kinzig und kommen nach *Haslach im Kinzigtal.* Durch die Gerbergasse und die Hauptstraße radeln wir in die Altstadt. Zurück: Durch die Hauptstraße und die Alte Eisenbahnstraße bis zum Bahnhof, dort nach links mit der Schwarzwaldstraße stadtauswärts. Vor der Bahnunterführung kreuzen wir die Straße (Vorsicht!) und fahren nach links immer parallel zur Bahn.

In *Steinach* bleiben wir auf der Kreuzbühlstraße, an ihrem Ende rechts unter der Bahn durch, gleich wieder nach links an der Bahn entlang, um bei der nächsten Unterführung wieder auf die andere Seite zu wechseln. Unser Radweg leitet uns automatisch in den parallel zur Bundesstraße verlaufenden Radweg, wobei wir vorher den Weiler *Lachen* durchfahren.

Wir bleiben immer in der Nähe der Straße, auch beim Steinbruch in Höhe von *Biberach.* Unsere Straße unterquert später die Bundesstraße. Bei der nächsten Gelegenheit wechseln wir wieder auf die andere Seite, fahren am Waldrand entlang (Wegweiser: Gengenbach), bis sich rechts von uns der Zaun des Parkplatzes zeigt. Hier beginnt wieder der Radweg parallel zur Bundesstraße.

Wo der Radweg bei der Brücke endet, biegen wir links ab und scharf rechts über die Brücke; an der Kreuzung dahinter beginnen nach links parallel zur Straße wieder die Radwege; auf der Brückenhäuser Straße kommen wir nach *Gengenbach:* Vor dem Kinzigtor mit der Friedrichstraße zurück zum Bahnhof.

13 Deutsch-französische Rheinauenfahrt 2 Kehl – Meißenheim – Ottenheim – Nonnenweier – Staustufe Gerstheim – Krafft – Plobsheim – Straßburg – Kehl

Verkehrsmöglichkeiten Kehl ist Grenzbahnhof an der Strecke nach Straßburg und ist ab Autobahnabfahrt Appenweier vierspurig auf der Europastraße 11 zu erreichen.
Parkmöglichkeiten In Kehl östlich des Bahnhofs und bei der Stadthalle.
Jugendherbergen Kehl, Altrheinweg 11; Strasbourg, 9 Rue de l'Auberge de Jeunesse; voraussichtlich ab 1989: Auberge de Jeunesse »Parc du Rhin«.
Fahrradbahnhof Kehl.
Tourenlänge 66 km.
Fahrzeit 5 Stunden.
Höhenunterschiede Keine.
Karten Topographische Karten RW 1:50000 Offenburg und Lahr/Schwarzwald; 1:200000 Generalkarte Blatt 21 oder Vogesen/Elsaß.
Anmerkung Personalausweis nicht vergessen!
Wissenswertes Kehl siehe Tour 6. Meißenheim siehe Tour 10. Straßburg siehe Tour 8.

Zu Tour 13, 55, 62 **Wallfahrtskirche Maria zur Eich** bei Plobsheim.
(Foto: Heinz Wittner)

Das Dorf *Plobsheim* war bis zur Annektion durch den Franzosenkönig Ludwig XIV. reichsritterschaftlich. Sein Rathaus ist das frühere Schloß der Freiherrn Zorn von Plobsheim. Ein weiteres Schlößchen aus dem 18. Jahrhundert gehörte der Straßburger Patrizierfamilie Güntzer. Südlich des Dorfes liegt Schloß Thumenau, ein Landhaus mit englischem Garten, das 1815 ein Freiherr von Türkheim erbauen ließ. Ebenfalls südlich des Ortes steht auf freiem Feld die Wallfahrtskapelle »Maria zur Eich« (Notre-Dame-du-Chêne), erbaut 1454, mit einer Madonna aus dem 17. Jahrhundert.

Tourenbeschreibung Ab Bahnhof *Kehl:* Gegenüber in die Hauptstraße, sofort rechts in die Friedensstraße, an ihrem Ende über den Rheindamm und auf der Rheinpromenade nach links weiter. Wir bleiben am Rheinufer bis zur Staustufe, wo wir nach links weiterfahren. Kurz danach geht es unterhalb des Hochwasserdammes nach rechts weiter bis zum Kieswerk. Davor biegen wir links ab; beim Betonwerk nach rechts parallel zur Bundesstraße bis zur nächsten Abzweigung, wo es nach rechts auf der Straße weitergeht (Wegweiser: Rhein).

Vor dem Rhein biegen wir links hinunter und fahren unterhalb des Dammes weiter. Da der ausgewiesene Radwanderweg nicht immer in bestem Zustand ist, empfiehlt es sich, auf die andere Seite des Entwässerungskanals auszuweichen. Wo wir die Straße kreuzen, müssen wir links vom Kanal bleiben (die rechte, asphaltierte Straße ist eine Betriebsstraße!). Im weiteren Verlauf stehen Tafeln »Hafengebiet. Betreten verboten«, doch der offizielle Radweg führt durch dieses Gebiet am Damm entlang weiter.

Unser Weg mündet später in einen Betonweg, dem wir halblinks hinein nach *Meißenheim* folgen, wobei wir die Pferderennbahn passieren. Im Ort: Durch die Blumenstraße, an deren Ende nach rechts durch die Friedrichstraße, geradeaus durch die Rathausstraße und weiter geradeaus durch die Ottenheimer Straße ortsauswärts.

Ohne Radweg erreichen wir den Schwanauer Ortsteil *Ottenheim:* Am Ortseingang ein Damwildgehege; geradeaus durch die Unterdorfstraße, geradeaus weiter durch die Kirchstraße, an deren Ende geradeaus in die Oberdorfstraße, jedoch in der Kurve geradeaus weiter auf der Südstraße ortsauswärts. Unser Weg führt uns später in einem Linksbogen zur Straße, der wir für 350 Meter nach rechts folgen, um sie dann nach rechts zu verlassen. Später geht es nach links am Mühlbach entlang und über den Schutterkanal nach *Nonnenweier,* ebenfalls Ortsteil von Schwanau: Die Mühlenstraße durchfahren wir bis zu ihrem Ende und

Reichstett
Mundolsheim
Souffelweyersheim
la Souffel
Niederhausbergen
Fort Ney
Wœrthel
Hœnheim
Fuchs-am-Buckel
BISCHHEIM
SCHILTIGHM.
LA ROBERTSAU
CRONENBOURG
KOENIGSHOFFEN
A 351
DIERSHEIM
HONAU
HOHBÜ
Mühlbach
LINX
LEUTESHEIM
Hanauer Land
ZIEROLSHOF
AUENHEIM
BODERSWEIER
QUERBACH
KEHL
NEUMÜHL
KORK
ODELSHFN.
NEUDORF
MUSAU
Lingolshm.
SUNDHEIM
MEINAU
A35
N83
Ostwald
NEUHOF
STOCKFELD
Willstätt
Eckartsweier
Jllkirch-Graffenstaden
LA GANZAU
Schafhardt F'me
Marlen
Hessel-hurst
GOLDSCHEUER
Staustufe Strasbourg
Kittersburg
HOHNHURST
WEIER
BÜHL
Eschau
Altenheimer Hof
Krummer Rhein
Hetzlader F'mes
Ohnheim
Plobsheim
Im Gottwald
WALTERSWEIER
Wibolsheim
Langhurst
Müllen
Thumenau
Kempferhof
Altenheim
Schutterwald
HILDBOLTSWEIER
Neuried
Dundenheim
Höfen
Rhein
Ichenheim
Schutter
Hofweier
Hohberg
Meißenheim
Ottenweierhof
Schutterzell
Niederschopfheim
Gutleut-K.
Ob.-Schopfheim
Kürzell
Ottenheim
Molkensu
Gerstheim
Schuttern
Friesenheim
Oberweier
Allmannsweier
HUGSWEIER
Heiligenzell
Schwanau
LAHR/Schwarzwald
Nonnenweier
BURGHEIM

auf der Neuen Rheinstraße geht es nach rechts wieder aus dem Dorf heraus.

Unsere Straße biegt unterhalb des Rheindammes nach Norden und überquert auf der Staustufe mit der Zollstation den ersten Teil des Rheins. Nun geht es hoch oben am Rheinstaubekken entlang, bis wir nach 4 Kilometern auf der Schiffahrts-*Staustufe Gerstheim* den Rhein endgültig überqueren. Wir fahren geradeaus (Wegweiser: Strasbourg 22), biegen später rechts ab und durchfahren den zur Stadt Erstein gehörenden Ortsteil *Krafft.*

Kurz vor Plobsheim lohnt sich ein Abstecher zur links von der Straße im freien Feld stehenden gotischen *Wallfahrtskapelle Maria zur Eich* (Notre-Dame-du-Chêne). *Plobsheim* erreichen wir auf der Rue Général Leclerq und biegen bald rechts in die Rue du Rhin; sie leitet uns durch den Ort und windet sich draußen durch die Felder bis zum Rhein, wo wir links der Straße unterhalb des Rheindammes folgen.

Wir fahren bis zur Fabrik mit dem rot-weiß-gestreiften Kamin (Vitalevor). Dahinter biegen wir halblinks ab. Durch *Straßburg:* An der Ampel biegen wir rechts ab und durchfahren auf einer vierspurigen Straße ein Gewerbegebiet bis zu der weißen Bogenbrücke, die wir nach rechts überqueren und nach links durch die Allee weiterfahren; es ist die Rue du Rhin Napoléon; an ihrem Ende folgen wir nach rechts der Beschilderung »Deutschland« und kommen nach Überqueren der Europabrücke nach *Kehl* zurück.

14 Lahr – Hugsweier – Schuttern – Kürzell – Meißenheim – Ottenheim – Nonnenweier – Lahr

Verkehrsmöglichkeiten Lahr ist Schnellzugstation an der Strecke Karlsruhe – Basel und besitzt einen Autobahnanschluß.
Parkmöglichkeiten In Lahr am Bahnhof.
Fahrradbahnhof Lahr.
Tourenlänge 36 km. **Fahrzeit** 3 Stunden.
Höhenunterschiede Keine.
Karten Topographische Karten RW 1:50000 Lahr/Schwarzwald und Offenburg; 1:200000 Generalkarte Blatt 21 oder 21/24.
Wissenswertes Die Stadt *Lahr* entstand im Zusammenhang mit der um 1215 erbauten Wasserburg der Herren von Gerolds-

eck; sie wurde 1677 zerstört; ihr einziger Rest ist der Storchenturm, der als Museum eingerichtet ist. Lahr erhielt 1278 Stadtrechte. Zu den Sehenswürdigkeiten der Stadt gehört das Alte Rathaus, ein Bau von 1608 und das Neue Rathaus, 1808 im Weinbrennerstil erbaut. Der Chor der evangelischen Pfarrkirche wurde 1259 errichtet, während das Langhaus um 1850 verändert wurde.

Schuttern und Meißenheim siehe Tour 10.

Tourenbeschreibung Ab Bahnhof *Lahr:* Nach rechts (Süden) durch die Vogesenstraße, vor der Brücke rechts ab und über die Bahn, nach rechts durch das Gewerbegebiet auf der Raiffeisenstraße, an der Ampel geradeaus durch die Flugplatzstraße, nach den letzten Häusern beginnt wieder der Radweg. Im Lahrer Stadtteil *Hugsweier* biegen wir am Ende der Flugplatzstraße nach rechts in die Hugsweierer Hauptstraße. Nach den letzten Häusern fahren wir nach links weiter, am Ende des Weges wieder rechts und vor dem Aussiedlerhof nach links.

Draußen im Feld folgen wir dem Wegweiser nach rechts zu den römischen Ausgrabungen. Zwischen 1973 und 1975 hat man hier die *römische Straßenstation Friesenheim* aus der Zeit des 1. Jahrhunderts n. Chr. ausgegraben. Wieder zurück, geht es auf dem Wirtschaftsweg in nördlicher Richtung weiter. Auf der Straße biegen wir links hinein in den Friesenheimer Ortsteil *Schuttern,* den wir auf seiner Hauptstraße durchfahren, wobei wir an der weithin sichtbaren barocken Klosterkirche vorüberkommen.

Zu Tour 10, 13, 14, 47 **Grabstein der Friederike Brion,** der Geliebten Goethes, an der Pfarrkirche in Meißenheim. (Foto: Heinz Wittner)

Auf der Straße ohne Radweg erreichen wir auf der Schutternstraße den Meißenheimer Ortsteil *Kürzell;* nach der Kurve in der Ortsmitte geht es geradeaus weiter (Wegweiser: Meißenheim). Nach der Kreuzung mit der Bundesstraße (Vorsicht!) passieren wir einen Badesee mit einer Gaststätte. Im Wald biegen wir nach rechts. Am Waldrand folgen wir nach links dem Betonweg, der uns nach *Meißenheim* bringt: Am Ende der Schillerstraße nach links in die Hauptstraße und bei der ersten Abzweigung fahren wir nach links und folgen den Wegweisern in Richtung Ottenheim.

Ohne Radweg erreichen wir den Schwanauer Ortsteil *Ottenheim:* Am Ortseingang ein Damwildgehege; geradeaus durch die Unterdorfstraße, geradeaus weiter durch die Kirchstraße, an deren Ende gerade in die Oberdorfstraße, jedoch in der Kurve geradeaus auf der Südstraße ortsauswärts. Unser Weg führt uns später in einem Linksbogen zur Straße, der wir für 350 Meter nach rechts folgen, um sie dann nach rechts wieder zu verlassen. Bald geht es nach links am Mühlbach entlang und über den Schutterkanal nach *Nonnenweier,* ebenfalls Ortsteil von Schwanau: Durch die Mühlenstraße, an ihrem Ende nach links in die Neue Rheinstraße, an deren Ende nach links in die Wittenweierer Straße und gleich wieder rechts durch die Hauptstraße, die wir kurz vor den letzten Häusern nach links auf dem Wirtschaftsweg wieder verlassen.

Wir überqueren den Schutterkanal und fahren auf seinem Damm nach rechts weiter. Bei der Autobahn müssen wir ihn kurz verlassen, um gleich wieder darauf weiterzufahren. Kurz vor der Bundesstraße wechseln wir auf die andere Seite des Kanals, fahren einen Linksbogen durch den Wald, kommen zum Kanal zurück, unterqueren die Bundesstraße und fahren nach rechts parallel zur Bundesstraße weiter. In *Lahr:* Im Gewerbegebiet beim Supermarkt nach links, rechts über die Kreuzung und über die Bahn und nach links durch die Vogesenstraße zum Bahnhof zurück.

15 Städteromantik in der südlichen Ortenau I
Lahr – Nonnenweier – Wittenweier – Mahlberg – Kippenheim – Mietersheim – Lahr

Verkehrsmöglichkeiten Lahr ist Schnellzugstation an der Strecke Karlsruhe – Basel und besitzt einen Autobahnanschluß.
Parkmöglichkeiten Am Bahnhof Lahr.
Fahrradbahnhof Lahr.
Tourenlänge 29 (34) km. **Fahrzeit** 2½ (knapp 3) Stunden.
Höhenunterschiede Keine.
Karten Topographische Karte RW 1:50000 Lahr/Schwarzwald; 1:200000 Generalkarte Blatt 21 oder 21/24.
Wissenswertes Lahr siehe Tour 14.

Auf einem Felsklotz inmitten der Stadt *Mahlberg* trohnt das weithin sichtbare Schloß der Freiherrn von Türckheim; die ursprüngliche Burg war im Besitz der Zähringer, dann der Staufer (zu ihrer Zeit wurden hier Reichstage abgehalten), ihnen folgten die Herren von Geroldseck und schließlich die Markgrafen von Baden; die heutige Burg entstand nach der Zerstörung im 30jährigen Krieg. Unter der Burg, gegenüber vom Rathaus, steht die evangelische Kirche; ihr achteckiger Bau entstand 1687; später wurde sie weiter barockisiert.

Im Ortsbild von *Kippenheim* fallen stattliche Renaissancegebäude auf, darunter das 1610 erbaute Rathaus mit seinen zwei Erkern. Imposant ist auch die evangelische Pfarrkirche, deren Turm aus dem 12. Jahrhundert stammt, während der Chor zu Beginn des 15. Jahrhunderts und das Langhaus im 18. Jahrhundert erbaut wurden; im Innern befindet sich eine gotische Steinkanzel und der Flügel eines Altars (um 1500), während der andere Flügel in die katholische Kirche verbracht wurde.

Tourenbeschreibung Ab Bahnhof *Lahr:* Nach rechts (Süden) durch die Vogesenstraße, vor der Brücke rechts ab und über die Bahn, im Gewerbegebiet über die Kreuzung und nach links um den Supermarkt und parallel zur Bundesstraße weiter. Unmittelbar vor dem Schutterkanal unterqueren wir die Bundesstraße, halten uns immer rechts, überqueren den Kanal und fahren nach links auf dessen Damm weiter. Im Bereich der Autobahn müssen wir kurz den Damm verlassen, um wieder darauf zurückzukehren.

Nach der Hochspannungsleitung biegen wir links über die Brücke und kommen nach *Nonnenweier:* Hier nach rechts durch die Hauptstraße, an deren Ende links durch die Wittenweierer Straße, nach den letzten Häusern links ab und unter der Hochspannungsleitung rechts weiter. Den Schwanauer Ortsteil *Wittenweier* durchfahren wir auf der Jahnstraße, an ihrem Ende nach links durch die Hauptstraße und zwischen den letzten beiden Häusern nach rechts hinaus in das Feld. Wo wir zur Straße kommen, geht es kurz nach links und sofort wieder nach rechts.

Zu Tour 15, 16, 18, 51 Das Städtchen **Mahlberg mit Schloß.** (Foto: Heinz Wittner)

Unser asphaltierter Weg windet sich im Bereich des Waldrandes durch die Felder bis zur Brücke (vor uns ein Reitplatz), wo wir nach links am Kapuzinergraben entlang fahren. Nach dem Überqueren von Autobahn und Bahnstrecke erreichen wir das Städtchen *Mahlberg* auf dem Schmiedeweg. Weiter: Nach rechts in die Unterburgstraße, nach links in die Wassergartenstraße, nach links die Schloßbergstraße hinauf, an Kirche und Rathaus vorbei, links die Karl-Kromer-Straße hinunter; nach dieser Ehrenrunde durch das Städtchen fahren wir nach rechts auf der Eisenbahnstraße hinaus.

Kaum hundert Meter weiter beginnt bereits die stattliche Landgemeinde *Kippenheim:* Wir fahren geradeaus über die Kreuzung in die Bachgasse und mit ihr nach rechts in die Ortsmitte; an ihrem Ende links weiter, um die Kirche herum und wieder aus dem Ort hinaus. Am Ortsende beginnen beiderseits der Bundesstraße die Radwege.

Wir kommen in den Lahrer Stadtteil *Mietersheim,* den wir in einem Rechtsbogen auf der Mietersheimer Hauptstraße durchfahren, immer den geschnitzten Wegweisern folgend. Wer nicht in die Stadtmitte möchte, biegt nach links in die Otto-Hahn-Straße und an deren Ende nach links durch die Schwarzwaldstraße zum Bahnhof. In die Stadtmitte *Lahr:* Die Mietersheimer Hauptstraße setzt sich in der Tramplerstraße fort; an ihrem Ende, an der großen Kreuzung, nach links durch die Alte Bahnhofstraße, geradeaus durch die Goethestraße, nach rechts auf der Friedrichstraße in die Stadtmitte; später nach rechts in die Zollamtsstraße, rechts in die Obststraße, über den Sonnenplatz in die Lammstraße, nach links über den Marktplatz, um die Sparkasse herum, nach links durch die Schillerstraße bis zur Kirche und dann nach rechts durch die Lotzbeckstraße und deren Fortsetzung, die Schwarzwaldstraße, zum Bahnhof zurück.

16 Städteromantik in der südlichen Ortenau II Ettenheim – Altdorf – Mahlberg – Kappel a. Rh. – Rust – Niederhausen – Herbolzheim – Ringsheim – Ettenheim

Verkehrsmöglichkeiten Ettenheim besitzt Autobahnanschluß, hat jedoch keinen eigenen Bahnhof.
Parkmöglichkeiten In Ettenheim, Mahlberg und Herbolzheim jeweils in der Stadtmitte.
Fahrradbahnhof Lahr.
Tourenlänge 34 km.
Fahrzeit Nicht ganz drei Stunden.
Höhenunterschiede Keine oder nach Wunsch 62 Meter.
Karten Topographische Karte RW 1:50000 Lahr/Schwarzwald; 1:200000 Generalkarte Blatt 21 oder 21/24.
Wissenswertes Mahlberg siehe Tour 15.

Ettenheim, die wohl malerischste Stadt in der südlichen Ortenau, ist eine Gründung des alemannischen Grafen Etticho (um 700); sie erhielt 1374 Stadtrechte und war von 1100 bis zur Französischen Revolution im Besitz des Bistums Straßburg. In Ettenheim residierte der letzte Straßburger Fürstbischof, Kardinal de Rohan, von der Französischen Revolution bis zu seinem Tod im Jahre 1803. Nach dem Stadtbrand, 1637, wurde Ettenheim im Barockstil neu aufgebaut und behielt diesen Charakter bis heute. Die Stadt mit ihren zahlreichen, gepflegten Barockbauten wird überragt von der Pfarrkirche St. Bartholomäus aus der Zeit von 1768 bis 1771; in ihrem Chor befindet sich auch das Grab von Kardinal Rohan. Das aus der Gotik stammende Amtshaus wurde 1790 zur Residenz für den Kardinal umgebaut.

Das Städtchen *Herbolzheim* gehörte zwischen 1315 und 1805 zu Vorderösterreich. In der Stadt sind Bürgerhäuser aus der Zeit vom 15. bis zum 18. Jahrhundert erhalten geblieben. Die reich ausgestattete katholische Pfarrkirche wurde zwischen 1752 und 1754 erbaut. Außerhalb der Stadt liegt die 1747 umgestaltete Wallfahrtskapelle Maria-Sand; Hauptanziehungspunkt ist die lebensgroße Muttergottes im Hochaltar aus der Zeit um 1470.

In der Ortsmitte von *Rust* steht das Schloß Balthasarburg von 1575. Im früheren Schloßpark ist die Freizeitanlage Europapark entstanden.

Tourenbeschreibung Ab Stadtmitte *Ettenheim:* Durch die Rohanstraße und das Untere Tor, geradeaus durch die Friedrich-

Zu Tour 16, 18, 51 **Ettenheim, barockes Stadttor.** (Foto: Heinz Wittner)

straße, an der Ampel geradeaus durch die J.-B.-v.-Weiß-Straße. Bald nach den letzten Häusern der Stadt sind wir schon im Stadtteil *Altdorf:* Am Ende der Jakob-Dürrse-Straße links in die Schmieheimer Straße und gleich darauf nach rechts durch die Mahlberger Straße.

Am Ortsende fahren wir nach rechts parallel zur Bundesstraße weiter. Im Anblick des Städtchens Mahlberg, wo die Bundesstraße leicht ansteigt, kreuzen wir die Straße und benützen den halblinks auf *Mahlberg* zuführenden Wirtschaftsweg. In der Stadt: Durch die Wassergartenstraße, rechts die Schloßbergstraße hinauf, an der Kirche und am Rathaus vorbei, nach links die Karl-Kromer-Straße hinunter und an der Kreuzung geradeaus auf dem Schmiedeweg stadtauswärts und immer geradeaus am Kapuzinergraben entlang.

Am Ende des Weges links über den Graben und den nächsten Weg nach rechts weiter. Später fahren wir auf der wenig befahrenen Straße nach links hinein nach *Kappel a. Rh.:* Am Ende der Wittenweierer Straße rechts ab durch die Rathausstraße bis zur Kreuzung, links durch die Mühlenstraße und am Ortsende, vor dem Kreuz, halbrechts in den Wirtschaftsweg. Gleich darauf kommen wir an einem Badeweiher vorüber.

Später ist der Weg im Bereich eines Baggersees nur noch geschottert. Weg durch *Rust:* Durch die Karl-Friedrich-Straße, vor dem Schloß rechts ab in die Rheinstraße, vor dem Sportplatz links weiter, am Ende der Parkplätze geradeaus in den Wirtschaftsweg und mit dem ersten nach links abzweigenden Weg in Richtung auf die Satellitenantennen.

In Rheinhausen-*Niederhausen* durch die Bachstraße (vor der Kläranlage halblinks), an ihrem Ende nach links in die Albert-Stehlin-Straße, nach der Kirche rechts in die Hauptstraße bis zum Wegweiser »Herbolzheim« und nach links auf der Ringsheimer Straße ortsauswärts. Bei der Abzweigung nach links (Wegweiser: Ringsheim) und 400 Meter nach der kanalisierten Elz rechts in den Wirtschaftsweg.

Am Ende des Weges folgen wir nach links der Straße über die Autobahn in das Städtchen *Herbolzheim:* Mit der Rheinhausenstraße durch das Gewerbegebiet und unter der Bahn durch, an ihrem Ende (rechts in die Altstadt) auf der Hauptstraße nach links stadtauswärts.

Parallel zur Bundesstraße erreichen wir *Ringsheim,* auf der wir auch das Dorf durchfahren. Wer es bequem haben möchte, bleibt parallel zur Bundesstraße und biegt dann rechts in die nach Ettenheim führende Straße. Wer jedoch die herrliche Aussicht über das Oberrheintal zu den Vogesen genießen möchte, muß eine kleine Anstrengung in Kauf nehmen: 200 Meter nach der Tankstelle in Ringsheim rechts in den Wirtschaftsweg. In Schleifen geht es durch Weinberge, wobei wir bei allen Abzweigungen den aufwärts führenden Weg wählen. Wo wir das Feldkreuz erreichen, fahren wir geradeaus weiter. In Schleifen geht es wieder bergab bis zur Straße, der wir nach rechts folgen. Auf der Freiburger Straße kommen wir nach *Ettenheim* zurück.

17 Wo die Schwäne brüten
Kappel a. Rh. – Rust – Rheinhausen – Naturschutzgebiet Taubergießen – Kappel am Rhein

Verkehrsmöglichkeiten Kappel a. Rh. erreicht man ab der Autobahnabfahrt Ettenheim.
Parkmöglichkeiten In Kappel an der Kirche. In Rust am Europapark.
Tourenlänge 24 km.
Fahrzeit 2 Stunden.
Höhenunterschiede Keine.
Karten Topographische Karte RW 1:50000 Lahr/Schwarzwald; 1:200000 Generalkarte Blatt 21 oder 21/24.
Wissenswertes Rust siehe Tour 16.

Das *Naturschutzgebiet Taubergießen* ist mit 1600 ha nicht nur das größte, sondern auch das schönste Naturschutzgebiet Mittelbadens. Von zahlreichen Wasserläufen durchzogen, birgt es eine Fülle seltener Pflanzen und Bäume. Es ist zugleich Brutstätte bedrohter Vogelarten, wie z.B. dem Reiher und für Hunderte von Schwänen.

Tourenbeschreibung Ausgangspunkt ist die Pfarrkirche in *Kappel a. Rh.:* Auf der Rathausstraße in die Ortsmitte, an der Kreuzung nach links in die Mühlenstraße und am Ortsende, vor dem Kreuz, halbrechts in den Wirtschaftsweg, auf dem wir gleich darauf an einem Badeweiher vorbeikommen. Später ist der Weg im Bereich eines Baggersees nur noch geschottert.

Weg durch *Rust:* Durch die Karl-Friedrich-Straße, vor dem Schloß rechts in die Rheinstraße, vor dem Sportplatz links weiter, am Ende der Parkplätze geradeaus in den Wirtschaftsweg und mit dem ersten nach links abzweigenden Weg in Richtung auf die Satellitenantennen zu.

In Rheinhausen-*Niederhausen* durch die Bachstraße (vor der Kläranlage halblinks), an ihrem Ende nach links in die Albert-

Zu Tour 16, 17, 18, 23, 24, 47 **Rust, Schloß.** (Foto: Klaus Puntschuh)

Stehlin-Straße, nach der Kirche rechts durch die Hauptstraße und aus dem Ort hinaus in den Rheinhausener Ortsteil *Oberhausen,* wo wir in die Ortsmitte bis zum Rathaus fahren. Hier rechts ab durch die Rheinstraße.

Draußen am Waldrand bietet uns eine Orientierungstafel Informationen über das *Naturschutzgebiet Taubergießen.* Wir folgen dem Waldweg, indem wir den Spielplatz rechts liegen lassen, kommen zu dem aus Niederhausen zum Rhein führenden Sträßchen und fahren fast 5,5 Kilometer auf dem Rheindamm. Etwa 700 Meter nach Rhein-Kilometer 258 fahren wir rechts ab und gelangen in den schönsten Teil des Naturschutzgebietes. Auf einem langen Holzsteg haben wir die Gelegenheit, den eigenartigen Reiz dieser Region zu genießen. Später kommen wir zum Hochwasserdamm, dem wir nach links folgen bis zur Straße – sie kommt von der Fähre Rhinau –, der wir nach rechts und zurück nach Kappel folgen.

18 Und noch einmal Städteromantik! Kenzingen – Herbolzheim – Ettenheim – Mahlberg – Wittenweier – Kappel am Rhein – Rust – Rheinhausen – Weisweil – Kenzingen

Verkehrsmöglichkeiten Kenzingen und Herbolzheim sind Bahnstationen an der Strecke Karlsruhe – Basel. Beide Städte sind über die Autobahnabfahrt Riegel zu erreichen.
Parkmöglichkeiten In Kenzingen, Herbolzheim, Ettenheim und Mahlberg jeweils in der Stadtmitte.
Fahrradbahnhof Lahr.
Tourenlänge 53 km.
Fahrzeit Gut 4 Stunden.
Höhenunterschiede Keine.
Karten Topographische Karten RW 1:50000 Freiburg-Nord und Lahr/Schwarzwald; 1:200000 Generalkarte Blatt 21 oder 21/24.
Wissenswertes Herbolzheim, Ettenheim und Rust siehe Tour 16. Mahlberg siehe Tour 15.

Kenzingen weist ein Stadtbild auf, in dem noch sehr vieles aus dem Mittelalter in die Neuzeit gerettet werden konnte. Erstmals wird der Ort im Jahr 772 urkundlich erwähnt. Er erhält 1249 Stadtrechte. Der heutigen Stadt sieht man noch die planmäßige Anlage nach Zähringer Vorbild an. Beim großen Stadtbrand, 1814, brannten 88 Häuser ab. Von der Stadtbefestigung zeugt noch das Schwabentor. Das Rathaus entstand um 1520 und die katholische Pfarrkirche St. Laurentius wurde um 1275 errichtet; die Westfassade ziert eine Immakulata von 1734; in der Südkapelle findet man großartige Relief-Grabmäler.

Die Pfarrkirche im Kenzinger Stadtteil *Hecklingen* weist einen romanischen Kirchturm auf mit barockem Helm; der Chor ist spätgotisch und das Langhaus wurde nach einem Brand, 1715, erbaut; Immakulata an der Nordseite aus dem Beginn des 18. Jahrhunderts; Hochaltar von 1718. Die Burgruine Lichteneck stammt aus dem 12. Jahrhundert. Nach einem Herrschaftswechsel wurde im Ort das Hecklinger Schloß erbaut (1776) und die Verwaltung hierher verlegt; seit 1929 im Besitz der Gemeinde.

Tourenbeschreibung Ausgangspunkt ist das Rathaus in der Stadtmitte von *Kenzingen*. Auf der Hauptstraße fahren wir in nordöstlicher Richtung aus der Stadt. Draußen sind auf der Bundesstraße Fahrstreifen für Fahrräder ausgewiesen. Auch das Städtchen *Herbolzheim* durchfahren wir mitten durch den Alt-

HUGSWEIER
LAHR
(168)
Gerstheim
Allmannsweier
Schwanau
Nonnenweier
DINGLINGEN
Obenheim
LANGEN-
WINKEL
Dammen-M
MIETERSHEIM
Daubensand
153
Wittenweier
KIPPENHEIM
WEILER
SULZ
Boofzheim
Rhinau
Kippenheim
-Grafen-
hausen
MAHLBERG
Kappel-
Friesenheim
ORSCHWEIER
Zelsheim
ALTDORF
164
ETTENHEIM
Diebolsheim
24
(190)
D468
Rust
Ringsheim
309
HERBOLZHM.
TUTSCHFDN.
Niederhausen
Rheinhausen
WAGENSTADT
164
Saasenheim
Oberhausen
(170)
E35
KENZINGEN
(179)
Schoenau
Richtolsheim
5
BOMBACH
300
Weiswell
Leopolds-Kanal
HECKLINGEN
Harderer
Hof
Forchheim
Wyhl
Riegel
Museumseisenbahn
ENDINGEN
Rhein
Elz
273

stadtkern auf seiner Hauptstraße. Parallel zur Bundesstraße erreichen wir *Ringsheim,* auf der wir auch das Dorf durchqueren.

Wir bleiben auch weiterhin parallel zur Bundesstraße bis zur Abzweigung, wo wir in die rechts nach *Ettenheim* führende Straße biegen. Durch die Stadt: Auf der Freiburger Straße in die Stadtmitte; nach ausgiebiger Besichtigung der romantischen Altstadt durch die Rohanstraße in einem Bogen zum Unteren Tor, geradeaus in die Friedrichstraße, an der Ampel geradeaus durch die J.-B.-v.-Weiß-Straße. Bald nach den letzten Häusern der Stadt sind wir schon im Stadtteil *Altdorf:* Am Ende der Jakob-Dürrse-Straße links in die Schmieheimer Straße und gleich darauf nach rechts durch die Mahlberger Straße.

Am Ortsende geht es parallel zur Bundesstraße weiter. Im Anblick des Städtchens Mahlberg, wo die Bundesstraße leicht ansteigt, kreuzen wir die Straße und benützen den halblinks auf *Mahlberg* zuführenden Wirtschaftsweg. In der Stadt: Durch die Wassergartenstraße, rechts die Schloßbergstraße hinauf, an Kirche und Rathaus vorbei, links die Karl-Kromer-Straße hinunter und an der Kreuzung geradeaus auf dem Schmiedeweg stadtauswärts und immer geradeaus am Kapuzinergraben entlang.

Am Ende des Weges biegen wir rechts ab, fahren jedoch später nicht in den Wald, sondern durch die Felder weiter. Die Straße kreuzen wir nach links versetzt. Unser Wirtschaftsweg wendet sich später nach rechts hinein in den Schwanauer Ortsteil *Wittenweier:* In Schleifen mit der Hauptstraße durch das Dorf, an deren Ende, vor dem Sportplatz links in die Elzstraße. Dann fahren wir durch Wiesenauen, Wald und Felder, wobei wir uns bei allen Abzweigungen immer in südlicher Richtung halten, später mit dem Blick auf die hoch aufragende Kirche von Kappel.

Kappel a. Rh. erreichen wir auf der Löwenstraße; an der Kreuzung geradeaus durch die Mühlenstraße und am Ortsende, vor dem Kreuz halbrechts in den Wirtschaftsweg. Gleich darauf kommen wir an einem Badeweiher vorüber.

Später, im Bereich eines Baggersees, ist der Weg nur noch geschottert. Weg durch *Rust:* Durch die Karl-Friedrich-Straße, vor dem Schloß rechts in die Rheinstraße, vor den Sportplätzen links weiter, am Ende der Parkplätze geradeaus in den Wirtschaftsweg und mit dem ersten nach links abzweigenden Weg in Richtung auf die Satellitenantennen.

In Rheinhausen-*Niederhausen* durch die Bachstraße (vor der Kläranlage halblinks), an ihrem Ende links in die Albert-Stehlin-Straße, nach der Kirche rechts durch die Hauptstraße und aus dem Ort hinaus in den Rheinhausener Ortsteil *Oberhausen,*

Zu Tour 18, 19, 51, 61 **Kenzingen, das Schwabentor,** Teil der alten Stadtbefestigung. (Foto: Heinz Wittner)

wo wir bis zum Rathaus in die Ortsmitte fahren, hier rechts und sofort wieder links durch die Rathausstraße, bei den Sportplätzen kommen wir zur Landesstraße, überqueren den Leopoldskanal, biegen dahinter sofort links ab und fahren auf dem befestigten Weg nach rechts durch den Wald.

Draußen nach dem Wald geht es geradeaus auf der Straße weiter nach *Weisweil:* Auf der Oberhausener Straße in den Ort, halblinks durch die Hinterdorfstraße, am Ortsende biegen wir links in die Kreisstraße (Wegweiser: Endingen), auf der wir 2,5 Kilometer ohne Radweg fahren. Wo beiderseits der Straße Aussiedlerhöfe stehen, biegen wir links in den Wirtschaftsweg, fahren darauf 1,5 Kilometer bis zur Kreuzung und biegen wieder links ab. Im Wald nehmen wir den ersten Weg nach rechts. Am Waldrand folgen wir der Straße nach links über den Leopoldskanal. Danach gibt es rechts von der Straße einen Radweg, der lediglich im Bereich der Autobahn unterbrochen ist.

An der Straßenkreuzung fahren wir nach rechts über die Bahn und am Stadtrand von *Kenzingen* biegen wir links in die Freiburger Straße und kommen auf deren Fortsetzung, der Hauptstraße, in die Stadtmitte.

19 Kenzingen – Weisweil – Sasbach – Königschaffhausen – Endingen – Riegel – Kenzingen

Verkehrsmöglichkeiten Kenzingen und Riegel sind Stationen an der Bahnstrecke Karlsruhe – Basel. Beide sind über die Autobahnabfahrt Riegel zu erreichen.
Parkmöglichkeiten In Kenzingen in der Stadtmitte. In Riegel am Bahnhof Riegel Ort.
Tourenlänge 47 km. **Fahrzeit** Knapp 4 Stunden.
Höhenunterschiede Keine.
Karten Topographische Karten RW 1:50000 Freiburg-Nord, Weisweil und Breisach am Rhein; 1:200000 Generalkarte Blatt 24 oder 21/24.
Wissenswertes Kenzingen und Hecklingen siehe Tour 18.

Auf einer vulkanischen Kuppe nordwestlich von *Sasbach* liegt die Ruine Limburg; hier soll 1214 der deutsche König Rudolf von Habsburg geboren worden sein. Die Pfarrkirche St. Martin des Winzer-und Fischerdorfes wurde 1741 erbaut; ihr Turm ist romanisch; barocker Hochaltar.

Endingen, zweitgrößte Weinbaugemeinde Badens, wurde 762 zum erstenmal urkundlich erwähnt, erhielt vor 1300 Stadtrechte und war bis 1806 österreichisch. Von der alten Stadtbefestigung zeugt noch das Königschaffhausener Tor. Von den zahlreichen historischen Gebäuden der Stadt sind besonders zu nennen: Das »alte« Rathaus, jetzt Heimatmuseum, von 1527; das »neue« Rathaus aus der Mitte des 18. Jahrhunderts; das Kornhaus von 1617, jetzt Rathaus. Die Pfarrkirche St. Petrus von 1772/75 besitzt einen frühgotischen Turm. Die Wallfahrtskirche St. Martin wurde im 19. Jahrhundert erbaut; sie weist einen gotischen Chor und ein Sakramentshäuschen von 1471 auf.

Das Weinbau-und Bierdorf *Riegel* geht auf den römischen Ort Rigola zurück, wovon heute noch die Reste eines römischen

Mithrastempels an der oberen Hauptstraße zeugen. Im Rathaus von 1784 sind Funde aus der Vor-und Frühgeschichte ausgestellt. Die Pfarrkirche St. Martin wurde 1748 errichtet. Hoch über dem Dorf grüßt die Michaelskapelle aus dem 15. Jahrhundert.

Ab Bahnhof Riegel Ort bis nach Breisach verkehrt an verschiedenen Sonntagen der »Rebenbummler«, ein Museums-Dampfzug mit kostenloser Fahrradbeförderung, so daß auch Teilstrecken von der hier beschriebenen Radtour gefahren werden können.

Tourenbeschreibung Ausgangspunkt ist das Rathaus in der Stadtmitte von *Kenzingen:* In südwestlicher Richtung auf der Hauptstraße und deren Fortsetzung, der Freiburger Straße, zum Ortsende, dort rechts über die Bahn und an der Kreuzung links ab (Wegweiser: Forchheim). Bis zum Leopoldskanal gibt es links der Straße einen Radweg, der im Bereich der Autobahn unterbrochen ist. Nach dem Kanal wählen wir den zweiten Weg rechts, der uns in den Wald führt. Nach 1300 Metern kommen wir zu einer Wegkreuzung, biegen links ab und nehmen draußen in den Feldern den ersten asphaltierten Weg nach rechts.

An Gehöften vorbei kommen wir zur Kreisstraße, der wir nach rechts folgen. In *Weisweil:* An der Kreuzung geradeaus in die Herrenstraße, an ihrem Ende rechts in die Hauptstraße bis zur Kirche und nach links mit der Rheinstraße wieder hinaus. Draußen am Rhein haben wir zwei Möglichkeiten: Entweder nach links unterhalb des Rheindammes oder auf dem Damm selbst weiter.

8,5 Kilometer bleiben wir am Rhein, unterqueren die Rheinbrücke, biegen dann links hinauf und fahren in gleicher Richtung auf der Straße weiter. Oberhalb des Gasthauses ragt die Limburg auf. Weg durch *Sasbach:* Am Ende der Marckolsheimer Straße links durch die Hauptstraße. Am Ortsende beginnt links der Straße der Radweg.

Den Endinger Stadtteil *Königschaffhausen* durchfahren wir: Am Ende der Sasbacher Straße weiter durch die Obere Guldenstraße, an deren Ende rechts durch die Rathausstraße und an deren Ende links durch die Endinger Straße. 500 Meter nach dem Ortsende, wo die Bahn unmittelbar neben der Straße verläuft, nehmen wir den zweiten asphaltierten Weg nach links, um sofort nach den Gleisen wieder rechts abzubiegen. Vor der Straße biegen wir rechts in den parallel verlaufenden Radweg, der uns nach *Endingen* bringt (ab Bahn kein Radweg mehr): Links in die Königschaffhauser Straße, durch das Stadttor und

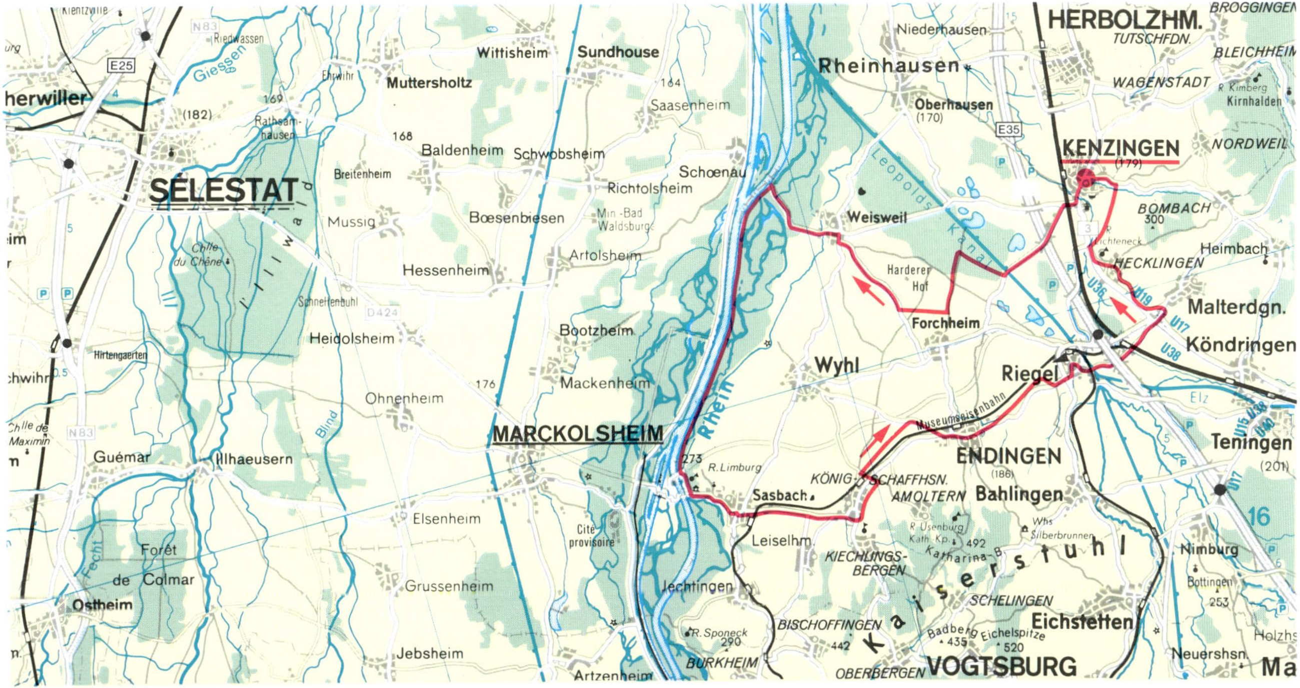

HERBOLZHM.
TUTSCHFDN.
BROGGINGEN
BLEICHHEIM
WAGENSTADT
R. Kimberg
Kirnhalden
NORDWEIL
KENZINGEN
(179)
BOMBACH
300
HECKLINGEN
Heimbach
Malterdgn.
Köndringen
Teningen
(201)
Nimburg
Bottingen
253
Neuershsn.
Holzhs
Eichstetten
SCHELINGEN
Wbs Silberbrunnen
Kaiserstuhl
Riegel
ENDINGEN
(186)
Bahlingen
Museumseisenbahn
KÖNIG-SCHAFFHSN.
AMOLTERN
R. Usenburg
Kath. Kp.
492
Katharina-B.
KIECHLINGS-BERGEN
Badberg
435
Eichelspitze
520
VOGTSBURG
OBERBERGEN
BISCHOFFINGEN
442
BURKHEIM
R. Sponeck
290
Jechtingen
Leiselhm.
Sasbach
R. Limburg
273
Rhein
Wyhl
Forchheim
Harderer Hof
Weisweil
Leopolds Kanal
Niederhausen
Rheinhausen
Oberhausen
(170)
E35
Elz
MARCKOLSHEIM
Cité provisoire
Artzenheim
Mackenheim
Bootzheim
Artolsheim
Min.-Bad Waldsburg
Richtolsheim
Schoenau
Saasenheim
164
Sundhouse
Wittisheim
Schwobsheim
Boesenbiesen
Baldenheim
168
Muttersholtz
Ehnwihr
Breitenheim
Mussig
Hessenheim
Heidolsheim
Schnellenbuhl
D424
176
Ohnenheim
Elsenheim
Grussenheim
Jebsheim
Blind
Illhaeusern
Guémar
N83
Ostheim
Forêt de Colmar
Fecht
Chlle de Maximin
Hirtengaerten
Illwald
Chlle du Chêne
SÉLESTAT
(182)
169
Rathsamhausen
Riedwassen
Giessen
E25
herwiller
Kientzville

Zu Tour 18, 19, 51, 61 **Hecklingen, Burg Lichteneck,** darunter das Hecklinger Schloß. (Foto: Heinz Wittner)

weiter durch die Hauptstraße; nachdem wir die Altstadt passiert haben, links in die Kenzinger Straße, sofort wieder rechts in die Lichteneckstraße und hinaus in die Felder.

Wo der Radweg endet, biegen wir rechts ab und gleich danach links in die Landesstraße. Bei der folgenden Abzweigung rechts und an der nächsten links hinein nach *Riegel,* das wir auf seiner Hauptstraße mit all ihren Biegungen durchfahren. Bald nach dem Ortseingang weist uns ein Wegweiser auf die 30 Meter nach links gelegene Ausgrabung eines römischen Mithrasheiligtums hin. Draußen, nach Überqueren der Dreisambrücke, biegen wir links ab in die Bahnhofstraße, unterqueren die Autobahn, kreuzen die Bahn und die Bundesstraße und kommen nach *Malterdingen,* das wir sogleich wieder scharf links auf der Hecklinger Straße verlassen.

Später entfernt sich unser Radweg wieder von der Bundesstraße, wobei wir immer die Ruine Lichteneck im Blickfeld haben. *Hecklingen* durchfahren wir auf der Dorfstraße. Nach dem Dorf verläuft der Radweg einige hundert Meter neben der Bundesstraße, um sie dann nach rechts zu verlassen. Später, wo wir schon vor uns die Doppeltürme der Kirche erblicken, biegen wir links ab und fahren vor der Elzbrücke auf dem schmalen Pfad am Bach entlang. Am Ende des Radweges erreichen wir wieder *Kenzingen:* Rechts in den Ablosweg und an dessen Ende nach links durch die Lange Straße in die Stadtmitte.

20 Am Fuß von Kaiserstuhl, Tuniberg und Nimberg
Riegel – Bahlingen – Eichstetten – Bötzingen – Wasenweiler – Gottenheim – Neuershausen – Nimburg – Teningen – Riegel

Verkehrsmöglichkeiten Riegel und Teningen sind Stationen an der Bahnstrecke Karlsruhe – Basel und sind beide über die Autobahnabfahrt Riegel zu erreichen.
Parkmöglichkeiten In Riegel am Bahnhof Riegel Ort und in Teningen in der Ortsmitte.
Jugendherberge D-7800 Freiburg, Kartäuserstraße 151.
Fahrradbahnhöfe Waldkirch und Freiburg Hauptbahnhof.
Tourenlänge 45 km. **Fahrzeit** 3¾ Stunden.
Höhenunterschiede Keine nennenswerten.
Karten Topographische Karte RW 1:50000 Freiburg im Breisgau-Nord; 1:200000 Generalkarte Blatt 24 oder 21/24.
Wissenswertes Riegel siehe Tour 19.

Die im Jahre 1052 zum erstenmal erwähnte Weinbaugemeinde *Eichstetten* weist ein sehenswertes Rathaus und viele Bürgerhäuser aus dem 16. Jahrhundert sowie eine Bogenbrücke von 1556 auf.

Die Pestkapelle St. Alban im Ortsteil *Oberschaffhausen* der Doppelgemeinde *Bötzingen* ist eine Kostbarkeit der Spätgotik; Kruzifix, Madonna und Wandmalereien aus der Zeit vor 1500.

Die reich ausgestattete Pfarrkirche von *Neuershausen* wurde 1759/64 erbaut. In einem Park in der Ortsmitte befindet sich ein Schloß aus dem 18. Jahrhundert.

Tourenbeschreibung Ausgangspunkt ist der Bahnhof *Riegel* Ort: Gegenüber (Süden) durch die Kirchstraße, an ihrem Ende rechts in die Hauptstraße und mit ihr an der Kreuzung links ab (Wegweiser: Frankreich). Später befinden sich 30 Meter rechts von der Hauptstraße die Reste eines römischen Mithrastempels. Draußen nach dem Ort an der Straße links weiter und nach 200 Metern halblinks dem Radwegweiser »Bahlingen« nach. Rechts begleiten uns die Rebterrassen des Kaiserstuhls und von links grüßen die Gipfel des Hochschwarzwaldes.

Später lohnt sich ein Abstecher nach links zu einem Mineralbrunnen (Wegweiser!). In *Bahlingen:* Am Ortsanfang überqueren wie die Bahn, bleiben auch nach dem Bahnhof parallel zur Bahn (anfangs geschottert), am Ende des Weges rechts ab, überqueren mit der Teninger Straße den Bach, biegen dahinter rechts in den Stadenweg (Wegweiser: Sportplatz), an dessen Ende geradeaus auf dem Radweg durch das Neubaugebiet und am Ortsende mit dem Wegweiser »Eichstetten« weiter.

Von hier bis Wasenweiler gibt es keinen Radweg, jedoch sind die Straßen relativ ruhig. Am früheren Bahnhof Nimburg (jetzt Restaurant) fahren wir rechts weiter und kommen auf der Nimburger Straße nach *Eichstetten,* fahren an ihrem Ende rechts und

Zu Tour 19, 20, 21, 51, 61 **Riegel, Rathaus von 1784.** (Foto: Heinz Wittner)

an der Kirche nach links mit der Bötzinger Straße wieder ortsauswärts.

Bötzingen durchfahren wir auf der Hauptstraße und den anschließenden Ortsteil *Oberschaffhausen* auf der Fortsetzung, der Wasenweilerstraße. In *Wasenweiler,* Ortsteil von Ihringen: Auf der Hauptstraße in den Ort, wechseln jedoch sogleich in die links parallel dazu verlaufende Untere Dorfstraße und an ihrem Ende nach links mit der Merdinger Straße aus dem Dorf hinaus.

In einer leichten S-Kurve, wo wir vor uns die Hochspannungsleitung sehen, biegen wir links ab, um auf der folgenden Straße wieder rechts weiterzufahren. Bei der nächsten Abzweigung fahren wir links hinein nach *Gottenheim:* Am Ende der kurvenreichen Hauptstraße über die Dorfbrücke und sofort nach links auf der Buchheimer Straße ortsauswärts. Wir folgen weiter der Straße, da die hier ausgewiesenen Radwege kaum befahrbar sind!

Kurz vor der Dreisambrücke biegen wir unter der zweiten Hochspannungsleitung links in den Kalloweg. An seinem Ende wenden wir uns mit der Straße nach rechts und kommen nach *Neuershausen,* Ortsteil von March: Auf der Eichstetter Straße bis 100 Meter nach dem Schloß, links in die Rathausstraße (Wegweiser: Halle), hinaus in die Felder und immer am Fuß des Nimberges entlang (etwa 300 Meter sind nicht asphaltiert).

Durch *Nimburg:* Durch die Antoniterstraße, mit ihr im Ort leicht bergauf, durch deren Fortsetzung, der Langstraße, gleich rechts durch die Burgstraße, an deren Ende rechts in die Böttinger Straße, jedoch gleich halblinks mit der Waldstraße aus dem Ort hinaus. Nach dem Überqueren der Autobahn biegen wir hinter der Schutzhütte nach links in den Viehweg (Wegweiser: Teningen). Unterwegs behalten wir bei allen Abzweigungen unsere Richtung bei.

In *Teningen:* Am Ende der Freiburger Straße nach links in die Neudorfstraße, an der Ampel rechts in die Emmendinger Straße, direkt vor der Elzbrücke fahren wir nach links auf dem Elzdamm weiter und gelangen so wieder nach *Riegel:* Am Ende des Dammes nach rechts über die Brücke, gleich darauf über die Dreisambrücke, auf der Hauptstraße am historischen Rathaus vorbei in die Ortsmitte und beim Gasthaus »Zum Kopf« rechts durch die Kirchstraße zum Bahnhof zurück.

21 Rund um den Kaiserstuhl
Riegel – Bahlingen – Eichstetten – Bötzingen – Ihringen – Vogtsburg – Königschaffhausen – Endingen – Riegel

Verkehrsmöglichkeiten Riegel ist Bahnstation an der Strecke Karlsruhe – Basel und ist über die Autobahnabfahrt Riegel zu erreichen.
Parkmöglichkeiten In Riegel am Bahnhof Riegel Ort der Kaiserstuhlbahn.
Jugendherberge D-7800 Freiburg, Kartäuserstraße 151; Breisach, Münsterbergstraße 30–32.
Fahrradbahnhöfe Waldkirch, Breisach und Freiburg Hauptbahnhof.
Tourenlänge 45 km.
Fahrzeit 3¾ Stunden.
Höhenunterschiede 100 Meter auf 2 Kilometer ab Ihringen und 100 Meter auf 1,5 Kilometer ab Bischoffingen; auf dem übrigen Abschnitt zwischen Ihringen und Königschaffhausen Gefällstrecken; ansonsten weitgehend eben.
Karten Topographische Karten RW 1:50000 Freiburg-Nord und Breisach; 1:200000 Generalkarte Blatt 24 oder 21/24.
Anmerkung Die Orte, die auf dieser Tour berührt werden, lesen sich wie eine Kaiserstühler Weinkarte. Dementsprechend bietet diese Strecke während der Herbstzeit ihre schönsten Reize. Die kurzen Abschnitte, auf denen man das Rad eventuell schieben muß, werden durch lange Gefällstrecken wettgemacht.

Ab Bahnhof Riegel Ort bis Breisach verkehrt an verschiedenen Sonntagen der »Rebenbummler«, ein Museums-Dampfzug mit kostenloser Fahrradbeförderung, so daß auch Teilstrecken der hier beschriebenen Tour abgefahren werden können.

Wissenswertes Riegel siehe Tour 19. Eichstetten und Bötzingen-Oberschaffhausen siehe Tour 20. Endingen siehe Tour 19.

Das Barockschloß in *Kiechlinsbergen* war ursprünglich eine Probstei des Klosters Tennenbach. Altäre aus dem selben Kloster findet man auch in der Pfarrkirche St. Petronella, die 1813 im Weinbrenner-Stil erbaut wurde.

Tourenbeschreibung Ausgangspunkt ist der Bahnhof *Riegel* Ort: Gegenüber (Süden) durch die Kirchstraße, an ihrem Ende rechts in die Hauptstraße und mit ihr an der Kreuzung links ab (Wegweiser: Frankreich). Später weist uns ein Wegweiser zu den 30 Meter rechts der Hauptstraße ausgegrabenen Resten eines römischen Mithrastempels. Draußen, nach dem Ort, auf der

Zu Tour 21, 22, 61 **In Oberrotweil.** (Foto: Klaus Puntschuh)

Straße links weiter und nach 200 Metern halblinks dem Radwegweiser »Bahlingen« nach. Rechts begleiten uns die Rebterrassen des Kaiserstuhls und von links grüßen die Gipfel des Hochschwarzwalds.

Später lohnt sich ein Abstecher nach links zu einem Mineralbrunnen (Wegweiser!). In *Bahlingen:* Am Ortsanfang überqueren wir die Bahn, bleiben auch noch nach dem Bahnhof parallel zur Bahn (anfangs geschottert), am Ende des Weges rechts ab, mit der Teninger Straße über den Bach, biegen dahinter rechts in den Stadenweg (Wegweiser: Sportplatz), an dessen Ende geradeaus auf dem Radweg durch das Neubaugebiet und am Ortsende mit dem Wegweiser »Eichstetten« weiter.

Von hier bis Ihringen gibt es keinen Radweg, jedoch sind die Straßen relativ ruhig. Am früheren Bahnhof Nimburg (jetzt Restaurant) fahren wir rechts weiter und kommen auf der Nimburger Straße nach *Eichstetten,* fahren an ihrem Ende rechts und an der Kirche nach links mit der Bötzinger Straße wieder ortsauswärts.

Bötzingen durchfahren wir auf der Hauptstraße und den anschließenden Ortsteil *Oberschaffhausen* auf deren Fortsetzung, der Wasenweilerstraße.

Wasenweiler, Ortsteil von Ihringen, durchfahren wir auf der Hauptstraße. Durch den Weinort *Ihringen:* Am Ende der Wasenweilerstraße rechts in die Bachenstraße, an ihrem Ende links in die Breisacher Straße und gleich rechts die Achkarrer Straße hinauf. Allmählich steigt unser Weg zwischen den Weinbergsterrassen bergan, wobei wir eine lange Strecke einem auf den Weg aufgemalten Katzenkopf folgen. Unser Weg biegt später jedoch links ab. Bei allen Abzweigungen bleiben wir auf dem breiteren Weg, immer in nördlicher Richtung.

Auf dem höchsten Punkt des Weges bietet sich ein herrlicher Blick auf die Weinbaugemeinde Achkarren, auf Rebhänge und über die Rheinebene bis zu den Vogesen. Hier folgen wir dem abwärts verlaufenden Weg, der später in die Straße mündet, auf der wir in gleicher Richtung weiterfahren. Bald weist uns rechts eine Tafel auf das Naturschutzgebiet »Lößhohlgasse Eichberg« hin, wo sich tief in die Rebhänge eingegrabene Höhlen befinden.

Den Vogtsburger Stadtteil *Bickensohl* erreichen wir auf der Achkarrer Straße; an ihrem Ende fahren wir auf der Neunlindenstraße nach links aus dem Dörfchen hinaus. Kurze Zeit später sind wir bereits im Stadtteil *Oberrotweil:* Am Ende der Straße »Im Eschach« links bis zur Kirche und nach rechts durch die Bruckmühlenstraße; am Ortsende rechts ab und am Friedhof

vorbei. Wo der Wirtschaftsweg rechts abbiegt, wechseln wir links hinauf zur Straße. Im Stadtteil *Bischoffingen:* Durch die Dorfstraße, an ihrem Ende rechts in die Bergstraße und sogleich links die Hüttenbergstraße hinauf, am Friedhof vorbei und am Flurbereinigungsbrunnen links vorbei und durch die Weinberge ansteigend, wobei wir jeweils dem breiten Weg in nordöstlicher Richtung folgen. (Am Brunnen selbst beginnt der Bischoffinger Weinlehrpfad.)

Vor dem Endinger Stadtteil *Kiechlinsbergen* geht es in einer Haarnadelkurve recht steil hinunter. Durch den Ort: Am Ende des Bischoffinger Weges nach links auf dem Königschaffhauser Weg aus dem Ort hinaus. Durch *Königschaffhausen:* Am Ende der Kiechlinsberger Straße geradeaus auf der Endinger Straße aus dem Dorf hinaus. 500 Meter nach den letzten Häusern, wo die Bahn unmittelbar neben der Straße verläuft, nehmen wir den (zweiten) asphaltierten Weg nach links, um sofort nach den Gleisen wieder rechts abzubiegen.

Wo wir zur Straße kommen, biegen wir in den rechts parallel verlaufenden Radweg, der uns in das reizvolle Städtchen *Endingen* bringt (ab Bahn kein Radweg mehr): Links in die Königschaffhauser Straße, durch das Königschaffhauser Tor und weiter durch die Hauptstraße; nachdem wir die Altstadt passiert haben, links in die Kenzinger Straße, sofort wieder rechts in die Lichteneckstraße und hinaus in die Felder.

Wo der Radweg endet, biegen wir rechts ab und gleich danach links in die Landesstraße. Bei der folgenden Abzweigung rechts und an der nächsten links hinein nach *Riegel:* Auf der Hauptstraße rechts um die Kurve und beim Gasthaus »Zum Kopf« nach links und mit der Kirchstraße zum Bahnhof zurück.

22 Zwischen Rhein und Wein
Breisach – Ihringen – Vogtsburg – Königschaffhausen – Sasbach – Burkheim – Breisach

Verkehrsmöglichkeiten Breisach ist Endstation einer Bundesbahnstrecke aus Freiburg und der Kaiserstuhlbahn aus Riegel. Autobahnabfahrt Riegel oder Freiburg Mitte.
Parkmöglichkeiten Am Bahnhof.
Jugendherberge Breisach, Münsterbergstraße 30–32.
Fahrradbahnhof Breisach.
Tourenlänge 42 km.
Fahrzeit 3½ Stunden.
Höhenunterschiede 100 Meter auf 2 Kilometer ab Ihringen und 100 Meter auf 1,5 Kilometer ab Bischoffingen mit jeweils folgenden Gefällstrecken; ansonsten eben, mit Ausnahme des Münsterberges in Breisach.
Karten Topographische Karte RW 1:50000 Breisach; 1:200000 Generalkarte Blatt 24 oder 21/24.
Anmerkung Diese Tour bietet besondere Reize im Frühling und im Herbst, da sie sowohl Rheinauen, Obstanlagen als auch Weinberge einschließt.

Ab Riegel Ort bis Breisach verkehrt an verschiedenen Sonntagen der »Rebenbummler«, ein Museums-Dampfzug mit kostenloser Fahrradbeförderung, so daß diese Tour auch in Teilstrecken abgefahren werden kann.

Wissenswertes Kiechlinsbergen siehe Tour 21. Sasbach siehe Tour 19.

Der Münsterberg in *Breisach* war schon zur Keltenzeit besiedelt und die Römer errichteten hier ihre Befestigung »Mons brisiacus«. Die Stadt war bereits 1185 befestigt und erhielt 1283 die Rechte einer freien Reichsstadt. Von 1331 bis 1638 gehörte Breisach zu Österreich. Ab 1639 ließ der französische König Ludwig XIV. die Stadt zur Festung ausbauen. 1793 und im

Zu Tour 22, 25, 31, 32, 33, 41, 47, 48, 49, 60, 61, 64 **Breisach am Rhein; das Münster.** (Foto: Klaus Puntschuh)

Zweiten Weltkrieg stark zerstört, weist Breisach heute noch große Teile der Stadtmauern mit Türmen auf; bedeutendstes Zeugnis der französischen Festung ist das Rheintor. Weithin sichtbar beherrscht das Münster St. Stephan das Stadtbild; rund 300 Jahre wurde an ihm gebaut; begonnen wurde um 1200 mit dem Nordturm und dem Querschiff; 1494 war der Bau vollendet. Prunkstück des Münsters ist der 1523 bis 1526 von Hans Loi aus Lindenholz geschnitzte Hochaltar; spätgotisch sind der steinerne Lettner und das Chorgestühl; Teile der Ausmalung durch Martin Schongauer sind noch an den Wänden zu sehen. Ebenfalls weithin sichtbar ist der um 1200 erbaute Radbrunnenturm nördlich des Münsters.

Das 762 erstmals erwähnte Städtchen *Burkheim* wird überragt von der Ruine des 1672 zerstörten Schlosses. Sehenswert sind das Rathaus von 1604, der Torturm aus dem 18. Jahrhundert und die Pfarrkirche, deren spätgotischer Turm eine offene Erdgeschoßhalle aufweist. Bei der nordwestlich von Burkheim gelegenen Ruine Sponeck wurden die Reste einer römischen Befestigung ausgegraben.

Tourenbeschreibung Ausgangspunkt ist der Bahnhof *Breisach:* Gegenüber in die Poststraße, halbrechts durch die Zeppelinstraße, beim Rosmann-Krankenhaus durch den Park und nach rechts auf dem Neuen Weg stadtauswärts; im Bereich der Zentralkellereien Badischer Winzergenossenschaften beginnt links der Straße der Radweg. Er wechselt beim Winkelbergsee (Bademöglichkeit) auf die andere Straßenseite und ist gut bezeichnet.

In *Ihringen* mündet unser Weg nach links in die Elsässer Straße; an ihrem Ende rechts durch die Breulstraße, nach links durch die Eisenbahnstraße, geradeaus weiter durch die Bachenstraße, an ihrem Ende links in die Breisacher Straße und gleich wieder rechts die Achkarrer Straße hinauf. Allmählich steigt unser Weg zwischen den Weinbergsterrassen bergan, wobei wir eine lange Strecke einem auf dem Weg aufgemalten Katzenkopf folgen. Später biegt jedoch unser Weg links ab. Bei allen Abzweigungen bleiben wir auf dem breiteren Weg, immer in nördlicher Richtung.

Auf dem höchsten Punkt des Weges bietet sich ein herrlicher Blick auf die Weinbaugemeinde Achkarren, auf Rebhänge und über die Rheinebene bis zu den Vogesen. Hier folgen wir dem abwärts verlaufenden Weg, der später in die Straße mündet, auf der wir in gleicher Richtung weiterfahren. Bald weist uns rechts eine Tafel auf das Naturschutzgebiet »Lößhohlgasse Eichberg« hin, wo sich tief in die Rebhänge eingegrabene Höhlen befinden.

Den Vogtsburger Stadtteil *Bickensohl* erreichen wir auf der Achkarrer Straße; an ihrem Ende fahren wir auf der Neunlindenstraße nach links aus dem Dörfchen hinaus. Kurze Zeit danach sind wir bereits im Stadtteil *Oberrotweil:* Am Ende der Straße »Im Eschach« links bis zur Kirche und nach rechts durch die Bruckmühlenstraße, am Ortsende rechts ab und am Friedhof vorbei. Wo der Wirtschaftsweg rechts abbiegt, wechseln wir links hinauf zur Straße. Im Stadtteil *Bischoffingen:* Durch die Dorfstraße, an ihrem Ende rechts in die Bergstraße und sogleich links die Hüttenbergstraße hinauf, am Friedhof vorbei und am Flurbereinigungsbrunnen links vorbei (hier beginnt der Bischoffinger Weinlehrpfad) und durch die Weinberge ansteigend, wo wir jeweils dem breiten Weg in nordöstlicher Richtung folgen.

Vor dem Endinger Stadtteil *Kiechlinsbergen* geht es in einer Haarnadelkurve recht steil hinunter. Durch den Ort: Am Ende des Bischoffinger Weges nach links auf dem Königschaffhauser Weg aus dem Ort hinaus. Durch *Königschaffhausen:* Am Ende der Kiechlinsberger Straße links in die Rathausstraße und nochmals links auf der Oberen Guldenstraße ortsauswärts. Bei der Tankstelle beginnt wieder der Radweg, der uns durch ausgedehnte Obstanlagen führt.

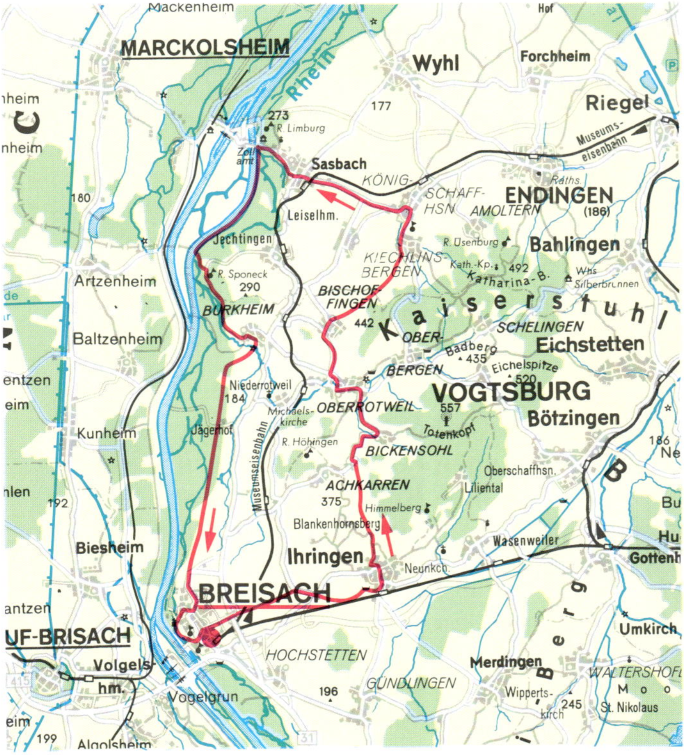

Durch *Sasbach:* Am Ende der Hauptstraße, nach der Kurve, geradeaus durch die Jechtinger Straße. Am Ortsende rechts durch die »Dorfinsel«, an der Limburghalle links über die Brücke und danach rechts weiter. Bis Breisach folgen wir den Wegweisern des Kaiserstuhl-Radwanderweges. Sie leiten uns zum Rhein, den wir stromaufwärts entlangfahren.

Nach zwei Kilometern verlassen wir bei Rhein-Kilometer 236,4 das Ufer nach links (Wegweiser: Jägerhäusle). Bald sehen wir links die Burg Sponeck (die römischen Ausgrabungen liegen auf Privatgelände und sind nur durch den Zaun zu sehen). Unterhalb der nächsten Burgruine erreichen wir das reizvolle Städtchen *Burkheim:* Am Ende der Straße »Am Schloßrain« (links in die Stadt) rechts durch die Lazarus-v.-Schwendi-Straße, nach rechts auf dem Plonweg wieder hinaus und am Ortsende, bei der Kreuzung, geradeaus hinaus in die Felder.

Unser Weg leitet uns in der Nähe des Rheindammes fast kerzengerade auf *Breisach* zu. An der Straßenkreuzung vor der Stadt geradeaus durch die Burkheimer Landstraße. Weiter: An den französischen Kasernen vorbei, durch das Kupfertor (nach 1648 erbaut), geradeaus durch die Rheintorstraße, an ihrem Ende links über den Rheintorplatz, links hinauf durch den Langen Weg, durch das Kapftor, in die Goldengasse, nach rechts durch die Radbrunnenallee zum Münster; das Rad müssen wir rechts die Münsterbergstraße hinunterschieben (Einbahn!); am Hagenbachtor befindet sich die Jugendherberge; durch das Spector, geradeaus durch die Richard-Müller-Straße und durch die Poststraße zum Bahnhof.

23 Große Fahrt beiderseits des Rheins Nonnenweier – Wittenweier – Kappel a.Rh. – Rust – Rheinhausen – Weisweil – Staustufe Marckolsheim – Staustufe Gerstheim – Nonnenweier

Verkehrsmöglichkeiten Nonnenweier ist über die Autobahnabfahrt Lahr zu erreichen.
Parkmöglichkeiten Überall in Nonnenweier.
Jugendherberge Kehl, Altrheinweg 11.
Tourenlänge 80 km.
Fahrzeit 6½ Stunden.
Höhenunterschiede Keine.
Karten Topographische Karten RW 1:50000 Lahr, Freiburg-Nord, Weisweil, Breisach und Offenburg; oder Touristenkarte 1:100000 der ign France Carte 31 St. Dié – Mulhouse – Bâle; 1:200000 Generalkarte Blatt 21/24.
Anmerkung Kennkarte nicht vergessen!

Auf der französischen Seite werden keine Ortschaften durchfahren. Wer einkehren möchte, kann das in den wenige hundert Meter neben der Rheinuferstraße liegenden Orten Schoenau, Diebolsheim, Rhinau oder Gerstheim.
Wissenswertes Rust siehe Tour 16.
Tourenbeschreibung Ausgangspunkt Kirche in *Nonnenweier:* Nach Westen durch die Hauptstraße, an ihrem Ende nach links durch die Wittenweierer Straße, nach den letzten Häusern links ab und unter der Hochspannungsleitung rechts weiter. Durch den Schwanauer Ortsteil *Wittenweier:* Durch die Jahnstraße, an

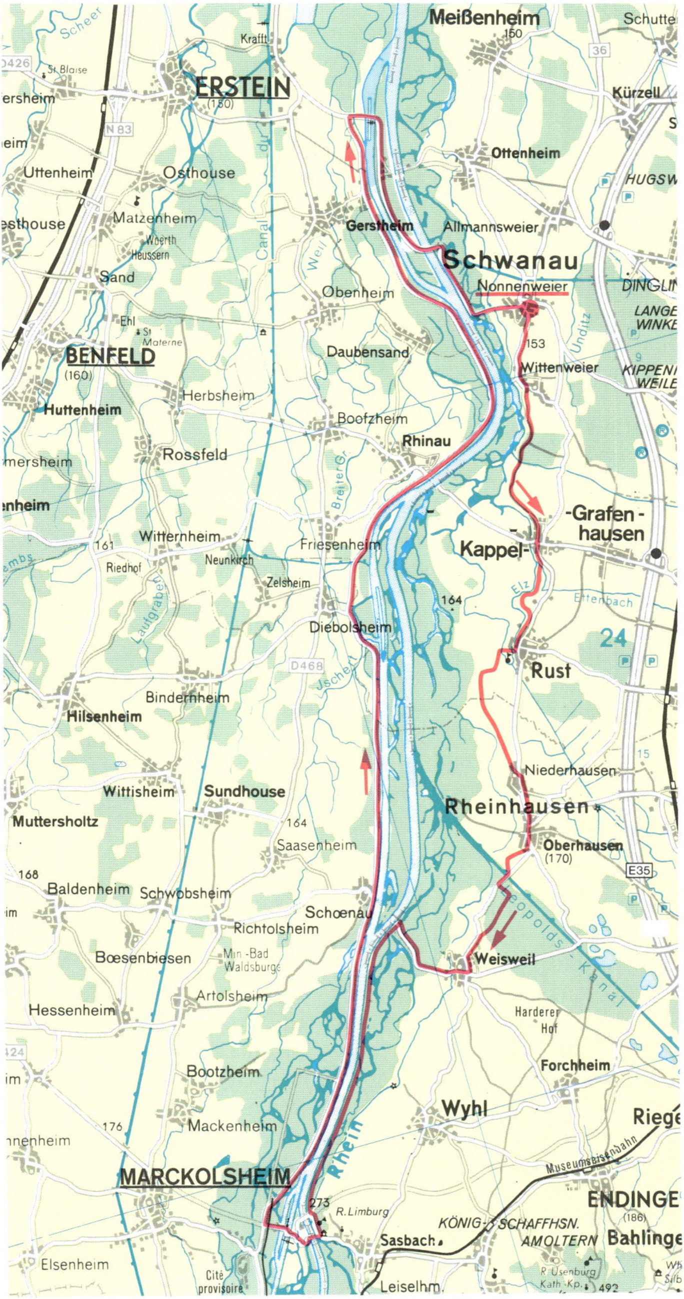
Meißenheim
150
Schutter
Krafft
Scheer
D426
St. Blaise
ERSTEIN
(150)
36
Kürzell
N 83
Ottenheim
Uttenheim
Osthouse
HUGSW
Matzenheim
Gerstheim
Allmannsweier
Woerth
Heussern
Canal
Weil
Schwanau
Sand
Nonnenweier
DINGLI
Obenheim
LANGE
WINKE
Ehl
St Materne
153
Unditz
BENFELD
(160)
Daubensand
Wittenweier
KIPPEN
WEILE
Herbsheim
Huttenheim
Boofzheim
Rhinau
Rossfeld
Breiter Gr.
-Grafen-
hausen
Witternheim
Friesenheim
Kappel-
161
Riedhof
Neunkirch
Zelsheim
Elz
Ettenbach
164
Laufgraben
Diebolsheim
24
D468
Rust
Jscheit
Bindernheim
Hilsenheim
15
Niederhausen
Wittisheim
Sundhouse
Rheinhausen
Muttersholtz
164
Saasenheim
Oberhausen
(170)
E35
168
Baldenheim
Schwobsheim
Schoenau
Richtolsheim
Boesenbiesen
Min.-Bad
Waldsburg
Weisweil
Artolsheim
Hessenheim
Harderer
Hof
Bootzheim
Forchheim
Wyhl
Riege
176
Mackenheim
Rhein
MARCKOLSHEIM
Museumseisenbahn
273
R. Limburg
ENDINGE
(186)
KÖNIG-SCHAFFHSN.
AMOLTERN
Bahlinge
Sasbach
Elsenheim
Cité
provisoire
Leiselhm.
R. Usenburg
Kath.-Kp.
492

ihrem Ende rechts auf der Hauptstraße in Schleifen durch das Dorf, am Ende vor dem Sportplatz nach links in die Elzstraße. Anschließend durchfahren wir Wiesenauen, Wald und Felder, wobei wir uns bei allen Abzweigungen immer in südlicher Richtung halten, später mit dem Blick auf die hoch aufragende Kirche von Kappel.

Kappel a. Rh. erreichen wir auf der Löwentorstraße; an der Kreuzung geradeaus durch die Mühlenstraße und am Ortsende, vor dem Kreuz, halbrechts in den Wirtschaftsweg. Gleich darauf kommen wir an einem Badeweiher vorüber.

Später, im Bereich eines Baggersees, ist der Weg nur noch geschottert. Weg durch *Rust:* Durch die Karl-Friedrich-Straße, vor dem Schloß rechts in die Rheinstraße, vor den Sportplätzen links weiter, am Ende der Parkplätze geradeaus in den Wirtschaftsweg und mit dem ersten nach links abzweigenden Weg in Richtung auf die Satellitenantennen.

In Rheinhausen-*Niederhausen* durch die Bachstraße (vor der Kläranlage halblinks), an ihrem Ende links in die Albert-Stehlin-Straße, nach der Kirche rechts durch die Hauptstraße und aus dem Ort hinaus in den Rheinhausener Ortsteil *Oberhausen,* wo wir bis in die Ortsmitte zum Rathaus fahren, hier rechts und sofort wieder links durch die Rathausstraße, bei den Sportplätzen kommen wir zur Straße, überqueren den Leopoldskanal, biegen dahinter sofort links ab und auf dem befestigten Weg nach rechts durch den Wald.

Draußen nach dem Wald geht es geradeaus auf der Straße weiter nach *Weisweil:* Auf der Oberhausener Straße in den Ort, halblinks durch die Hinterdorfstraße, an der Kreuzung am Ortsende rechts durch die Herrenstraße, an ihrem Ende rechts in die Hauptstraße bis zur Kirche und nach links mit der Rheinstraße wieder hinaus. Draußen am Rhein bieten sich zwei Varianten: Entweder fahren wir auf dem Rheindamm selbst oder unterhalb des Dammes nach links weiter. 8,5 Kilometer bleiben wir am Rhein.

Unmittelbar nach der Rheinbrücke biegen wir links hinauf und überqueren auf der Brücke den Strom (Zollamt!). Auf der französischen Seite biegen wir auf dem Straßenkreisel rechts ab (Wegweiser: Strasbourg). Ohne Ortsdurchfahrt führt die Distriktsstraße am Rhein entlang, wobei wir unterwegs die Fährstelle Rhinau – Kappel passieren. Wo die Rheinuferstraße endet, biegen wir rechts ab und wechseln auf der *Staustufe Gerstheim* wieder auf die deutsche Seite. Die Straße bringt uns zurück nach *Nonnenweier:* Am Ende der Neuen Rheinstraße links und wieder rechts zur Kirche.

24 »Kleine« Fahrt beiderseits des Rheins Kappel a. Rh. – Rust – Rheinhausen – Weisweil – Staustufe Marckolsheim – Fähre Rhinau – Kappel a. Rh.

Verkehrsmöglichkeiten Kappel a. Rh. erreicht man über die Autobahnabfahrt Ettenheim.
Parkmöglichkeiten In Kappel an der Kirche; in Rust am Europapark.
Jugendherberge Kehl, Altrheinweg 11; Breisach, Münsterbergstraße 30–32.
Tourenlänge 55 km. **Fahrzeit** 4½ Stunden.
Höhenunterschiede Keine.

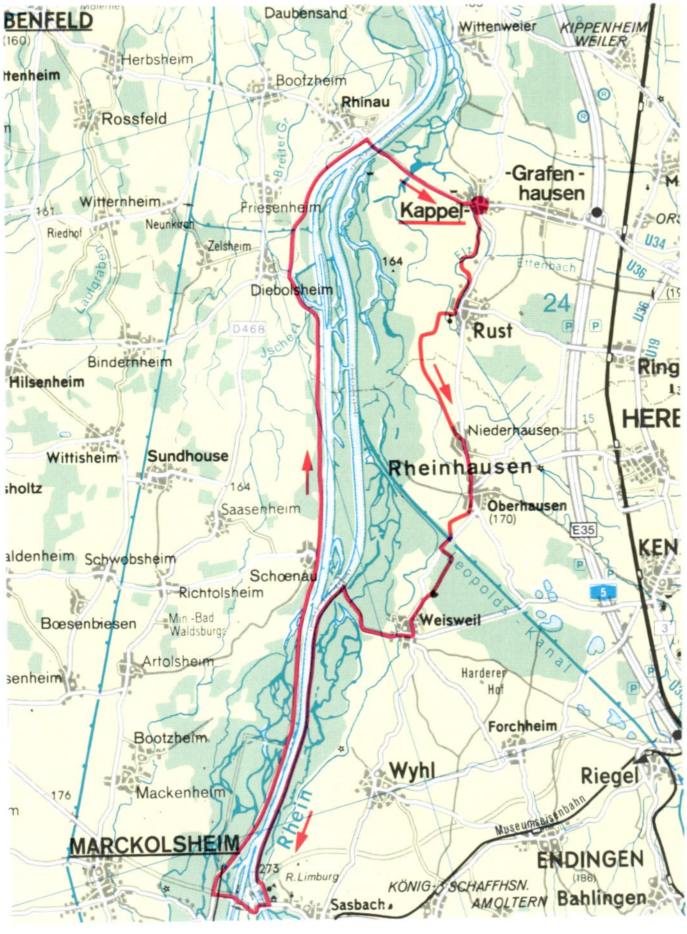

Karten Topographische Karten RW 1:50000 Lahr, Weisweil und Breisach; oder Touristenkarte der ign France 1:100000 Carte 31 St. Dié – Mulhouse – Bâle; 1:200000 Generalkarte Blatt 21/24.
Anmerkung Kennkarte nicht vergessen!

Auf der sehr ruhigen Rheinuferstraße auf der französischen Seite werden keine Ortschaften durchfahren. Wer einkehren möchte, kann einen Abstecher zu den wenige hundert Meter neben dieser Straße liegenden Orten Schoenau, Diebolsheim oder Rhinau unternehmen.
Wissenswertes Rust siehe Tour 16.
Tourenbeschreibung Ausgangspunkt ist die Pfarrkirche in *Kappel a. Rh.:* Auf der Rathausstraße in die Ortsmitte und an der Kreuzung nach links durch die Mühlenstraße.

Weiter wie unter Tourenbeschreibung 23 durch *Rust, Rheinhausen* und *Weisweil* und am Rhein entlang bis zur Rheinbrücke bei der *Staustufe Marckolsheim* (Zollamt!). Drüben weiter wie bei Tour 23 bis zur *Rheinfähre Rhinau – Kappel* (Zollamt), mit der Fähre zurück nach Deutschland und auf der Straße wieder nach *Kappel.*

25 Deutsch-französische Rheinauenfahrt 3 Breisach – Rheinhafen Neuf-Brisach – Staustufe Marckolsheim – Burkheim – Breisach

Verkehrsmöglichkeiten Breisach ist Endstation einer Bundesbahnstrecke aus Freiburg und der Kaiserstuhlbahn aus Riegel. Autobahnabfahrt Riegel oder Freiburg Mitte.
Parkmöglichkeiten Am Bahnhof.
Jugendherberge Breisach, Münsterbergstraße 30–32.
Fahrradbahnhof Breisach.
Tourenlänge 40 km.
Fahrzeit Gut 3 Stunden.
Höhenunterschiede Lediglich in Breisach 30 Meter Anstieg auf den Münsterberg, sonst eben.
Karten Topographische Karte RW 1:50000 Breisach; 1:200000 Generalkarte Blatt 24 oder 21/24.
Anmerkung Personalausweis nicht vergessen!
Wissenswertes Breisach und Burkheim siehe Tour 22.

Am *Rheinhafen Neuf-Brisach* befindet sich ein Eisenbahn-Museum, das sonn-und feiertags geöffnet ist und an verschiede-

Zu Tour 22, 25, 31, 32, 33, 41, 47, 48, 49, 60, 61, 64 **Auf dem Rheindamm,** im Hintergrund Breisach. (Foto: Heinz Wittner)

nen Tagen Dampffahrten durchführt. Auch an Werktagen lohnt sich ein Besuch, da viele Fahrzeuge im Freigelände stehen.

Tourenbeschreibung Ausgangspunkt Bahnhof *Breisach:* Auf der Bahnhofstraße nach links (Westen) bis zu deren Ende, hier links und gleich wieder rechts zum Zollamt und über die Rheinbrücke.

Auf der französischen Rheinseite fahren wir mit der ersten Straße rechts weiter (Wegweiser: Marckolsheim). Nach etwa einem Kilometer nehmen wir die Abzweigung nach halbrechts (Wegweiser: Chemin de Fer Touristique du Rhin). Vom Eisenbahn-Museum fahren wir 100 Meter zurück, biegen zweimal rechts ab und fahren wieder auf der ruhigen Rheinuferstraße weiter. Am Straßenkreisel, etwa 15 Kilometer weiter, biegen wir rechts ab und überqueren auf der *Staustufe Marckolsheim* wieder den Rhein.

Am Ende der Brücke geht es scharf rechts hinunter und auf dem Uferweg rheinaufwärts (links) weiter. Nach 4 Kilometern verlassen wir bei Rhein-Kilometer 236,4 das Ufer mit dem Kaiserstuhl-Radwanderweg nach links (Wegweiser: Jägerhäusle). Bald sehen wir links die Burg Sponeck (die römischen Ausgrabungen liegen auf Privatgelände und sind nur durch den Zaun zu sehen). Unterhalb der nächsten Burgruine begrüßt uns das reizvolle Weinstädtchen *Burkheim:* Am Ende der Straße »Am Schloßrain« (links in die Stadt) rechts durch die Lazarus-v.-Schwendi-Straße, nach rechts auf dem Plonweg wieder hinaus und am Ortsende bei der Kreuzung gerade hinaus in die Felder.

Unser Weg leitet uns in der Nähe des Rheindammes fast kerzengerade auf *Breisach* zu. An der Straßenkreuzung vor der Stadt geradeaus durch die Burkheimer Landstraße. Weiter: An den französischen Kasernen vorbei, durch das Kupfertor (nach 1648 erbaut), geradeaus durch die Rheintorstraße, an ihrem Ende links über den Rheintorplatz, auf dem Langen Weg links hinauf, durch das Kapftor, in die Goldengasse, nach rechts

durch die Radbrunnenallee zum Radbrunnenturm und zum Münster; da die Münsterbergstraße Einbahnstraße ist, müssen wir hier das Rad hinunterschieben; am Hagenbachtor befindet sich die Jugendherberge; durch das Spector, geradeaus durch die Richard-Müller-Straße und die Poststraße zum Bahnhof zurück.

26 Waldkirch – Denzlingen – Vörstetten – Emmendingen – Lörch – Waldkirch

Verkehrsmöglichkeiten Waldkirch ist Bahnstation an der Strecke Freiburg – Elzach. Mit dem Auto ab Autobahnabfahrt Freiburg Nord über die Bundesstraße 294.
Parkmöglichkeiten In Waldkirch am Bahnhof, an der Brauerei und am Marktplatz. In Emmendingen im Bereich des Bahnhofs.
Jugendherberge Freiburg, Kartäuserstraße 151.
Fahrradbahnhof Waldkirch.
Tourenlänge 34 km.
Fahrzeit Knapp 3 Stunden.
Höhenunterschiede Keine.
Markierungen Zwischen Emmendingen und Waldkirch »Radwanderweg Emmendingen – Waldkirch«.
Karten Topographische Karte RW 1:50000 Freiburg-Nord; 1:200000 Generalkarte Blatt 24 oder 21/24.
Wissenswertes Der Ursprung der Stadt *Waldkirch* läßt sich auf das hier 918 gegründete Frauenkloster zurückführen, das 1430 in ein Chorherrenstift umgewandelt und 1806 aufgehoben wurde. Der Ort erhielt um 1300 Stadtrechte und gehörte zu Vorderösterreich. Neben der sehenswerten Altstadt gehört die katholische Pfarrkirche St. Margaretha, 1732/34 von Peter Thumb erbaut, zu den Anziehungspunkten der Stadt.

Das 1094 erstmals erwähnte *Emmendingen* erhielt 1418 Markt-und 1590 Stadtrechte. Es wurde 1581 ummauert. 1588 ließen sich die Markgrafen von Baden ein Schloß erbauen; es war später Sitz eines Landvogts und beherbergt jetzt das Heimatmuseum; in diesem Schloß lebte die Schwester Goethes als Frau des markgräflichen Amtmannes. Sehenswert: Die spätgotische evangelische Stadtpfarrkirche und die neugotische katholische Pfarrkirche mit einem spätgotischen Flügelaltar.
Tourenbeschreibung Ausgangspunkt ist der Marktplatz in *Waldkirch:* Nach Norden durch die Engelsstraße, über den Jünglingssteg, durch die Bahnhofstraße, am Bahnhof links vorbei über den Bahnhofsplatz, mit dem Heitereweg nach rechts über die Bahn, bei der Brauerei nach links durch »Unteres Amtsfeld«, geradeaus durch die Emmendinger Straße und im Stadtteil *Batzenhäusle* durch die St.-Margarethen-Straße; wir bleiben rechts von der Bahn »An der Halde«; an ihrem Ende rechts ab, am Waldspielplatz vorbei und wo sich der Weg gabelt links weiter (Radwegweiser: Denzlingen). Nach dem Bahnübergang fahren wir geradeaus und wo der Weg im Stadtteil *Buchholz* endet, rechts ab durch die Alte Dorfstraße bis zur Kreu-

zung, hier links durch die Schwarzwaldstraße und an ihrem Ende nach rechts versetzt durch die Pfauengasse ortsauswärts; hier beginnt auch wieder der Radweg.

100 Meter nach der Elzbrücke biegen wir rechts in den Wirtschaftsweg. Mit dem zweiten Weg wenden wir uns nach links und umfahren so den langgestreckten Hügel. Am Bahndamm entlang erreichen wir *Denzlingen:* Durch die Bahnhofstraße bis zur großen Kreuzung, hier links in die Schwarzwaldstraße, nach rechts durch die Rosenstraße und an deren Ende nach links versetzt durch die Mühlengasse hinaus.

Vor der Bundesstraße 294 fahren wir rechts hinauf und über die Bahn, biegen vor der Bundesstraße 3 rechts ab, unterqueren sie nach links, dahinter nochmals links, um gleich darauf nach rechts weiterzufahren. In *Vörstetten:* Am Ende der Talstraße nach rechts auf der Freiburger Straße und deren Fortsetzung, der Breisacher Straße, durch den Ort. 500 Meter nach dem Ortsende verlassen wir im Bereich der Hochspannungsmasten die Straße nach rechts. An der Waldecke geht es rechts und gleich wieder links. Auf der folgenden Strecke halten wir bei allen Abzweigungen immer die nördliche Richtung bei.

Im Emmendinger Stadtteil *Wasser* biegen wir am Ende des Hirtenweges rechts in die Basler Straße und gleich wieder links in den Grünweg, fahren über die Elzbrücke und dahinter nach links auf dem Elzdamm nach *Emmendingen:* Im Bereich der nächsten Brücke kreuzen wir die stark befahrene Bundesstraße (Vorsicht!). An der übernächsten Brücke biegen wir rechts in die Stadt: Am Ende der Schützenstraße halblinks in die Karl-Bautz-Straße, unter der Bahn durch, gerade durch die Bahnhofstraße, vor dem Springbrunnen auf dem Marktplatz rechts durch die Markgrafenstraße, am Platz an ihrem Ende links durch die Romaneisstraße, an ihrem Ende durch die Schlosserstraße und an deren Ende rechts über die Brücke und am Breitenbach entlang stadtauswärts.

Später kreuzen wir die Straße, biegen rechts hinunter, um in einem Linksbogen vor der Bahn hinaus in die Felder zu fahren. Bei allen folgenden Abzweigungen behalten wir in etwa die östliche Richtung bei (Radwegweiser: Emmendingen – Waldkirch). Vor den Häusern des Sexauer Ortsteils *Lörch* biegen wir rechts ab und gleich danach links in die Andlaustraße, gleich nochmals links in die Breite Straße, rechts in den Brettenbachweg, an dessen Ende links und sofort nach rechts auf dem Moosweg wieder aus dem Dorf hinaus. Bei den Buchholzer Tennisplätzen passieren wir wieder den Waldspielplatz. Durch *Batzenhäusle* nach *Waldkirch:* »An der Halde«, links von der Bahn durch die St.-Margarethen-Straße, geradeaus durch die Emmendinger Straße, links von der Bahn durch »Unteres Amtsfeld«, bei der Brauerei rechts in den Heitereweg, über den Bahnhofsplatz rechts in die Bahnhofstraße und über den Jünglingssteg in die Stadt zurück.

27 Von Freiburg über den Tuniberg
Freiburg – Freiburg-Haslach – Umkirch – Gottenheim – Tuniberg – Opfingen – Freiburg

Verkehrsmöglichkeiten Freiburg ist IC-Bahnhof an der Strecke Karlsruhe – Basel. Die Stadt ist über mehrere Autobahnabfahrten zu erreichen.
Parkmöglichkeiten Parkhaus am Bahnhof Freiburg.
Jugendherberge Freiburg, Kartäuserstraße 151.
Fahrradbahnhof Freiburg Hauptbahnhof.
Tourenlänge 34 km. **Fahrzeit** 3 Stunden.
Höhenunterschiede Von Gottenheim auf den Tuniberg 75 Meter auf einer Strecke von drei Kilometern; sonst weitgehend eben.
Karten Topographische Karten RW 1:50000 Freiburg-Süd und Freiburg-Nord; 1:200000 Generalkarte Blatt 24 oder 21/24.
Anmerkung Diese Tour führt aus dem Trubel der Großstadt durch stille Auen zum Tiergarten beim Mundenhof und zum Tu-

niberg, der trotz seiner geringen Höhe eine hervorragende Aussicht bietet. Alle Wege durch Freiburg verlaufen, mit Ausnahme von wenigen hundert Metern in Haslach, auf ausgewiesenen Radwegen!

Wissenswertes *Freiburg* ist eine planmäßige Gründung der Herzöge von Zähringen, die dem Ort 1120 Markt-und Stadtrechte verliehen. 1368 unterstellte sich die Stadt den Habsburgern und wurde zur Hauptstadt von Vorderösterreich. 1457 erfolgte die Gründung der heute noch bestehenden Universität. Das Wahrzeichen der Stadt, das Münster Zu Unserer Lieben Frau, gilt als Kleinod der Gotik, obwohl es Bauteile von der Spätromanik (um 1200) bis zur Renaissance (1612) aufweist; seit 1827 ist es Bischofskirche. Obwohl die Stadt im Zweiten Weltkrieg schwer zerstört wurde, bietet sie soviel Sehenswürdig-

Zu Tour 27, 28, 29, 30, 50, 51, 60 **Freiburg, Jugendherberge.**
(Foto: Heinz Wittner)

keiten, daß sie hier nicht aufgezählt werden können.

In *Umkirch* steht in einem Park das 1760 erbaute Schloß der Herren von Kageneck; es wurde 1816 klassizistisch umgebaut und ist heute im Besitz der Fürsten von Hohenzollern-Sigmaringen. Die Pfarrkirche Mariä Himmelfahrt stammt zum größten Teil aus dem 11./12. Jahrhundert.

Tourenbeschreibung Ab *Freiburg* Hauptbahnhof: Nach rechts (Süden) über den Konrad-Adenauer-Platz, rechts in die Schnewlinstraße, geradeaus durch die Heinrich-von-Stephan-Straße, an der Ampel rechts in die Basler Landstraße, nach der zweiten Eisenbahnbrücke nach rechts »Im Radacker«, gerade-

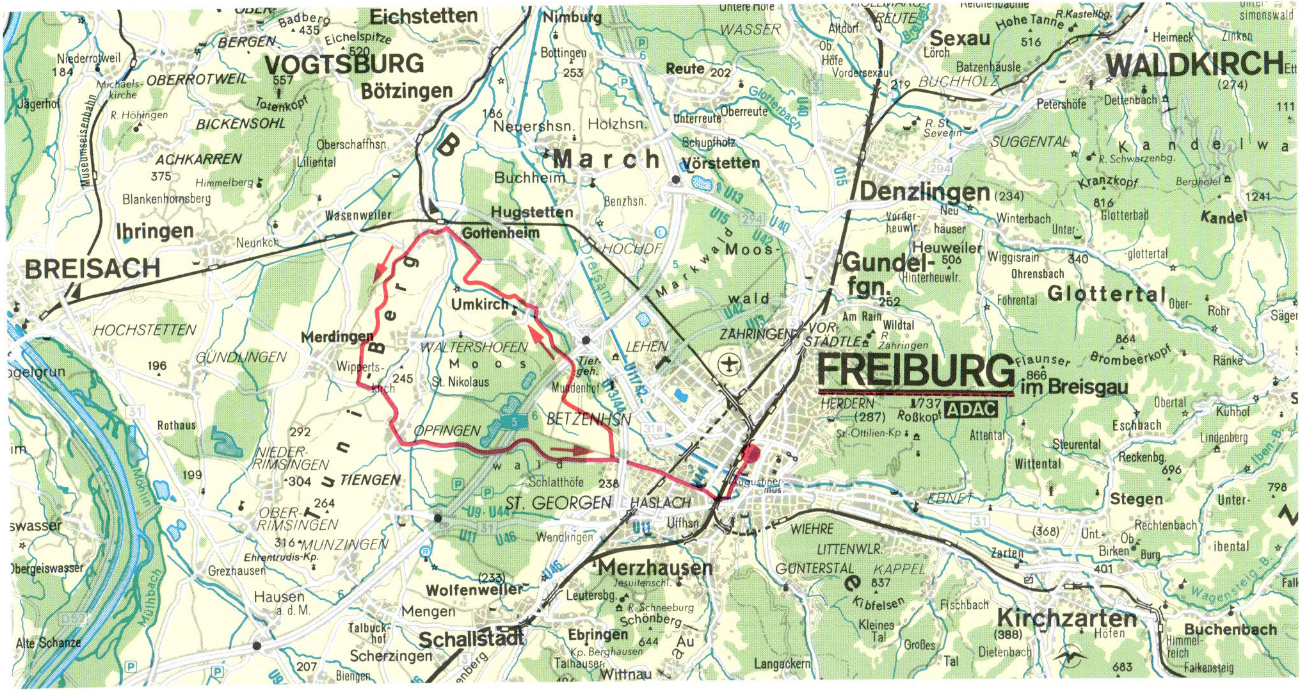

Eichstetten
VOGTSBURG
Bötzingen
Badberg 435
Eichelspitze 520
BERGEN
Niederrotweil 184
OBERROTWEIL
Michaels-kirche
Jägerhof
R. Höhingen
Totenkopf 557
BICKENSOHL
ACHKARREN
375
Himmelberg
Blankenhornsberg
Oberschaffhsn.
Liliental
Ihringen
BREISACH
Neunkch.
Wasenweiler
Nimburg
Bottingen 253
186
Neuershsn.
Holzhsn.
March
Buchheim
Benzhsn.
Hugstetten
Gottenheim
Reute 202
Unterreute
Oberreute
Schupfholz
Vörstetten
Glotterbach
WASSER
Altdorf
Ob. Höfe
Vordersexau
219
BUCHHOLZ
Sexau
Lörch
Hohe Tanne 516
R.Kastellbg.
Batzenhäusle
WALDKIRCH (274)
Heimeck
Zinken
Dettenbach
Petershöfe
R. St. Severin
SUGGENTAL
Kandelwa
R. Schwarzenbg.
Kranzkopf 816
Glotterbad
Berghotel
Kandel 1241
Denzlingen (234)
Vorder-heuwlr.
Neu häuser
Winterbach
Unter-
Heuweiler 506
Hinterheuwlr.
Wiggisrain 340
Ohrensbach
-glottertal
Glottertal
Ober-
Rohr
Gundel-fgn. 252
Föhrental
Am Rain
Wildtal
R. Zähringen
864
Brombeerkopf
Ränke
Säger
HOCHDF
Dreisam
Markwald
Moos-wald
ZÄHRINGEN
VORSTÄDTLE
Flaunser 866
FREIBURG im Breisgau
HERDERN (287)
737 Roßkopf
ADAC
St.-Ottilien-Kp.
Attental
Obertal
Kühhof
Eschbach
Lindenberg
Steurental
Wittental
Reckenbg. 696
Iben-B.
798
Stegen
Unter-
ibental
HOCHSTETTEN
GÜNDLINGEN
196
Rothaus
Merdingen
Tuniberg
Wipperts-kirch
245
WALTERSHOFEN
Moos
St. Nikolaus
Umkirch
LEHEN
Tier-geh.
Mundenhof
BETZENHSN
OPFINGEN
292
NIEDER-RIMSINGEN
304
TIENGEN
199
264
OBER-RIMSINGEN
316
MUNZINGEN
Ehrentrudis-Kp.
Grezhausen
Hausen a. d. M.
Möhlin
Mühlbach
Alte Schanze
Obergeiswasser
wald
Schlatthöfe
238
ST. GEORGEN
HASLACH
Uffhsn.
Wendlingen
Augustinermus.
WIEHRE
LITTENWLR.
GÜNTERSTAL
KAPPEL 837
Kibfelsen
EBNET
(368)
Zarten
Unt.-Ob.-Birken
Burg
Rechtenbach
401
Merzhausen
Jesuitenschl.
Leutersbg.
R. Schneeburg
Schönberg
Wolfenweiler (233)
Mengen
Ebringen 644
Kp. Berghausen
Talhausen
Au
Wittnau
Talbuck-hof
Schallstadt
Scherzingen
207
Biengen
Langackern
Kleines Tal
Großes Tal
Fischbach
Kirchzarten (388)
Dietenbach
Höfen
683
Buchenbach
Himmel-reich
Falkensteig
Wagensteig-B.

aus durch die Carl-Kistner-Straße und die Opfinger Straße durch den Stadtteil *Haslach* bis zur großen Kreuzung mit dem Autobahnzubringer (der Besançon-Allee), den wir überqueren; nach der Kreuzung fahren wir rechts in den Wald und anfangs parallel zur Straße weiter. Zuerst geht es durch den Wald, später am Rande eines Waldstreifens entlang bis zum Wegweiser »Mundenhof«, wo wir rechts abbiegen. Beim Weiler *Mundenhof,* wo wir an der Kreuzung geradeaus weiterfahren, befindet sich ein Tiergarten.

Bevor wir nach *Umkirch* kommen, biegen wir an den Sportplätzen links in den Radweg am Mühlenbach entlang (Hundackerweg, dann Schloßweg), am Ende des Parks beim Schloß rechts in die Waltershofer Straße, an ihrem Ende links in die Hauptstraße, am Rathaus gleich wieder links in den Dachswanger Weg und mit ihm nach links und am Bach entlang bis zu den Aussiedlerhöfen Dachswang; hier rechts ab bis zur Straße und auf ihr ohne Radweg nach links.

Durch *Gottenheim:* Am Ende der Umkircher Straße über die Dorfbrücke und auf der kurvenreichen Hauptstraße durch den Ort und links hinauf mit der Tunibergstraße aus dem Dorf hinaus. Eine Zeitlang folgen wir den Wegweisern des Tuniberg-Höhenwegs. Der Anstieg auf die Höhe ist relativ sanft. Später heißt es aufpassen: 2,5 Kilometer nach Gottenheim, wo der Weg in gerader Richtung endet, müssen wir rechts (und nicht links) abbiegen. Der Höhenweg bietet hier reizvolle Ausblicke zum Schwarzwald, dem großen Bruder, dem Kaiserstuhl, und über die Rheinebene zu den Vogesen. Später, wo an einer Wegkreuzung ein Feldkreuz, eine steinerne Sonnenuhr und eine Bank stehen (rechts unten liegt Merdingen), geht es geradeaus weiter bis zur Straße, die von Merdingen heraufkommt. Wir folgen ihr links hinunter bis zum alleinstehenden Gehöft Wippertskirch, wo wir wieder rechts abbiegen.

Bei *Opfingen* gelangen wir wieder in das Stadtgebiet von Freiburg: Am Ortseingang an der Stoppstraße links den Dürleberg hinunter, an dessen Ende beim Rathaus geradeaus durch die Freiburger Straße wieder hinaus. Am Ortsende beginnt wieder der Radweg. Bei der Bushaltestelle »Kleingärten« verbirgt sich rechts im Wald ein idyllischer Weiher.

Weg durch *Haslach* und *Freiburg:* Durch die gesamte Opfinger Straße, geradeaus durch die Carl-Kistner-Straße, an ihrem Ende geradeaus »Im Radacker«, nach links durch die Basler Landstraße bis zur Ampel, links durch die Heinrich-von-Stephan-Straße, geradeaus durch die Schnewlinstraße und links über den Konrad-Adenauer-Platz zum Bahnhof.

28 Freiburg – Freiburg-Haslach – Umkirch – Gottenheim – Nimburg – Teningen – Emmendingen – Vörstetten – Freiburg

Verkehrsmöglichkeiten Freiburg ist IC-Bahnhof an der Strecke Karlsruhe – Basel. Die Stadt ist über mehrere Autobahnabfahrten zu erreichen.
Parkmöglichkeiten Parkhaus am Bahnhof Freiburg. In Emmendingen im Bereich des Bahnhofs.
Jugendherberge Freiburg, Kartäuserstraße 151.
Fahrradbahnhof Freiburg Hauptbahnhof.
Tourenlänge 55 km.
Fahrzeit 4½ Stunden.
Höhenunterschiede Keine, abgesehen von wenigen Metern in Nimburg.
Karten Topographische Karten RW 1:50000 Freiburg-Süd und Freiburg-Nord; 1:200000 Generalkarte Blatt 24 oder 21/24.
Anmerkung Alle Wege durch Freiburg, mit Ausnahme von wenigen hundert Metern in Haslach, verlaufen auf ausgewiesenen Radwegen!
Wissenswertes Freiburg und Umkirch siehe Tour 27. Neuershausen siehe Tour 20. Emmendingen siehe Tour 26.

Zu Tour 27, 28 **Mundenhof bei Freiburg.** (Foto: Heinz Wittner)

Tourenbeschreibung Von *Freiburg* durch den Stadtteil *Haslach,* über den *Mundenhof,* durch *Umkirch* nach *Gottenheim* wie unter Tour 27.

In Gottenheim: Am Ende der Umkircher Straße vor der Dorfbrücke rechts auf der Buchheimer Straße wieder ortsauswärts. Wir folgen der Straße ohne Radweg auf drei Kilometern. Kurz vor der Dreisambrücke biegen wir unter der zweiten Hochspannungsleitung links in den Kalloweg. An seinem Ende wenden wir uns mit der Straße nach rechts und kommen nach *Neuershausen:* Auf der Eichstetter Straße bis 100 Meter nach dem Schloß, links in die Rathausstraße (Wegweiser: Halle), hinaus in die Felder und immer am Fuß des Nimberges entlang (etwa 300 Meter sind nicht asphaltiert).

Durch *Nimburg:* Durch die Antoniterstraße, mit ihr im Ort leicht bergauf, durch deren Fortsetzung, die Langstraße, gleich rechts durch die Burgstraße, an deren Ende rechts in die Bötzinger Straße, jedoch gleich halblinks mit der Waldstraße aus dem Ort hinaus. Nach dem Überqueren der Autobahn biegen wir hinter der Schutzhütte links in den Viehweg (Wegweiser: Teningen). Unterwegs behalten wir bei allen Abzweigungen unsere Richtung bei.

Durch *Teningen:* Am Ende der Freiburger Straße nach links in die Neudorfstraße, an der Ampel rechts in die Emmendinger Straße, direkt vor der Elzbrücke biegen wir rechts auf den Elzdamm und fahren auf ihm bis zur übernächsten Brücke.

Hier überqueren wir die Elz und kommen nach *Emmendingen.* In die Stadtmitte: Am Ende der Schützenstraße halblinks in die Karl-Bautz-Straße, unter der Bahn durch und mit der Bahnhofstraße in die Stadt. Weiterfahrt nach Freiburg: Nach der Brücke rechts auf dem Elzdamm weiter, später die stark befahrene Bundesstraße kreuzen (Vorsicht!), über die übernächste Brücke in den Stadtteil *Wasser:* Durch den Grünweg, an seinem Ende rechts in die Basler Straße und gleich wieder links mit dem Hirtenweg aus dem Ort hinaus.

Bei allen Abzweigungen behalten wir die südliche Richtung bei, biegen im Bereich der Hochspannungsmasten links in die Landesstraße nach *Vörstetten:* Durch die Breisacher Straße in die Freiburger Straße und in der Ortsmitte nach links durch die Talstraße und wieder hinaus in die Felder. Vor der Bundesstraße biegen wir rechts ab und folgen dem Weg parallel zu ihr. Knapp 1,5 Kilometer weiter kreuzen wir nach links einen Zubringer (Vorsicht!) und fahren nach links parallel zur Straße weiter. 300 Meter, nachdem wir den Autobahnzubringer unterquert haben, biegen wir rechts in den Wald, kreuzen nach links versetzt die Straße (Vorsicht!) und fahren auf dem breiten, kerzengeraden Waldweg (»Große Richtstatt«) durch den Wald.

Genau einen Kilometer, nachdem wir auf der Brücke die Straße überquert haben, biegen wir links in den Stadtdamm und beim großen Waldspielplatz »Wolfswinkel« wieder rechts ab, kreuzen die Bahn und sind in *Freiburg:* Geradeaus durch »Im Wolfswinkel«, an dessen Ende nach links durch die Elsässer Straße, kurz vor der Bahn rechts in die Berliner Allee, nach links durch die Breisacher Straße, rechts in die Fehrenbachallee und neben der Straßenbahn nach links durch die Wannerstraße, über die Bahn und zum Hauptbahnhof.

29 Einmal Freiburg – Kirchzarten und zurück

Verkehrsmöglichkeiten Freiburg ist IC-Bahnhof an der Strecke Karlsruhe – Basel. Die Stadt ist über mehrere Autobahnabfahrten zu erreichen.
Parkmöglichkeiten Parkhaus am Hauptbahnhof Freiburg.
Jugendherberge Freiburg, Kartäuserstraße 151.
Fahrradbahnhöfe Freiburg Hauptbahnhof und Kirchzarten.
Tourenlänge 26 km.
Fahrzeit 2 Stunden.
Höhenunterschiede Keine.
Markierung Mit Ausnahme der Ortsdurchfahrten Kirchzarten und Ebnet: »Dreisamtal-Radwanderweg«.
Karten Topographische Karte RW 1:50000 Freiburg-Süd; 1:200000 Generalkarte Blatt 24 oder 21/24.
Anmerkung Dieser Vorschlag bietet die Möglichkeit, im Bereich einer Großstadt und doch abseits vom Verkehr eine landschaftlich besonders reizvolle Strecke abzufahren.
Wissenswertes Freiburg siehe Tour 27.

Im Freiburger Vorort *Ebnet* steht das 1749/51 für die Freiherrn von Sickingen erbaute Barockschloß.

Der Name von *Kirchzarten* geht auf die keltisch-römische Siedlung Tarodunum zurück, die östlich des heutigen Dorfes

Zu Tour 27, 28, 29, 30, 50, 51, 60 **Freiburg, am Schwabentor.**
(Foto: Heinz Wittner)

lag. 765 wurde der Hof »Zartuna« dem Kloster St. Gallen in der Schweiz geschenkt. Der Turm der Pfarrkirche St. Gallus ist noch romanisch, während der übrige Bau aus verschiedenen Bauepochen stammt, jedoch hauptsächlich zwischen 1508 und 1510 entstanden ist.

Tourenbeschreibung Ausgangspunkt Hauptbahnhof *Freiburg:* Nach rechts (Süden) über den Konrad-Adenauer-Platz, rechts durch die Schnewlinstraße, über die Dreisambrücke, hier die Treppen hinunter und auf dem Fuß-und Radweg auf der Südseite der Dreisam bachaufwärts. Der Weg führt unter einer Vielzahl von Brücken durch. In der Fußgängerunterführung halten wir uns an den Hinweis »Schwabentor«. Dann geht es weiter an der Dreisam entlang. (Im Bereich der Sportanlagen geht es über den Ottiliensteg hinüber zur Jugendherberge.) Bald darauf berühren wir den Stadtteil *Ebnet.* Im Bereich des Golfplatzes verläßt der Radweg das Dreisamufer, folgt kurze Zeit dem Bruggbach und dann der Höllentalbahn.

Im Kirchzartener Ortsteil *Bruckmühle* wechseln wir auf die andere Seite der Bahn, kreuzen die Straße und fahren parallel zu ihr talaufwärts weiter. An der Kreuzung vor *Kirchzarten* geht es links unter der Straße durch und hinein in den Ort: Geradeaus auf der Freiburger Straße bis zum Narrenbrunnen, hier links in die Hauptstraße, 50 Meter nach dem Ende der Fußgängerzone halblinks durch die Bahnhofstraße und nach dem Bahnübergang durch die Stegener Straße. Noch vor dem Ortsende beginnt links der Radweg. Er leitet uns gefahrlos durch das Gewirr der Straßenbrücken.

Bald danach durchfahren wir den Stegener Ortsteil *Unterbirken* parallel zur Stegener Straße. Durch *Stegen:* Am Ende der Kirchzartener Straße links in die Hauptstraße, die wir jedoch gleich wieder nach rechts verlassen, um nach links am Waldrand entlang zu fahren. Am Ende des Weges »Eichbühl« rechts ab und vor den Gehöften links weiter (Wegweiser: Attental). Beim Verlassen der Streusiedlung *Wittental* biegen wir rechts ab und fahren gleich wieder links am Waldrand weiter.

Im Freiburger Stadtteil *Ebnet* durchfahren wir die »Steinhalde«, biegen an ihrem Ende rechts in die stark befahrene Schwarzwaldstraße, um sie nach der Dreisambrücke hinter dem Brückenheiligen nach rechts wieder zu verlassen. Auf dem uns schon bekannten Radweg fahren wir in die Stadt zurück bis zur wappengeschmückten Brücke, tragen unser Rad die Treppen hinauf; nach rechts durch die Schnewlinstraße und an ihrem Ende nach links über den Konrad-Adenauer-Platz kommen wir zum Bahnhof zurück.

30 Freiburg – Merzhausen – Wittnau – Ehrenstetten – Staufen – Bad Krozingen – Pfaffenweiler – Freiburg

Verkehrsmöglichkeiten Freiburg ist IC-Bahnhof an der Strecke Karlsruhe – Basel. Die Stadt ist über mehrere Autobahnabfahrten zu erreichen. Staufen und Bad Krozingen sind über die Autobahnabfahrt »Bad Krozingen« zu erreichen. Bad Krozingen ist Station an der Strecke Freiburg – Basel und Staufen liegt an der Bahnstrecke der SWEG Bad Krozingen – Untermünstertal.
Parkmöglichkeiten Parkhaus am Hauptbahnhof Freiburg. In Staufen und Bad Krozingen jeweils am Bahnhof.
Jugendherberge Freiburg, Kartäuserstraße 151.
Fahrradbahnhöfe Freiburg Hauptbahnhof und Bad Krozingen.
Tourenlänge 38 km.
Fahrzeit Gut 3 Stunden.
Höhenunterschiede Von Merzhausen nach Wittnau 140 Meter auf einer Strecke von drei Kilometern; ansonsten weitgehend eben.
Karten Topographische Karte RW 1:50000 Freiburg-Süd; 1:200000 Generalkarte Blatt 24 oder 21/24.
Markierung Von Staufen bis Freiburg (Ausnahme ein kurzes Stück in Bad Krozingen): »Markgräfler-Radwanderweg«.

Anmerkung Alle Strecken in Freiburg verlaufen auf ausgewiesenen Radwegen.

Wissenswertes Freiburg siehe Tour 27.

Im 786 zum erstenmal erwähnten *Merzhausen* wurde in der zweiten Hälfte des 16. Jahrhunderts ein Wasserschloß erbaut. Um 1666 errichteten die Freiburger Jesuiten weiter oben ein weiteres Schloß.

Im Gasthaus »Zum Löwen«, das am Marktplatz der Stadt *Staufen* steht, soll im Jahr 1539 Doktor Faust vom Teufel geholt worden sein. Unweit davon befindet sich das im Jahr 1546 erbaute Rathaus. Nördlich der besonders sehenswerten Altstadt mit ihren schmucken Bürgerhäusern zeigen sich auf einem Berg die Ruinen der Burg Staufen. Die Burgherren erbauten sich im 16. Jahrhundert ein Stadtschloß, heute Forstamt. Die katholische Pfarrkirche St. Martin weist Stilelemente von der Frühgotik bis zum Frühbarock auf.

Thermalquellen mit 40 Grad Celsius begründeten den Ruhm des Kurortes *Bad Krozingen.* Die Gemeinde besitzt mit der zum Glöcklehof in *Oberkrozingen* gehörenden Kapelle St. Ulrich eine kunstgeschichtliche Rarität: 1936 wurden darin Malereien aus der Zeit zwischen 850 und 1000 freigelegt. Zu den ältesten Häusern des Ortes gehört das Litschgihaus in der Hauptstraße. Das Renaissanceschloß in *Unterkrozingen,* das früher Sitz eines Propstes des Klosters St. Blasien war, beherbergt eine bedeutende Sammlung von Tasteninstrumenten.

Kirchhofen mußte im Verlaufe seiner Geschichte zahlreiche Herrschaftswechsel über sich ergehen lassen. Im Schloß, früher eine Wasserburg, starb 1584 Lazarus von Schwendi, der Held der Türkenkriege. Die gotische Wallfahrts-und Pfarrkirche wurde im 18. Jahrhundert barockisiert.

Von seiner ersten urkundlichen Erwähnung im Jahr 716 war *Ebringen* bis zur Französischen Revolution im Besitz des Klosters St. Gallen. Seine Vögte residierten anfangs auf der Schneeburg, die 1525 zerstört wurde und deren Reste östlich oberhalb des Dorfes zu sehen sind. 1711 ließ das Kloster im Dorf selbst ein Schloß erbauen, das heute als Rathaus dient. Chor und Turm der katholischen Pfarrkirche sind spätgotisch, während das Langhaus 1720 erbaut wurde; Hochaltar von 1689.

Tourenbeschreibung Ab Hauptbahnhof *Freiburg:* Nach rechts (Süden) über den Konrad-Adenauer-Platz, rechts durch die Schnewlinstraße, geradeaus durch die Heinrich-von-Stephan-Straße und geradeaus auf der Merzhauser Straße stadtauswärts.

Auf ihrer Fortsetzung in *Merzhausen,* der Hexentalstraße, fahren wir bis zu einer Ampel und biegen dort rechts ab (Weg-

FREIBURG im Breisgau
ADAC
Glottertal
Kirchzarten
Oberried
Stegen
Zarten
Merzhausen
Ebringen
Pfaffenweiler
Bollschweil
Ehrenkirchen
STAUFEN
Bad Krozingen
Schallstadt
Wolfenweiler
ST. GEORGEN
HASLACH
BETZENHSN
OPFINGEN
WALTERSHOFEN
Umkirch
Merdingen
TIENGEN
Hartheim
Feldkirch
Eschbach
Tunsel
Bremgarten
Fessenheim
Blodelsheim
Nambsheim
Balgau
Geiswasser
Vogelgrun
Algolsheim
Obersaasheim
St. Ulrich
Sölden
Horben
Wittnau
Au
Schauinsland
Rappeneck
Kibfelsen
Hausen a. d. M.
Grand Canal d'Alsace
Möhlin
Neumagen

weiser: Postamt). Weiter: Halblinks die Weberstraße hinauf, oben an ihrem Ende bei der Gabelung links in den Ehrenmattenweg. An seinem Ende im Ortsteil *Schönberg* der Gemeinde Au biegen wir rechts in die Straße »Am Schönberg« (wenn wir hier zurückschauen, sehen wir unten Freiburg liegen), an der »Adler-Burg« biegen wir links in den Oberen Heimbachweg. An seinem Ende in *Wittnau* rechts durch die Schönbergstraße, am Rathaus geradeaus weiter »In den Haseln« (Wegweiser: Ebringen), und wo die Straße nach Ebringen rechts abbiegt, fahren wir geradeaus auf dem befestigten Weg weiter.

Bald durchfahren wir in *Sölden* die Straße »Im Gaisbühl« und bleiben weiter geradeaus auf dem befestigten Weg. Wo der Asphalt beginnt, folgen wir halblinks der Straße hinauf nach *Bollschweil:* Beim ersten Haus rechts ab durch den Ölbergweg, an seinem Ende rechts ab, wo wir am Ortsende zur Straße kommen, links weiter und wo diese Straße endet rechts weiter. Beim Weiler Gütighofen beginnt links der Straße der Radweg.

In *Ehrenstetten:* Auf der Wenzinger Straße hinter der Tankstelle halblinks in die Hofenstraße, an ihrem Ende links in die Marktstraße und auf der Straße den Ort. Nun zeigt sich vor uns auf einem Bergkegel die Ruine Staufen. Genau einen Kilometer nach dem Ortsende verlassen wir bei einem Feldkreuz in einer Rechtskurve die Straße und folgen weiter dem halblinks verlaufenden befestigten Weg.

Wo er endet, fahren wir nach rechts versetzt auf dem asphaltierten Weg nach *Staufen:* Nach dem Städtischen Bauhof nach links durch die Krozinger Straße und die Hauptstraße in die Stadtmitte zum Marktplatz, beim Rathaus rechts und später nochmals rechts durch »Im Grün«, nach Haus Nr. 6 links und dann auf dem Radweg am Bach Neumagen entlang (rechts der Stadtpark mit der Fontäne) bis zu einem Werksgelände, hier über den Bach, drüben am Bach weiter bis zur Straße, kreuzen sie, nach links unterhalb der Straße weiter, dann nach rechts, hinter dem Neubaugebiet nochmals rechts und mit dem Radwegweiser hinaus durch die Felder.

In *Bad Krozingen:* Auf der Kapellenstraße bis zur Kapelle, rechts in die Fridolinstraße, an deren Ende rechts in die Kemsstraße, links in die Josefstraße, über die Neumagenbrücke, beim »Adler« die Straße kreuzen und geradeaus weiter über die Felder und am Haltepunkt Oberkrozingen vorbei.

Durch den Ehrenkirchener Ortsteil *Kirchhofen:* Am Ende des Oberkrozinger Weges geradeaus durch die Krozinger Straße bis zur Kreuzung, hier geradeaus durch die Lairenstraße, weiter oben rechts mit der Herrenstraße auf die Kirche zu, links in die

Zu Tour 30 **Staufen; Triebwagen der SWEG** wartet auf Fahrgäste und Fahrräder. (Foto: Heinz Wittner)

Batzenbergstraße und gleich wieder rechts durch die Bärenstraße.

Wir fahren auf das zwischen sanften Rebhügeln liegende *Pfaffenweiler* zu. Im Ort: Durch den Kirchhofer Weg, an der Kirche geradeaus durch die Kirchstraße und geradeaus mit der Mittleren Straße wieder ortsauswärts und schon sehen wir vor uns die nächste Ortschaft. Wo der Wirtschaftsweg endet, links hinunter, etwa 200 Meter nach rechts auf der Straße, vor der Bahn rechts ab nach *Ebringen:* Auf der Ehgasse hinter den Häusern entlang, an ihrem Ende links in die Dürrenbergstraße und gleich nochmals links in die Kapellenstraße, an ihrem Ende rechts in die Schönbergstraße und bald danach links durch den Rennweg. Bei allen folgenden Abzweigungen bleiben wir in der Nähe der Bahn und durchfahren *Leutersberg* ebenfalls parallel zur Bahn.

Wo der Asphalt wieder beginnt, links unter der Bahn durch und vor dem nächsten Bahndamm rechts weiter. Durch *Freiburg* und seine Stadtteile *Wendlingen, St. Georgen* und *Uffhausen:* Durch die Malteserordenstraße, rechts in das Wendelingäßle, nach rechts am Bach entlang, nach links über die Brücke, geradeaus durch die Obergasse, vor der Bahn rechts durch den Vorarlberger Weg, nach rechts durch den ganzen Hartkirchweg, an seinem Ende halblinks »Am Mettweg«, nach rechts in den Hüttweg und geradeaus durch den Radweg (immer noch Hüttweg), geradeaus durch den Schildackerweg, nach Unterqueren der Bahn durch »Auf der Hardt«, rechts durch den Rotdornweg, gerade durch den Birkenweg, an seinem Ende links durch die Merzhauser Straße, geradeaus durch die Heinrich-von-Stephan-Straße, geradeaus durch die Schnewlinstraße und links über den Konrad-Adenauer-Platz zum Bahnhof.

31 Breisach – Hausen an der Möhlin – Biengen – Bad Krozingen – Heitersheim – Grißheim – Breisach

Verkehrsmöglichkeiten Breisach ist Endstation einer Bundesbahnstrecke aus Freiburg und der Kaiserstuhlbahn aus Riegel. Autobahnabfahrt Riegel oder Freiburg Mitte.
Parkmöglichkeiten In Breisach und in Heitersheim jeweils am Bahnhof.
Jugendherberge Breisach, Münsterbergstraße 30–32.
Fahrradbahnhöfe Breisach und Bad Krozingen.
Tourenlänge 58 km.
Fahrzeit Knapp 5 Stunden.
Höhenunterschiede 20 Meter vor Heitersheim; sonst eben.
Karten Topographische Karten RW 1:50000 Breisach und Freiburg-Süd, sowie ohne Radwanderwege Müllheim; 1:200000 Generalkarte Blatt 24 oder 21/24.
Wissenswertes Breisach siehe Tour 22. Bad Krozingen siehe Tour 30.

Das erstmals 777 urkundlich erwähnte *Heitersheim* war von 1428 bis 1806 Sitz der Großkomture des Johanniterordens, die zugleich Reichsfürsten waren. Der Komturei unterstanden zahlreiche Ordensniederlassungen im deutschen Sprachraum. Vom einst riesigen Ordensschloß zeugen auch heute noch stattliche Gebäude.

Tourenbeschreibung Ausgangspunkt Bahnhof *Breisach:* Nach links (Westen), am Ende der Bahnhofstraße links und gleich nochmals links (Wegweiser: Emmendingen) am Bahngelände entlang und gleich wieder rechts auf der Hochstetter Straße durch das Gewerbegebiet. Kurz vor *Hochstetten* kreuzen wir die Straße. Bei den ersten Häusern des Ortes biegen wir rechts ab und durchfahren ihn auf der Hochstetter Straße. Nach den letzten Häusern kreuzen wir die Straße nach links versetzt (Wegweiser: Verkehrsübungsplatz) und fahren parallel zur Bundesstraße weiter.

So fahren wir mehr als vier Kilometer auf die herrliche Kulisse des Hochschwarzwaldes zu. Bald taucht auch links der Tuni-

berg auf. Bei der Grüninger Kapelle kreuzen wir die Straße, fahren halbrechts weiter, kreuzen die nächste Straße, fahren nach rechts parallel zu ihr weiter und in einem Linksbogen kommen wir wieder parallel zur Bundesstraße.

Wo der Radweg endet, geht es links hinein nach *Hausen an der Möhlin,* das wir in seiner gesamten Länge auf der Falkensteiner Straße durchfahren. Nach den letzten Häusern unterqueren wir die Autobahn. Wo der Wirtschaftsweg endet, biegen wir rechts hinein nach *Biengen:* Am Ende der Mengener Straße links in die Hauptstraße, rechts durch die Dottighofer Straße

(Wegweiser: Schlatt) und passieren den Weiler Dottighofen mit seiner erhöht stehenden Friedhofskapelle.

Später kreuzen wir die Straße und fahren auf das vor uns liegende *Bad Krozingen* zu: Vor dem ersten Haus wechseln wir zum Radweg links von der Straße, kommen auf der Herbert-Hellmann-Allee in das Kurgebiet, geradeaus mit der Allee durch den Kurpark (absteigen und das Rad schieben!); wir unterqueren die Bahn, durch die Schlatter Straße und mit ihr nach links, an ihrem Ende über den Lammplatz, rechts und gleich wieder links in die Joseph-vom-Stein-Straße, an ihrem Ende links über den Bach und nach rechts durch die Schwarzwaldstraße mit all ihren Windungen (eine Tafel zeigt uns den Weg zum Glöcklehof mit der Kapelle), an ihrem Ende nach rechts durch die Josefstraße und bei der Kapelle nach rechts versetzt durch die Schmidhofener Straße hinaus durch die Fluren. Den Ortsteil *Schmidhofen* durchfahren wir auf der Felix-und Naborstraße.

Den Stadtteil *Gallenweiler* durchqueren wir auf der Schmidhofener Straße. Unmittelbar vor *Heitersheim* haben wir den einzigen kurzen Anstieg der ganzen Tour. Durch die Stadt: Am Ordensschloß vorbei, dann nach rechts auf der Hauptstraße in die Stadtmitte, am Alten Rathaus rechts durch die Eisenbahnstraße, nach dem Überqueren der Bundesstraße kreuzen wir auf dem zweiten Steg den Bach, fahren geradeaus durch die Hebelstraße,

Zu Tour 30 **Staufen mit der Burgruine.** (Foto: Heinz Wittner)

an ihrem Ende rechts in den Grißheimer Weg und später nach links auf dem Kreuzmattenweg in die Felder.

Auf einem befestigten Weg erreichen wir *Seefelden:* Am Ende der Wiesenstraße biegen wir rechts in die Kirchstraße und verlassen nach Unterqueren der Bahn wieder das Dorf. Am Ende des Wirtschaftsweges links zur Straße und nach rechts zum Neuenburger Stadtteil *Grißheim:* Vor dem Friedhof links durch die Dr.-Harter-Straße, geradeaus durch die Meierstraße, geradeaus die Zollstraße hinunter, am Sportplatz vorbei, über die Autobahn und auf dem Rheindamm nach rechts weiter.

Es folgt nun ein Teil des schönsten Radweges in Südbaden. Unter uns fließt hier der recht seichte Rhein. Die Idylle wäre vollkommen, wenn die Ruhe nicht ab und zu durch startende Düsenjäger unterbrochen werden würde. Beim Rheinwärterhaus, wo die Straße aus Hartheim einmündet, befindet sich ein kleines Wildgehege. Bei Rhein-Kilometer 218,8 verlassen wir den Damm nach rechts durch eine Schranke. In einem großen Linksbogen kommen wir zwischen einem Jachthafen und einem Campingplatz durch. Etwa 200 Meter danach auf der Straße nach links und am Rheinufer weiter flußabwärts.

Unmittelbar vor der Rheinbrücke biegen wir scharf rechts ab, überqueren bald danach auf dem Steg die Möhlin, drüben geradeaus unter der Straße durch, nach rechts und nochmals rechts über die Kreuzung zurück zum Bahnhof *Breisach.*

32 Breisach – Bremgarten – Bad Krozingen – Biengen – Hausen an der Möhlin – Breisach

Verkehrsmöglichkeiten Breisach ist Endstation einer Bundesbahnstrecke aus Freiburg und der Kaiserstuhlbahn aus Riegel; Autobahnabfahrt Riegel oder Freiburg Mitte. Bad Krozingen ist Station an der Bahnstrecke Freiburg – Basel; Autobahnabfahrt Bad Krozingen.
Parkmöglichkeiten In Breisach und in Bad Krozingen im Bereich des Bahnhofs.
Jugendherberge Breisach, Münsterbergstraße 30–32.
Fahrradbahnhöfe Breisach und Bad Krozingen.
Tourenlänge 40 km.
Fahrzeit Gut 3 Stunden.
Höhenunterschiede Keine.
Karten Topographische Karten RW 1:50000 Breisach und

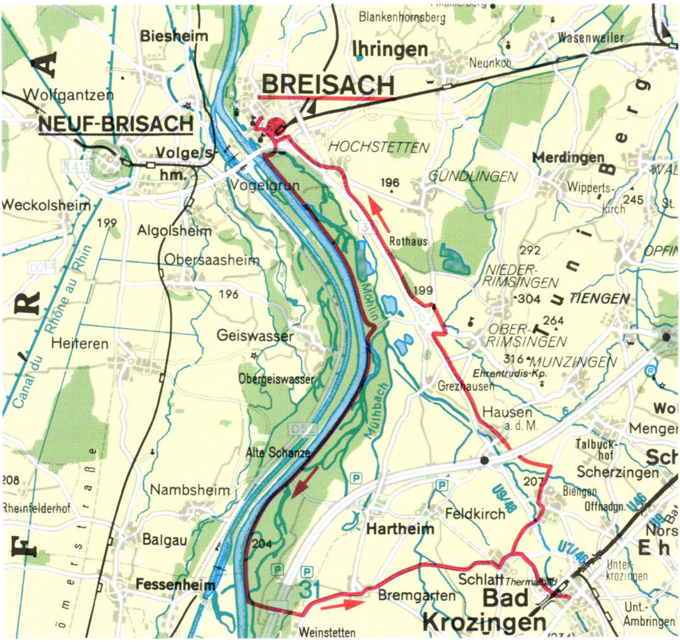

Freiburg-Süd, sowie ohne Radwanderwege Müllheim; 1:200000 Generalkarte Blatt 24 oder 21/24.

Tourenbeschreibung Ausgangspunkt ist der Bahnhof *Breisach:* Nach links (Westen) und am Ende der Bahnhofstraße die Straße kreuzen, nach links parallel zu ihr, links unter ihr durch, geradeaus über den Steg der Möhlin, rechts ab und vor der Rheinbrücke nach links auf dem Rheindamm weiter. Es folgen 13 Kilometer auf dem wohl reizvollsten Radwanderweg in Südbaden, wobei unser Weg unterwegs kurzzeitig den Damm verläßt: Wo er in gerader Richtung an einem Sträßchen endet, fahren wir nach links und gleich wieder rechts, kommen zwischen einem Campingplatz und einem Jachthafen durch und kehren in einem großen Rechtsbogen zum Rhein zurück, wo wir nach links auf dem Damm weiterfahren.

Bei einem Rheinwärterhaus befindet sich ein kleines Tiergehege. Bei Rhein-Kilometer 210,4 verlassen wir den Rhein auf der Straße nach links, unterqueren die Autobahn und folgen der nächsten Querstraße nach links an der Weinstetter Mühle vorbei hinein nach *Bremgarten,* das wir auf seiner Hauptstraße durchfahren. Am Ortsende biegen wir links ab (Wegweiser: Bad Krozingen).

Durch *Schlatt:* Am Ende der Bremgartener Straße rechts in die Lazariterstraße und dann nach links mit der Biengener Straße ortsauswärts. Etwa 400 Meter nach dem Ortsende biegen wir an der Kreuzung rechts ab. Vor dem ersten Haus von *Bad Krozingen* wechseln wir zum Radweg links von der Straße, kommen auf der Herbert-Hellmann-Allee in das Kurgebiet und in den Kurpark (hier das Rad schieben!) und unter der Bahn durch in die Ortsmitte. Zurück fahren wir auf dem gleichen Weg, fahren jedoch an der Kreuzung nach dem Kurgebiet geradeaus weiter.

Wir passieren den Weiler Dottighofen und kommen auf der Dottighofer Straße in den Ortsteil *Biengen,* biegen an ihrem Ende links in die Hauptstraße und fahren nach rechts auf der Mengener Straße unterhalb des Schloßberges wieder aus dem Ort hinaus. 500 Meter hinter den letzten Häusern biegen wir nach dem Überqueren des Baches Möhlin links in den Wirtschaftsweg und bewegen uns auf das vor uns liegende *Hausen an der Möhlin* zu: Nach dem Unterqueren der Autobahn durchfahren wir den Ort auf der Falkensteiner Straße in seiner ganzen Länge.

Draußen vor dem Ort folgen wir dem Radweg nach rechts parallel zur Straße. Etwa 2,5 Kilometer weiter, an der großen

Zu Tour 33, 41, 64 **Eisenbahnmuseum** am Hafen von Neuf-Brisach.
(Foto: Heinz Wittner)

verzweigten Straßenkreuzung, halten wir uns an den nach rechts an der Bundesstraße verlaufenden Radweg, kreuzen sie jedoch bald nach links, fahren auf die Grüninger Kapelle zu, kreuzen dort die Straße, fahren nach links parallel zu ihr weiter und nochmals vier Kilometer an der Bundesstraße entlang.

Später wendet sich unser Weg nach rechts. Wir kommen am Verkehrsübungsplatz vorüber. Beim Sendemast biegen wir links ab und durchfahren den Breisacher Stadtteil *Hochstetten* auf der Hochstetter Straße. Am Ortsende biegen wir links ab, kreuzen gleich darauf die Straße und nehmen den nach links zeitweilig parallel zur Bundesstraße verlaufenden Wirtschaftsweg. An seinem Ende im Gewerbegebiet von *Breisach* biegen wir links ab, fahren am Bahngelände entlang und biegen noch zweimal rechts ab und sind wieder am Bahnhof.

33 Zu beiden Seiten des Rheins I Breisach – Neuenburg – Chalampé – Bantzenheim – Rumersheim-le-Haut – Blodelsheim – Fessenheim – Balgau – Heiteren – Neuf-Brisach – Vogelsheim – Breisach

Verkehrsmöglichkeiten Breisach ist Endstation einer Bundesbahnstrecke aus Freiburg und der Kaiserstuhlbahn aus Riegel; Autobahnabfahrt Riegel oder Freiburg Mitte.
Parkmöglichkeiten Im Bereich des Bahnhofs Breisach.
Jugendherberge Breisach, Münsterbergstraße 30–32.
Fahrradbahnhof Breisach.
Tourenlänge 62 km.
Fahrzeit 5 Stunden.
Höhenunterschiede Keine.
Karten Topographische Karten RW 1:50000 Breisach und ohne Radwanderwege Müllheim; Topographische Karte 1:100000 »St. Dié – Mulhouse – Bâle« der ign France; 1:200000 Generalkarte Blatt 24 oder »Vogesen/Elsaß«.
Anmerkungen Der Radwanderweg auf dem Rheindamm zwischen Breisach und Neuenburg gehört zu den schönsten Strekken in Südbaden. Auf diesem Wegstück gibt es keine Einkehrmöglichkeit. Personalausweis nicht vergessen!
Wissenswertes Breisach siehe Tour 22.

Neuenburg wurde 1175 von den Zähringer Herzögen gegründet und erhielt 1219 die Rechte einer freien Reichsstadt. Von 1311 bis 1805 gehörte es zu Vorderösterreich.

Die Einrichtung der Kirche von *Bantzenheim* mit ihrem romanischen Turm wurde aus mehreren Orten zusammengetragen: Das Chorgestühl aus dem 18. Jahrhundert stammt aus Ottmarsheim; das Vesperbild war früher in der Kapelle des verschwundenen Dorfes Blidolsheim.

Neuf-Brisach, 1689 begonnen und 1708 vollendet, ist die letzte Festung, welche nach Plänen von Vauban erbaut wurde. Obwohl schon vieles verschwunden ist, bietet die Stadt noch heute das wohl anschaulichste Beispiel einer französischen Barockfestung.

Tourenbeschreibung Ausgangspunkt Bahnhof *Breisach:* Nach links (Westen) und am Ende der Bahnhofstraße die Straße kreuzen, nach links parallel zu ihr und dann nach links unter ihr durch, geradeaus auf dem Steg über die Möhlin, rechts ab und vor der Rheinbrücke nach links auf dem Rheindamm weiter, den wir bis Neuenburg nur einmal kurz verlassen: Wo er in gerader Richtung an einem Sträßchen endet, fahren wir nach links und gleich wieder rechts, kommen zwischen einem Campingplatz und einem Jachthafen durch und kehren in einem großen Rechtsbogen zum Rhein zurück. Unterwegs befindet sich bei einem Rheinwärterhaus ein kleines Tiergehege.

Wo wir vor uns die Rheinbrücke sehen, verlassen wir den Rheindamm bei der Wasserbaumeisterei nach links, unterqueren die Autobahn und die parallele Straße und wenden uns vor den Häusern von *Neuenburg* an der Kreuzung nach rechts und verlassen auf der Rheinbrücke Deutschland.

Gleich hinter der Brücke geht es rechts hinein nach *Chalampé:* Am Ende der Avenue de la Gare nach links durch die Avenue P. E. Lucas und weiter nach *Bantzenheim:* Durch die kurvenreiche Rue du Général de Gaulle, an der Kirche rechts in die Rue de l'Eglise und an ihrem Ende auf der Rue de Strasbourg ortsauswärts. Den folgenden Ort *Rumersheim-le-Haut* durchfahren wir auf der Route Nationale.

Auf der Rue du Général de Gaulle durchqueren wir *Blodelsheim.* Als nächstes Dorf folgt *Fessenheim,* das wir auf der Rue de la Libération befahren. Gleich darauf erreichen wir *Balgau* auf der Route de Bâle. Nach einem größeren Abstand folgt *Heiteren.*

An der Kreuzung vor *Neuf-Brisach* fahren wir geradeaus, durchqueren den Festungsgürtel, am Ende der Rue de Bâle nach rechts um den großen Platz, vor der Kirche rechts durch die Rue de Strasbourg, wieder durch den Festungsgürtel und über die Bahn, draußen an der Kreuzung vor der Stadt rechts ab und sind schon in *Vogelsheim,* wo wir anfangs den Wegweisern

BREISACH
NEUF-BRISACH
Ihringen
Wolfgantzen
Volgelsheim
Vogelgrun
HOCHSTETTEN
Merdingen
GÜNDLINGEN
Weckolsheim
Algolsheim
Obersaasheim
Rothaus
NIEDER-RIMSINGEN
TIENGEN
OBER-RIMSINGEN
MUNZINGEN
Heiteren
Geiswasser
Obergeiswasser
Grezhausen
Hausen a. d. M.
Alte Schanze
Nambsheim
Balgau
Fessenheim
Hartheim
Feldkirch
Scherzingen
Bad Krozingen
Bremgarten
Weinstetten
Tunsel
Blodelsheim
Eschbach
Grand Canal d'Alsace
Rhein
Möhlin
Mühlbach
Canal du Rhône au Rhin
Römerstraße
GRISSHEIM
HEITERSHEIM
Seefelden
Rumersheim-le-Haut
Chalampé le Bas
Bantzenheim
Chalampé
Buggingen
ZIENKEN
MÜLLHEIM
NEUENBURG
Hach
Sulzburg
Schweighof

»Freiburg« folgen. Wir biegen jedoch vor dem Wasserturm links in die Rue de Neuf-Brisach, passieren den Kasernenbereich, an ihrem Ende nach links in die Rue de la Paix und am Rathaus (Mairie) rechts durch die Route de la Forêt Noire (Wegweiser: Vogelgrun) aus dem Dorf hinaus. Dem Zubringer zur Rheinbrücke folgen wir nach links, überqueren wieder den Rhein und sind in *Breisach:* An der folgenden Kreuzung fahren wir links und nehmen die zweite Straße nach rechts zum Bahnhof.

34 Müllheim – Neuenburg – Bremgarten – Schlatt – Bad Krozingen – Heitersheim – Seefelden – Buggingen – Hügelheim – Müllheim

Verkehrsmöglichkeiten Müllheim ist Bahnstation an der Strecke Freiburg – Basel und besitzt Autobahnanschluß.
Parkmöglichkeiten In Müllheim, Bad Krozingen und Heitersheim jeweils am Bahnhof.
Fahrradbahnhof Bad Krozingen.
Tourenlänge 45 km. **Fahrzeit** 3¾ Stunden.
Höhenunterschiede 20 Meter vor Heitersheim, sonst eben.
Karten Topographische Karten 1:50000 ohne Radwanderwege Müllheim und mit Radwanderwegen Freiburg-Süd; 1:200000 Generalkarte Blatt 24 oder 21/24.
Wissenswertes Breisach siehe Tour 22, Neuenburg siehe Tour 33. Bad Krozingen siehe Tour 30. Heitersheim siehe Tour 31.

Die Kirche St. Martin im 758 erstmals erwähnten Städtchen *Müllheim* wurde 1920 zur Festhalle umgebaut, heute Museum mit Resten einer römischen Villa, auf deren Ruinen sie einst erbaut wurde; im Turm gotische Malereien. In der evangelischen Kirche des Stadtteils *Hügelheim* ist ein spätgotischer Freskenzyklus erhalten geblieben.

Tourenbeschreibung Ausgangspunkt Bahnhof *Müllheim:* Wir unterqueren die Bahn, parallel zur Neuenburger Straße durch das Gewerbegebiet und geradeaus weiter bis zum Ende der alten Landesstraße. Hier kreuzen wir eine Straße und fahren parallel zur Landesstraße hinein nach *Neuenburg:* Auf der Müllheimer Straße durchfahren wir das Städtchen geradeaus, folgen der Beschilderung nach Frankreich, kommen unterhalb der letzten Häuser zur Kreuzung, fahren geradeaus parallel zur Straße weiter, unterqueren eine Straße und die Autobahn und fahren draußen am Rhein nach rechts auf dem Damm weiter.

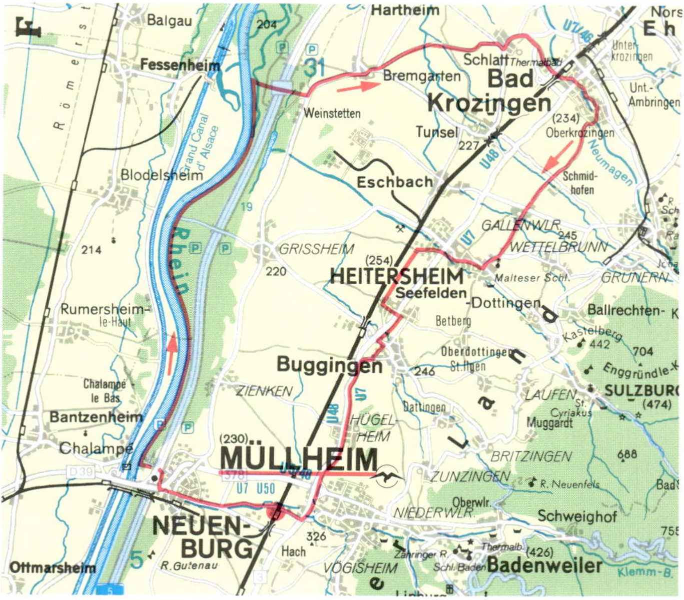

Es folgt eine elf Kilometer lange Fahrt am Ufer des Rheins. Diese Strecke zählt zu den reizvollsten in ganz Südbaden. Bei Rhein-Kilometer 210,4 verlassen wir den Fluß auf der Straße nach rechts, unterqueren die Autobahn und folgen der nächsten Querstraße nach links an der Weinstetter Mühle vorbei hinein nach *Bremgarten,* das wir auf seiner Hauptstraße durchfahren. Am Ortsende biegen wir links ab (Wegweiser: Bad Krozingen).

Durch *Schlatt:* Am Ende der Bremgartener Straße rechts in die Lazariterstraße und dann nach links mit der Biengener Straße ortsauswärts. Etwa 400 Meter nach dem Ortsende biegen wir an der Kreuzung rechts ab. Vor dem ersten Haus von *Bad Krozingen* wechseln wir zum Radweg links von der Straße, kommen auf der Herbert-Hellmann-Allee in das Kurgebiet und geradeaus auf der Allee durch den Kurpark (absteigen und das Rad schieben!).

Weiter: Unter der Bahn durch, durch die Schlatter Straße mit all ihren Kurven, über den Lammplatz, rechts und gleich wieder links in die Joseph-vom-Stein-Straße, an ihrem Ende links über den Bach und nach rechts durch die Schwarzwaldstraße mit all ihren Windungen (eine Tafel zeigt uns nach links den Weg zum Glöcklehof mit der Kapelle), an ihrem Ende nach rechts durch die Josefstraße und bei der Kapelle nach rechts versetzt durch die Schmidhofener Straße hinaus in die Fluren. Den Ortsteil *Schmidhofen* durchfahren wir auf der Felix-und Naborstraße.

Den Stadtteil *Gallenweiler* durchqueren wir auf der Schmidhofener Straße. Unmittelbar vor *Heitersheim* haben wir den einzigen kurzen Anstieg der ganzen Tour. Durch die Stadt: Am Ordensschloß vorbei, dann nach rechts auf der Hauptstraße in die Stadtmitte, am Alten Rathaus rechts durch die Eisenbahnstraße, nach dem Überqueren der Bundesstraße kreuzen wir auf dem zweiten Steg den Bach, fahren geradeaus durch die Hebelstraße, an ihrem Ende rechts in den Grißheimer Weg und später nach links auf dem Kreuzmattenweg in die Felder.

Auf einem befestigten Weg erreichen wir *Seefelden:* Am Ende der Wiesenstraße biegen wir links in die Kirchstraße, unterqueren die Bundesstraße, dann geradeaus durch die Weingartenstraße und in der Ortsmitte rechts durch die Schulstraße. Auf dem Radweg parallel zu ihr nach *Buggingen:* Durch die Gartenstraße, geradeaus durch den Hans-Thoma-Weg, an dessen Ende rechts durch den Breitenweg und nach den letzten Häusern beginnt links der Radweg, der später nach links parallel zur Bundesstraße weiter verläuft.

Bald danach durchfahren wir den Müllheimer Stadtteil *Hügelheim* und wo der Radweg an der Kreuzung vor *Müllheim* endet, fahren wir auf der Bundesstraße weiter bis zum Hotel »Kreuz«, wo wir vor der Eisenbahnstraße den nach rechts zum Bahnhof führenden Radweg benützen.

35 (Badenweiler –) Müllheim – Neuenburg – Grißheim – Heitersheim – Seefelden – Buggingen – Hügelheim – Müllheim (– Badenweiler)

Verkehrsmöglichkeiten Müllheim ist Bahnstation an der Strecke Freiburg – Basel. Müllheim und Badenweiler sind über die Autobahnabfahrt Müllheim zu erreichen.
Parkmöglichkeiten In Oberweiler, Stadtteil von Badenweiler, am Sportbad. In Müllheim am Bahnhof.
Tourenlänge (46) 32 km.
Fahrzeit (3¾) 2¾ Stunden.
Höhenunterschiede Vom Bahnhof Müllheim bis Badenweiler-Oberweiler 110 Meter auf 7 Kilometer; ansonsten eben.
Karten (Topographische Karte RW 1:50000 Freiburg-Süd);

Topographische Karte ohne Radwege 1:50000 Müllheim; 1:200000 Generalkarte Blatt 24 oder 21/24.

Wissenswertes Müllheim und Hügelheim siehe Tour 34. Neuenburg siehe Tour 33. Heitersheim siehe Tour 31.

Bereits die Römer nutzten die Thermalquellen von *Badenweiler.* 77 n. Chr. bauten sie eine Badeanlage mit den Ausmaßen 96×45 Meter. Ihre Ruinen wurden 1784 zufällig wiederentdeckt. Nach dem Einfall der Alemannen kamen die Thermen in Vergessenheit. Im 16. Jahrhundert wurden die Heilquellen nachweislich wieder genutzt. Das heutige Stadtbild wird hauptsächlich geprägt von Bauten des 19. Jahrhunderts.

Tourenbeschreibung Ab Sportbad in *Badenweiler,* Stadtteil *Oberweiler:* Nach Westen die Weilertalstraße hinunter. Am Ortsende beginnt links der Radweg. Er leitet uns später in den Müllheimer Stadtteil *Niederweiler,* den wir ebenfalls auf der Weilertalstraße durchfahren. Danach beginnt wieder der Radweg, der uns nach *Müllheim* leitet: Durch die Werderstraße und deren Fortsetzung, der Hauptstraße mit ihren Windungen, am Ende der Allee am Stadtende nach rechts auf dem Radweg zum Bahnhof, wobei unterwegs die Bundesstraße zu kreuzen ist.

Unter der Bahn durch und wie bei Vorschlag 34 durch *Neuenburg* und auf den Rheindamm, auf dem wir 7 Kilometer fahren, um ihn dann nach rechts auf der Straße nach *Grißheim* zu verlassen: Über die Autobahn, vor dem Sportplatz geradeaus durch die Rheinstraße und mit ihr links hinauf, an der Kreuzung geradeaus durch die Obere Kirchstraße, an ihrem Ende rechts in

die Bugginger Straße und gleich wieder links durch die Heitersheimer Straße aus dem Ort hinaus.

Nach zwei Kilometern ohne Radweg biegen wir in einer langgezogenen Linkskurve rechts in den Wirtschaftsweg (vor uns ein Hochspannungsmast) und fahren auf den Schwarzwald zu. Nach dem Unterqueren der Bahn erreichen wir *Heitersheim* auf dem Grißheimer Weg. In die Stadt: Später links in die Hebelstraße, an ihrem Ende auf dem Steg über den Bach, rechts ab, über die Bundesstraße, durch die Eisenbahnstraße in die Stadtmitte. Weiter nach Müllheim: Gleich am Beginn des Grißheimer Weges rechts durch den Kreuzmattenweg aus der Stadt in die Felder.

Durch *Seefelden, Buggingen* und *Hügelheim* nach *Müllheim* zum Bahnhof wie bei Tour 34.

Nach *Badenweiler:* An der Kreuzung vor Müllheim links ab und am Stadtende rechts und wieder links in den Stadtteil *Niederweiler,* den wir auf der Weilertalstraße durchfahren. Am Ortsende nach rechts parallel zur Straße nach *Oberweiler* und auf der Weilertalstraße zum Sportbad zurück.

36 Neuenburg – Auggen – Schliengen – Bad Bellingen – Neuenburg

Verkehrsmöglichkeiten Neuenburg ist Bahnstation an der Strecke von Müllheim nach Mühlhausen/Frankreich und besitzt eine Autobahnabfahrt.
Parkmöglichkeiten In Neuenburg am Bahnhof.
Fahrradbahnhof Bad Bellingen.
Tourenlänge 29 km.
Fahrzeit Gut 2½ Stunden.
Höhenunterschiede Ab Auggen 50 Meter auf 500 Meter. Ab Schliengen 130 Meter auf 1,8 Kilometer.
Karten Topographische Karte ohne Radwege 1:50000 Müllheim und mit Radwegen Lörrach; 1:200000 Generalkarte Blatt 24 oder 21/24.
Anmerkung Diese Tour führt einerseits durch die Weinberge mit großartiger Aussicht vom Schwarzwald über die Rheinebene zu den Vogesen, wobei ein wenig Anstrengung erforderlich ist, und andererseits auf ebenem Weg durch die beschaulichen Auwälder am Rheinufer.
Wissenswertes Neuenburg siehe Tour 33.

Mitten im Weinort *Schliengen* steht das Wasserschloß Entenstein, heute Rathaus; seine Anfänge reichen bis etwa 1400 zu-

Zu Tour 36, 37, 48 Auf dem **Rheindamm bei Bad Bellingen.**
(Foto: Heinz Wittner)

rück; es wurde von seinen späteren Besitzern, den Bischöfen von Basel und den Herren von Andlau, mehrfach umgestaltet. Langhaus und Chor der katholischen Pfarrkirche stammen von 1753, während der Turm noch mittelalterlich ist.

Mit der 1956 erbohrten Thermalquelle gehört *Bad Bellingen* zu den jüngsten Rheumabädern Deutschlands. Das heutige Rathaus wurde 1590 als Schloß der Grafen von Andlau erbaut. Der Chor der katholischen Pfarrkirche wurde 1624 erbaut; Turm und Langhaus sind 1783 entstanden.

Tourenbeschreibung Ausgangspunkt Bahnhof *Neuenburg:* Nach Westen parallel zur Bahn »Beim Bahnhof«, über den Bahnübergang, am Ende der Ölstraße links in die Basler Straße, in der Kurve links in den Sägeweg (Wegweiser: Sägewerk) und auf dem befestigten Weg stadtauswärts.

Vor der Bahn rechts und nach links über die Bahnbrücke. Später kreuzen wir die Bundesstraße (besondere Vorsicht!) und biegen an den Weinbergen rechts hinein nach *Auggen:* Am Ende der Sonnenbergstraße rechts in die Hauptstraße, am Rathaus links ab, gleich nochmals links und rechts die Leiergasse hinauf. Nach den letzten Häusern links weiter aufwärts bis zur nächsten Kreuzung. Hier rechts ab mit dem Wegweiser »Mauchen«. Die Strapazen des Aufstiegs werden mit einer großartigen Aussicht belohnt.

Mauchen durchfahren wir auf der Auggener Straße. Sie mündet später in eine Straße, die uns nach *Schliengen* bringt: Am

Ende der Mauchener Gasse über den Marktplatz und geradeaus in die Eisenbahnstraße und später links in die Bellinger Straße, an der Abzweigung bei der Kapelle links und dann mit dem Wegweiser »Hertingen« geradeaus hinauf auf die Höhe.

Auch hier haben wir wieder einen herrlichen Rundblick. Wo wir auf dem höchsten Punkt des Haberberges (369 m) angelangt sind, biegen wir am Wasserreservoir rechts hinunter (Wegweiser: Berghofstüble). Anfangs verläuft der Weg noch in westlicher Richtung, schwenkt dann in einem Linksbogen durch die Weinberge hinunter nach *Bad Bellingen:* Im Verlauf der Markus-Ruf-Straße unterqueren wir die Bahn, biegen rechts in die Rheinstraße, in deren Rechtskurve links die Badstraße hinunter, dann rechts durch »Im Mittelgrund«, nach links mit dem Wegweiser »Sportplatz« und nach dem Unterqueren der Autobahn nach rechts auf dem Rheindamm weiter.

Nach fünf Kilometern unterqueren wir die Autobahn nach Frankreich. 200 Meter, nachdem wir unter der Neuenburger Rheinbrücke durchgekommen sind, verlassen wir den Damm nach rechts, unterfahren Autobahn und Straße, an der Kreuzung geradeaus durch die Anlagen nach *Neuenburg:* Von der Münstergasse rechts in die Breisacher Straße, an der Ampel geradeaus durch die Basler Straße, über die Bahn, nach links nochmals über die Bahn und nach rechts zum Bahnhof.

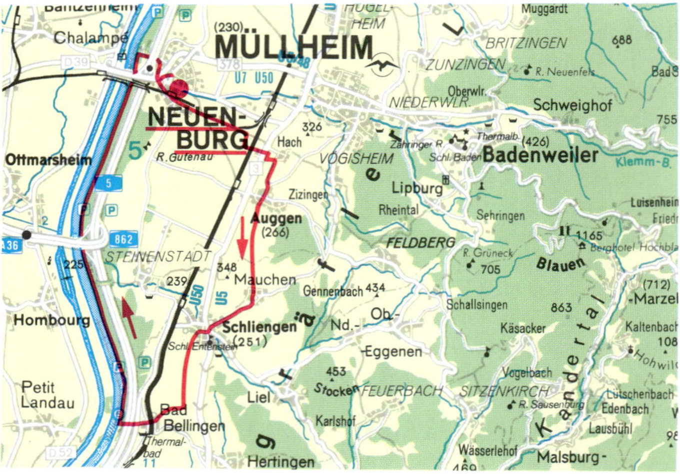

37 Bad Bellingen – Bamlach – Efringen-Kirchen – Bad Bellingen

Verkehrsmöglichkeiten Bad Bellingen ist Bahnstation an der Strecke Freiburg – Basel und ist über die Autobahnabfahrten Neuenburg oder Efringen-Kirchen zu erreichen.
Parkmöglichkeiten Zu beiden Seiten der Bahn im Bereich des Bahnhofs Bad Bellingen.
Fahrradbahnhof Bad Bellingen.
Tourenlänge 27 km.
Fahrzeit Knapp 2½ Stunden.
Höhenunterschiede 85 Meter auf 2 Kilometer von Bad Bellingen über Bamlach auf den Kreuzbuck. Später noch ein wenig welliges Gelände; dann Steilabfahrt nach Efringen-Kirchen und weiter eben.
Karten Topographische Karte RW 1:50000 Lörrach; 1:200000 Generalkarte Blatt 24 oder 21/24.
Anmerkung Die erste Hälfte der Tour erfordert etwas Schweiß, entschädigt jedoch mit herrlicher Aussicht und die zweite Hälfte führt eben durch stille Auwaldungen.
Wissenswertes Bad Bellingen siehe Tour 36.

Die evangelische Kirche in *Blansingen* ist in ihrem Kern romanisch; Chor, Langhaus und Turm wurden seit 1497 mehrfach erweitert; im Innern wurden hervorragende Wandmalereien aus der Zeit um 1440 freigelegt.

Tourenbeschreibung Ab Bahnhof *Bad Bellingen:* Den Legatenbuck hinunter, nach links auf der Rheinstraße durch das Dorf; etwa 600 Meter nach den letzten Häusern biegen wir links unter der Bahn durch und kommen in den Ortsteil *Bamlach:* Auf der Hauptstraße am Brunnen rechts ab, geradeaus weiter und wo am Ortsende die Hauptstraße rechts hinunterbiegt, fahren wir geradeaus auf der Römerstraße am Campingplatz vorbei.

Bei allen weiteren Abzweigungen bleiben wir auf dem in südlicher Richtung verlaufenden Weg. *Blansingen* durchfahren wir auf dem Gänsmattenweg und dessen Fortsetzung, der Römerstraße. An der Kreuzung am Ortsende geradeaus weiter mit dem Wegweiser »Huttingen«. Etwa 300 Meter nach dem Passieren des Huttinger Friedhofs müssen wir achtgeben! Wir fahren nicht mehr geradeaus weiter, sondern biegen links ab. Am Ende dieses Weges rechts ab und vor dem Militärgelände links den Betonweg hinauf und oben über die Höhe weiter.

Bevor sich unser Weg steil durch die Weinberge hinunterwindet, überblicken wir das Industriedreieck des Baseler Beckens

und sehen bei klarem Wetter das Alpenpanorama vor uns. Durch *Efringen-Kirchen:* Am Ende der Straße »Im Lügle« rechts in die Enge Talstraße, an deren Ende links in den Weingartenweg und rechts unter der Bahn durch, geradeaus durch den »Steingarten«, halbrechts in die Bahnhofstraße und an der nächsten Kreuzung links mit der Markgrafenstraße hinaus. Draußen kreuzen wir die Landesstraße, und bevor uns die Auwaldungen aufnehmen, erblicken wir rechts das geschichtsträchtige Kreidemassiv des Isteiner Klotzes.

Nach dem Unterqueren der Autobahn erreichen wir den Rheindamm, dem wir nach rechts flußabwärts folgen. Gleich sehen wir im seichten Flußlauf eines der Felsenriffe, die noch in unserem Jahrhundert bei Niedrigwasser die Rheinschiffer das Fürchten lehrten. Im weiteren Verlauf wäre die Idylle perfekt, würde nicht die Autobahn in der Nähe verlaufen. Später erblikken wir rechts riesige Kalksteinbrüche und bald danach zwängt sich das Dörfchen Kleinkems in eine Nische unterhalb der Weinberge. Von Rheinweiler bis Bad Bellingen verläuft unser Radweg unmittelbar neben der Autobahn.

Bei Rhein-Kilometer 189,3 verlassen wir das Rheinufer und biegen beim Sportplatz rechts ab, unterqueren die Autobahn und biegen in *Bad Bellingen* rechts in die Straße »Im Mittelgrund«. Weiter: Am Ende der Straße links durch die Badstraße, an deren Ende rechts in die Rheinstraße und später links den Legatenbuck hinauf zum Bahnhof.

38 Zu beiden Seiten des Rheins II Neuenburg – Weil-Friedlingen – Village-Neuf – Rosenau – Schaeferhof – Ottmarsheim – Bantzenheim – Chalampé – Neuenburg

Verkehrsmöglichkeiten Neuenburg ist Bahnstation an der Strecke Müllheim – Mühlhausen/Frankreich und besitzt einen Autobahnanschluß.
Parkmöglichkeiten In Neuenburg am Bahnhof.
Jugendherberge Lörrach-Stetten, Am Steinenweg.
Fahrradbahnhof Bad Bellingen.
Tourenlänge 66 km.
Fahrzeit 5½ Stunden.
Höhenunterschiede Keine.
Karten Topographische Karte ohne Radwege 1:50000 Müllheim und mit Radwegen Lörrach; 1:200000 Generalkarte Blatt 24 oder 21/24.
Anmerkung Bei der Fahrt auf der deutschen Seite werden keine Ortschaften berührt, jedoch liegen viele Dörfer nur wenige hundert Meter neben der Fahrtroute. Personalausweis nicht vergessen!
Wissenswertes Neuenburg siehe Tour 33.

In *Ottmarsheim* befindet sich mit der Kirche St. Peter und Paul das bedeutendste frühromanische Bauwerk im Elsaß; sie wurde 1049 durch den elsässischen Papst Leo IX. geweiht.

Tourenbeschreibung Ab Bahnhof *Neuenburg:* Nach Westen an der Bahn entlang, über den Bahnübergang durch die Ölstraße, an deren Ende rechts in die Basler Straße bis zur Ampel, hier links hinunter zur Kreuzung vor der Stadt auf den Radweg gegenüber parallel zur Straße, unter der Straße und der Autobahn durch und auf dem Rheindamm nach links.

Genau 25 Kilometer bleiben wir auf dem Rheindamm, wobei wir die Autobahn nach Frankreich unterqueren und die Dörfer Bad Bellingen, Rheinweiler, Kleinkems und Istein liegen sehen. In Höhe von Efringen-Kirchen kommen wir an einem großen Rastplatz mit Grillstelle und Kinderspielplatz vorüber. Am *Stauwehr Märkt,* wo der Rheinseitenkanal abzweigt, biegen wir links in die Straße, um gleich darauf bei der Gaststätte rechts abzubiegen. Unser Weg verläuft jetzt unterhalb des Dammes. Einen Kilometer weiter verlassen wir den Damm, biegen über ein Brückchen, unterqueren die Straße und fahren nach rechts parallel zu ihr auf dem Radweg weiter.

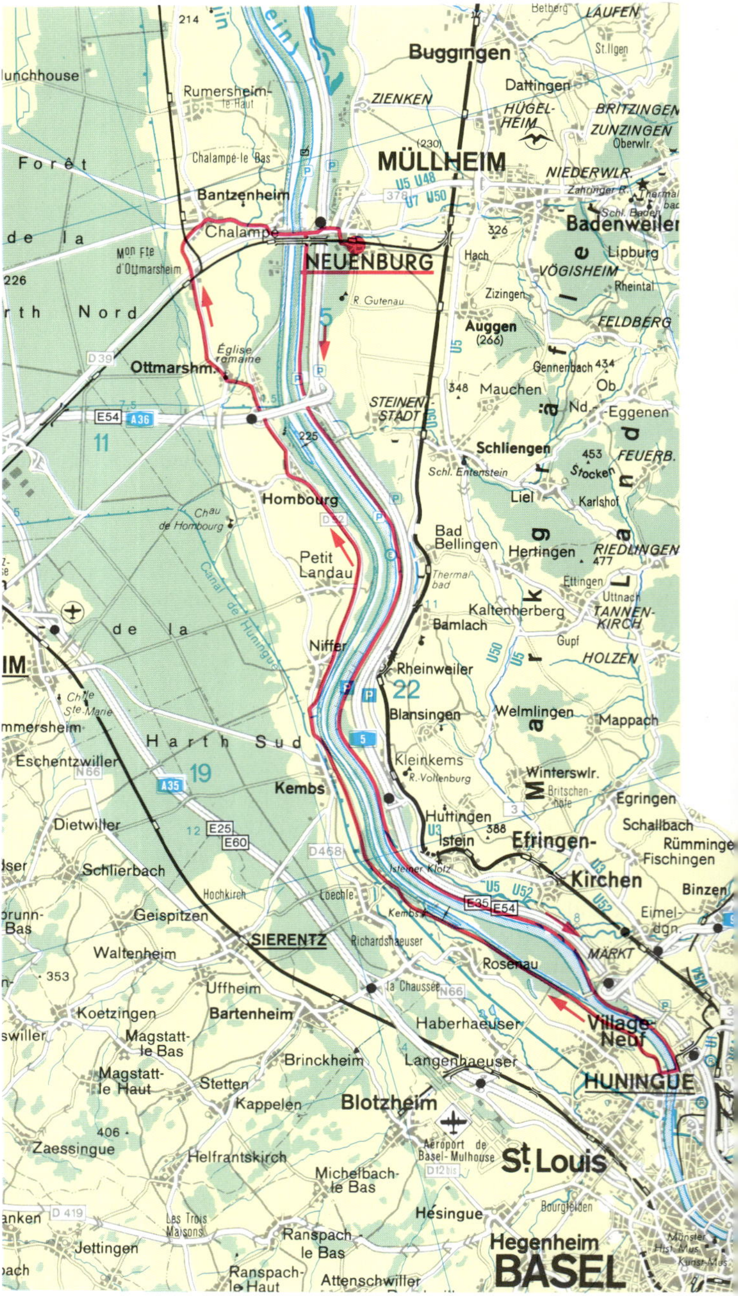

NEUENBURG
MÜLLHEIM
Buggingen
LAUFEN
Betberg
St.Ilgen
Dattingen
ZIENKEN
HÜGELHEIM
BRITZINGEN
ZUNZINGEN
Oberwlr.
NIEDERWLR.
Zähringer R.
Thermalbad
Schl. Baden
Badenweiler
Lipburg
VÖGISHEIM
Rheintal
FELDBERG
Hach
Zizingen
Auggen
(266)
R. Gutenau
Gennenbach
Mauchen
Ob
Nd.
Eggenen
STEINENSTADT
Schliengen
Schl. Entenstein
Stocken
FEUERB.
Karlshof
Liel
Bad Bellingen
Hertingen
RIEDLINGEN
Thermalbad
Ettingen
Uttnach
TANNENKIRCH
Kaltenherberg
Bamlach
Gupf
HOLZEN
Rheinweiler
Blansingen
Welmlingen
Mappach
Kleinkems
R. Vollenburg
Winterswlr.
Britschenhöfe
Egringen
Schallbach
Rümminge
Fischingen
Huttingen
Istein
Isteiner Klotz
Efringen-Kirchen
Binzen
Eimeldgn.
MÄRKT
Markgräfler Land
Rumersheim-le-Haut
Chalampé-le Bas
Bantzenheim
Chalampé
Mon Fte d'Ottmarsheim
Munchhouse
Forêt de la Harth Nord
Église romaine
Ottmarshm.
Hombourg
Chau de Hombourg
Petit Landau
Canal de Huningue
Niffer
de la
Harth Sud
Kembs
Eschentzwiller
Dietwiller
Schlierbach
Hochkirch
Loechle
Geispitzen
SIERENTZ
Richardshaeuser
Waltenheim
Uffheim
la Chaussée
Koetzingen
Bartenheim
Haberhaeuser
Rosenau
Village-Neuf
HUNINGUE
Magstatt-le Bas
Magstatt-le Haut
Brinckheim
Langenhaeuser
Stetten
Kappelen
Blotzheim
Zaessingue
Helfrantskirch
Aéroport de Basel-Mulhouse
St Louis
Michelbach-le Bas
Hésingue
Bourgfelden
Les Trois Maisons
Ranspach le Bas
Jettingen
Ranspach-le Haut
Attenschwiller
Hegenheim
BASEL
Münster
Hist. Mus.
Kunst-Mus.
E54
A36
D39
E35
A35
E25
E60
N66
D468
D52
D419
D12 bis
U5 U48
U7 U50

Dem Radwegweiser »Frankreich« folgend fahren wir rechts hinauf und überqueren auf der Palmrainbrücke den Rhein und kommen in das Elsaß. Etwa 500 Meter nach der Brücke biegen wir rechts ab und folgen dem in Rheinnähe verlaufenden Sträßchen, wobei wir nacheinander die Ortsränder von *Village-Neuf, Rosenau* und *Schaeferhof* passieren. In allen drei Orten bestehen Einkehrmöglichkeiten an unserer Straße. Nachdem wir links Kembs liegen sehen, schwenkt unser Sträßchen in die Autostraße ein, die wir bald nach dem Überqueren des Kanals wieder nach rechts verlassen. Nacheinander sehen wir links Niffer, Petit Landau und Hombourg liegen.

Später folgen wir den Wegweisern »Ottmarsheim«. Etwa 700 Meter, nach dem Unterqueren der Autobahn, fahren wir mit dem Wegweiser »Ottmarsheim Centre« nach links in das Dorf *Ottmarsheim:* Auf der Rue du Rhin in den Ort mit der romanischen Basilika und nach rechts auf der Rue du Général de Gaulle aus dem Dorf hinaus.

In *Bantzenheim:* Wir kreuzen auf der Rue de Bâle Bahn und Stoppstraße, biegen an der Ampel in der Ortsmitte rechts in die Rue de Général de Gaulle (Wegweiser: Chalampé), die mit vielen Windungen aus dem Ort hinaus nach *Chalampé* führt. Hier: Auf der Avenue P. E. Lucas und am Ortsende nach rechts mit dem Wegweiser »Pont du Rhin« und nach links wieder über den Rhein zurück.

An der Kreuzung (Ampel) vor *Neuenburg* rechts ab, an der nächsten Kreuzung in der Stadt geradeaus in die Müllheimer Straße und die zweite Straße rechts zum Bahnhof zurück.

39 Neuenburg – Bantzenheim – Hardtwald – Kembs – Ottmarsheim – Bantzenheim – Chalampé – Neuenburg

Verkehrsmöglichkeiten Neuenburg ist Bahnstation an der Strecke Müllheim – Mühlhausen/Frankreich und besitzt Autobahnanschluß.
Parkmöglichkeiten Am Bahnhof Neuenburg.
Tourenlänge 54 km. **Fahrzeit** 4½ Stunden.
Höhenunterschiede Keine.
Karten Topographische Karte ohne Radwege 1:50000 Müllheim und mit Radwegen Lörrach; oder Topographische Karte 1:100000 der ign France St. Dié – Mulhouse – Bâle; 1:200000 Generalkarte Vogesen/Elsaß.

Anmerkung Personalausweis nicht vergessen!
Wissenswertes Neuenburg und Bantzenheim siehe Tour 33. Ottmarsheim siehe Tour 38.
Tourenbeschreibung Ab Bahnhof *Neuenburg:* Nach rechts (Norden) und auf der Müllheimer Straße nach links, an der Ampel geradeaus aus der Stadt, an der folgenden Kreuzung (Ampel) links ab und mit dem Wegweiser »Frankreich« über die Rheinbrücke.

Dahinter biegen wir rechts hinein nach *Chalampé:* Am Ende der Avenue de la Gare nach links durch die Avenue P. E. Lucas und weiter nach *Bantzenheim:* Durch die kurvenreiche Rue du Général de Gaulle, an ihrem Ende geradeaus über die Kreuzung und auf der Rue de Battenheim ortsauswärts. 5 Kilometer weiter, nach einer Fahrt durch den Wald, biegen wir links in die Straße Richtung Mulhouse. Am Ende dieser Straße fahren wir erst geradeaus mit dem Wegweiser »Mulhouse«, biegen jedoch

gleich rechts ab (Wegweiser: Rixheim – Peugeot Est) und halten uns nachher an die Beschilderung »Ottmarsheim«.

Wo diese Straße endet, biegen wir rechts ab und überqueren den Kanal und fahren nach 200 Metern scharf links hinunter, um vor dem Kanal nach rechts für fast 7 Kilometer geradeaus durch den Wald zu fahren. Wo wir unter der Hochspannungsleitung zur breiten Distriktsstraße kommen, biegen wir links ab und erreichen so *Kembs* auf der Rue de Habsheim, biegen an ihrem Ende rechts in die Rue Maréchal Foch und nach der Kirche links in die Rue Paul Bader. Nach dem Überqueren der Zugbrücke kommen wir zum Sträßchen am Rhein, dem wir nach links folgen.

Wie bei Tour 38 fahren wir über *Ottmarsheim, Bantzenheim* und *Chalampé* zurück nach *Neuenburg.*

40 Efringen-Kirchen – Weil-Friedlingen – Basel – Lörrach – Tüllingen – Weil am Rhein – Haltingen – Eimeldingen – Efringen-Kirchen

Verkehrsmöglichkeiten Efringen-Kirchen ist Bahnstation an der Strecke Freiburg – Basel und besitzt Autobahnanschluß.
Parkmöglichkeiten Am Bahnhof Efringen-Kirchen.
Jugendherberge Lörrach-Stetten, Am Steinenweg.
Fahrradbahnhof Bad Bellingen.
Tourenlänge 34 km.
Fahrzeit Knapp 3 Stunden.
Höhenunterschiede 80 Meter auf 1,5 Kilometer von Lörrach nach Tüllingen; ansonsten eben.
Karten Topographische Karten RW 1:50000 Lörrach und Weil am Rhein; 1:200000 Generalkarte Blatt 24 oder 21/24.
Anmerkung Personalausweis nicht vergessen!
Wissenswertes *Basel* liegt in einer Region, die bereits zur Zeit der Kelten und Römer dicht besiedelt war. Als »Basilea« wurde es bereits 375 n. Chr. erwähnt. Gegen Ende des 5. Jahrhunderts dem Frankenreich einverleibt, fiel es 912 an Burgund und 1032 an das Deutsche Reich. Als freie Reichsstadt schloß es sich 1501 der Schweizer Eidgenossenschaft an. Im 16. Jahrhundert war es Zentrum der Reformation. Da es über Jahrhunderte keine Kriege zu erleiden hatte, konnte die herrliche Altstadt über die Zeiten gerettet werden. Hier soll lediglich das Münster hervorgehoben werden, ein romanisch-gotischer Bau; es weist im Innern

Zu Tour 40, 48, 49, 58 **Basel,** Ausblick vom Turm des Münsters.
(Foto: Klaus Puntschuh)

u. a. die Grabdenkmäler der Kaiserin Anna von 1281 und des Humanisten Erasmus von Rotterdam (1536) auf.

Lörrach erscheint 1083 erstmals als »Lerchenowe« in einer Urkunde, erhielt 1403 Markt-und 1682 Stadtrechte. Die evangelische Stadtkirche, deren Turm von 1514 stammt, wurde 1815/1817 in klassizistischem Stil erbaut. Im gleichen Baustil entstand 1821/1823 im Stadtteil *Stetten* die katholische Pfarrkirche St. Fridolin.

Tourenbeschreibung Ab Bahnhof *Efringen-Kirchen:* Nach Norden die Bahnhofstraße hinunter und an der Kreuzung nach links auf der Markgrafenstraße aus dem Ort. Nach dem Kreuzen der Landesstraße und dem Unterfahren der Autobahn kommen wir zum Rheindamm, auf dem wir nach links weiterfahren. Nach einer Strecke von 5 Kilometern kommen wir an einem großen Rastplatz mit Grillstelle und Kinderspielplatz vorbei. 1,5 Kilometer danach erreichen wir das *Stauwehr Märkt,* wo der Rheinseitenkanal abzweigt.

Hier biegen wir links in die Straße, um gleich darauf bei der Gaststätte wieder rechts hinunterzufahren. Unser Weg verläuft jetzt unterhalb des Dammes. Einen Kilometer weiter verlassen wir den Damm, biegen über ein Brückchen, unterqueren die Straße und fahren parallel zu ihr auf dem Radweg nach rechts (Süden) weiter.

Später unterqueren wir im Industriegebiet von *Weil-Friedlingen* die über den Rhein führende Palmrainbrücke und fahren parallel zur Alten Straße geradeaus weiter bis kurz vor ihrem Ende, wo wir halbrechts in die Riedlistraße biegen. Weiter: An der Ampel geradeaus durch die Grenzstraße, später rechts in die Obere Schanzstraße und an ihrem Ende links in die Zollstraße.

Hier passieren wir auch sogleich die Grenze zur Schweiz und sind in *Basel-Kleinhüningen:* Die Hiltalinger Straße hinauf, an ihrem Ende geradeaus durch die Kleinhüninger Anlage, an deren Ende kreuzen wir im Zuge der Gärtnerstraße die Wiesenbrücke und biegen gleich dahinter links ab in den Wiesendamm. Wir bleiben geradeaus und folgen dem Radweg, der neben der Wiese verläuft (Wegweiser: Lange Erlen). Weiter durch *Kleinbasel:* Wir unterqueren ein Gewirr von Straßen-und Eisenbahnbrücken (hier zeigt uns der Radwegweiser »Bad. Bahnhof« den Weg in die Stadtmitte), hier kommen wir zum Tierpark »Lange Erlen«, biegen vor der Eisenbahnbrücke links ab, durchfahren einen Teil des Zoos, passieren noch im Bereich des Tiergartens den Baseler Waldlehrgarten und fahren auf dem für den Autoverkehr gesperrten Erlenpark weiter, der in etwa 50 Meter Abstand parallel zur Wiese verläuft, die dem Rhein zustrebt. Später müssen wir kurzzeitig auf die andere Seite eines Baches wechseln. An der Schleuse geht es geradeaus durch den Wildschutzweg und weiter auf der Wiesendammpromenade. Bald kreuzen wir die von Deutschland kommende Straße, bleiben an der Wiese auf dem Weg »Am Wiesengriener« und kommen gleich darauf zum Zollhäuschen (hier dürfen keine zollpflichtigen Waren mitgeführt werden!).

Nun sind wir wieder in Deutschland, und zwar in *Lörrach:* Geradeaus unter der Bahn durch in die Wiesentalstraße (hinter der Brücke geht rechts der gut beschilderte Radweg zur Jugendherberge ab) bis zur Brücke über die Wiese (rechts ab in die Stadtmitte), wo wir mit dem Wegweiser »Tüllingen« nach links wechseln, drüben halblinks die »Steghalden« hinauf, am Ende links auf der Tüllinger Straße nach *Tüllingen,* das wir auf der Dorfstraße durchfahren; schöner Blick über das Wiesental.

Wo nach dem Dorf die Straße in einer S-Kurve verläuft, fahren wir links unter ihr durch und steil durch die Rebhänge hin-

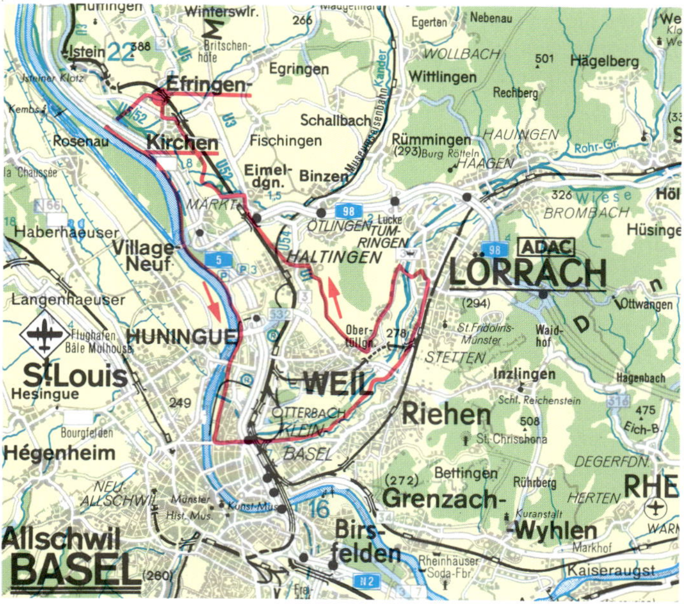

ab. Durch *Weil am Rhein:* Am Ende der Röhriggasse rechts die Lörracher Straße hinunter, an deren Ende rechts in die Hauptstraße, gleich darauf an der Kirche rechts in den Bläsiring, geradeaus durch die Domhofstraße und am Friedhof vorbei auf dem Radweg nach *Haltingen:* Am Ende des Weilwegs geradeaus durch die Großegass, an deren Ende schräg nach rechts über die Bundesstraße in den Eimeldinger Weg (an der Bahn sind Loks und Wagen eines Eisenbahnmuseums-Vereins abgestellt); wir bleiben rechts von der Bahn.

Durch *Eimeldingen:* Am Ende des »Rebacker« kreuzen wir die Bundesstraße, geradeaus durch den Haltinger Weg, an seinem Ende rechts in die Hauptstraße bis zum Brunnen und nach links auf dem Dröschiweg wieder aus dem Ort hinaus. Wir unterqueren die Bahn, durchfahren eine aufgelassene Kiesgrube und fahren nach links parallel zur Bahn weiter.

Vor der Straßenbrücke biegen wir links ab und kommen wieder nach *Efringen-Kirchen:* Auf der Basler Straße bis zur Roßkastanie am Brunnen und geradeaus durch die Friedrich-Rottra-Straße (an der Linde halblinks und später eine Straße kreuzen) zurück zum Bahnhof.

41 Vom Rhein zur Elsässischen Weinstraße I Breisach – Vogelsheim – Neuf-Brisach – Wolfgantzen – Appenwihr – Sundhoffen – Colmar – Eguisheim – Ste. Croix-en-Plaine – Weckolsheim – Vogelsheim – Breisach

Verkehrsmöglichkeiten Breisach ist Endstation einer Bundesbahnstrecke und der Kaiserstuhlbahn aus Riegel; Autobahnabfahrt Riegel oder Freiburg-Mitte.
Parkmöglichkeiten Am Bahnhof Breisach.
Jugendherbergen Breisach, Münsterbergstraße 30–32; Colmar, 2 Rue Pasteur.
Fahrradbahnhof Breisach.
Tourenlänge 58 km.
Fahrzeit Knapp 5 Stunden.
Höhenunterschiede Keine.
Karten Topographische Karte 1:100000 der ign France »St. Dié – Mulhouse – Bâle«; 1:200000 Generalkarte Vogesen/Elsaß.
Anmerkung Personalausweis nicht vergessen!
Wissenswertes Breisach siehe Tour 22. Neuf-Brisach siehe Tour 33.

Colmar entstand an der Stelle einer römischen Siedlung. Als es 823 erstmals als »Columbarium« erwähnt wird, ist es bereits Verwaltungssitz mit einem Königshof. Unter Barbarossa wird es ummauert, tritt 1254 dem Rheinischen Städtebund bei, erhält 1278 Stadtrechte und erklärt 1354 seinen Beitritt zum Elsässischen Zehnstädtebund. Die Altstadt ist ein Kleinod mittelalterlicher Baukunst. Alle Sehenswürdigkeiten der Stadt hier aufzulisten würde zu weit führen. Besonders hervorzuheben ist das frühere Dominikanerinnenkloster Unterlinden, heute Museum, dessen Glanzstücke der Isenheimer Altar von Mathias Gothard Neidhart, genannt »Grünewald«, und die Tafeln von Martin Schongauer sind.

Eguisheim (Egisheim) war einst Stammsitz des bedeutenden Grafengeschlechtes derer von Egisheim, aus dessen Linie Graf Bruno Bischof von Toul und später als Leo IX. Papst wurde. Im Mittelpunkt der fast kreisrunden Altstadt stand die achteckige Grafenburg, von der fast nur noch Mauerwerk zeugt. Der Stadtkern gehört zu den malerischsten im Elsaß.

Tourenbeschreibung Ab Bahnhof *Breisach:* Nach Westen und am Ende der Bahnhofstraße links und nach rechts über die

Zu Tour 33, 41, 64 **Neuf-Brisach, Festung.** (Foto: Heinz Wittner)

Rheinbrücke. Dahinter, im Bereich der Hochspannungsleitung, rechts ab nach *Vogelsheim:* Am Ende der Route de la Forêt Noire nach links in die Rue de la Paix, am Ortsende nach rechts auf der Rue de Neuf-Brisach an den Kasernen vorbei und in der Nähe des Wasserturms rechts weiter.

Wir halten uns links und fahren in einem großen Bogen um den Festungsgürtel, kreuzen die Bahn, durchfahren die Festung und sind in *Neuf-Brisach:* Am Ende der Rue de Strasbourg bei der Kirche nach rechts um den Place d'Armes de Général de Gaulle, nach rechts durch die Rue de Colmar und wir verlassen das Städtchen durch den Festungsgürtel.

Rund einen Kilometer lang fahren wir auf der stark befahrenen Nationalstraße auf das vor uns liegende *Wolfgantzen* zu: Auf der Rue Principale bis zum Ortsende, wo wir nach links auf der Route d'Appenwihr weiterfahren. In *Appenwihr* biegen wir an der Abzweigung rechts in die Rue de Sundhoffen. Durch *Sundhoffen:* Durch die Grand' Rue und deren Fortsetzung, der Route de Neuland wieder hinaus.

Durch *Colmar:* Am Ende der Rue de la Semm halbrechts auf der Route de Bâle in die Altstadt, durch die Rue Turenne (Krütendi), an der Kirche halblinks durch die Rue Bruat, links in die Rue de la Gare, nach rechts über die Bahn und dahinter links und wieder rechts in die Avenue de la Liberté, halblinks durch die Avenue du Général de Gaulle und geradeaus weiter durch die Route de Wintzenheim. Gegen Ende der Bebauung fahren

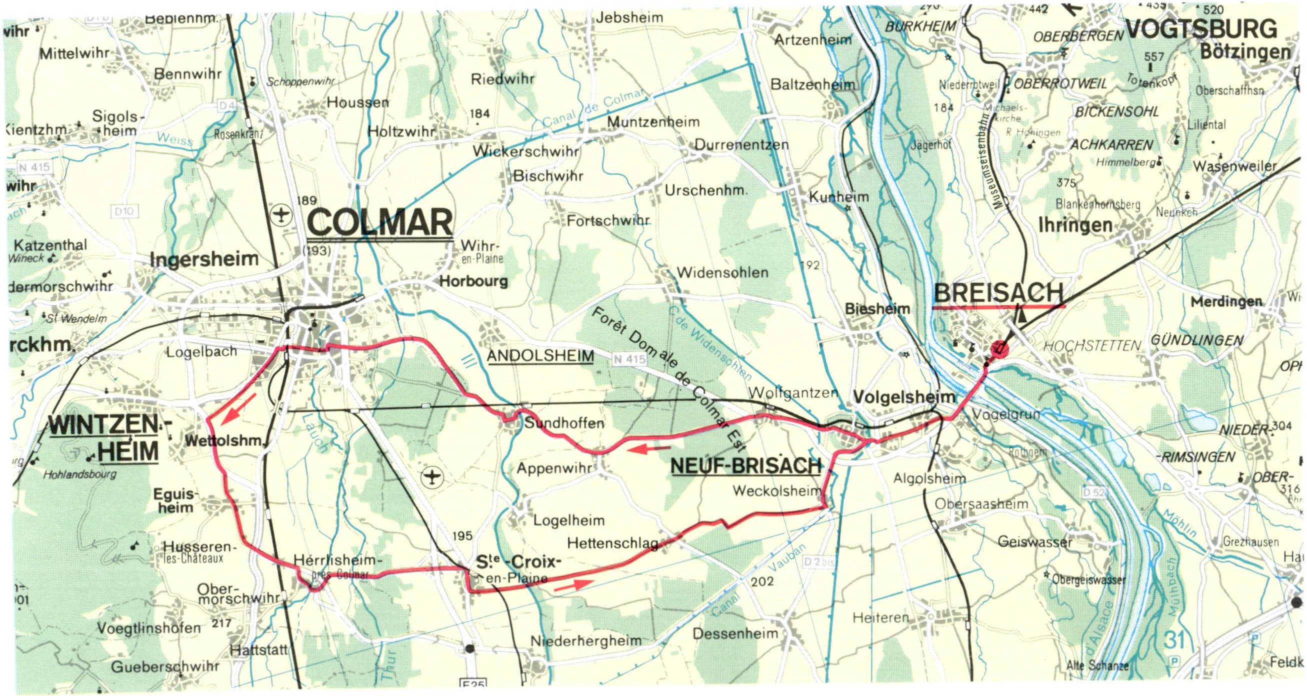
VOGTSBURG
Bötzingen
OBERBERGEN
OBERROTWEIL
BICKENSOHL
ACHKARREN
Ihringen
BREISACH
Merdingen
GÜNDLINGEN
HOCHSTETTEN
NIEDER-
RIMSINGEN
OBER-
BURKHEIM
Niederrotweil
Jägerhof
Museumseisenbahn
Wasenweiler
Liliental
Oberschaffhsn
Totenkopf
Himmelberg
Blankenhornsberg
Neunkch
Grezhausen
Alte Schanze
Obergeiswasser
Geiswasser
Obersaasheim
Algolsheim
Heiteren
Vogelgrun
Volgelsheim
Biesheim
Kunheim
Artzenheim
Baltzenheim
Jebsheim
Muntzenheim
Durrenentzen
Urschenhm.
Widensohlen
Wolfgantzen
NEUF-BRISACH
Weckolsheim
Dessenheim
Hettenschlag
Logelheim
Appenwihr
Sundhoffen
ANDOLSHEIM
Forêt Domaniale de Colmar Est
C. de Widensohlen
Canal de Colmar
Canal Vauban
Fortschwihr
Bischwihr
Wickerschwihr
Holtzwihr
Riedwihr
Houssen
COLMAR
Wihr-en-Plaine
Horbourg
Ingersheim
Logelbach
Wettolshm.
WINTZENHEIM
Hohlandsbourg
Eguisheim
Husseren-les-Châteaux
Obermorschwihr
Voegtlinshofen
Gueberschwihr
Hattstatt
Herrlisheim-près-Colmar
Ste-Croix-en-Plaine
Niederhergheim
Katzenthal
Wineck
Niedermorschwihr
St. Wendelin
Sigolsheim
Kientzhm.
Mittelwihr
Bennwihr
Beblenhm.
Schoppenwihr
Rosenkranz
Weiss
Lauch
Thur
Ill
Möhlin
Mühlbach
N 415
D 4
D 10
D 52
D 2 bis
E 25
31
189
(193)
184
192
195
202
217
304
316
375
442
520
557

wir bei der Hochspannungsleitung halblinks in die Rue de Tieffenbach (Wegweiser: Wettolsheim).

Am Ende dieser Straße fahren wir an der Ampel links ab und später verlassen wir die Nationalstraße halbrechts und kommen nach *Eguisheim:* Auf der Route de Wettolsheim durch den Außenbezirk (auf der Grand' Rue nach rechts in die Altstadt) und auf ihr wieder hinaus. Im Gewerbegebiet nach rechts durch *Herrlisheim* und nach der Lauchbrücke links ab nach *Ste. Croix-en-Plaine:* Am Ende der Route de Herrlisheim rechts in die Route de Bâle und nach links durch die Rue de Neuf-Brisach. Geradeaus durch *Hettenschlag.* Etwa 1300 Meter nach dem Ortsende rechts und nach 150 Metern wieder links (1 km nur geschottert).

In *Weckolsheim* biegen wir nach links in die Rue Principale, auf der wir den Ort durchfahren und am Ortsende halbrechts in die Route de Neuf-Brisach. Vor Neuf-Brisach kreuzen wir zwei Straßen und kommen wieder nach *Vogelsheim:* Auf der Rue de Neuf-Brisach an den Kasernen vorbei, nach links in die Rue de la Paix und nach rechts auf der Route de la Forêt Noire wieder hinaus. Im Bereich der Hochspannungsleitung geht es nach links über die Rheinbrücke und zurück nach *Breisach.*

42 Vom Rhein zur Elsässischen Weinstraße II

Sasbach – Marckolsheim – Ohnenheim – Heidolsheim – Mussig – Schlettstadt (Séléstat) – Kintzheim – St. Hippolyte – Bergheim – Rappoltsweiler (Ribeauvillé) – Guémar – Illhäusern – Elsenheim – Marckolsheim – Sasbach

Verkehrsmöglichkeiten Sasbach ist Station an der Kaiserstuhlbahn Riegel – Breisach; Autobahnabfahrt Riegel.
Parkmöglichkeiten In der Ortsmitte von Sasbach.
Tourenlänge 70 km. **Fahrzeit** 6 Stunden.
Höhenunterschiede Von Schlettstatt bis Rappoltsweiler welliges Hügelland; sonst eben.
Karten Topographische Karten 1:50000 Breisach und Weisweil; oder Topographische Karte 1:100000 der ign France »St. Dié–Mulhouse–Bâle«; 1:200000 Generalkarte Vogesen/Elsaß.
Anmerkung Diese Tour führt über ein besonders reizvolles Stück der Elsässischen Weinstraße (Route du Vin) mit gepfleg-

ten und schmucken Weinorten. Personalausweis nicht vergessen!

Wissenswertes Sasbach siehe Tour 19.

Ähnlich wie Colmar entstand das 728 erstmals urkundlich erwähnte *Schlettstadt* an der Stelle einer römischen Siedlung bei einem fränkischen Königshof. Barbarossa ließ den Ort mit Mauern versehen. Stadtrechte seit 1292 und seit 1354 dem Elsässischen Zehnstädtebund angeschlossen. Die 1441 neu organisierte Lateinschule wurde zu einem Zentrum des deutschen Frühhumanismus, aus der viele namhafte Persönlichkeiten hervorgingen. Ab 1673 wurden die Mauern geschleift und nach den Plänen von Vauban entstand die Festung, die nach 1874 geschleift wurde. St. Fides: die 1087 gestiftete Kapelle wurde zur Kernzelle einer Benediktiner-Propstei; die heutige Kirche entstand in der Mitte des 12. Jahrhunderts; 1892 wurde die Krypta von 1087 wiederentdeckt. Das Münster St. Georg entstand zwischen dem 12. und 15. Jahrhundert. Die ehemalige Franziskanerkirche: Chor 1280 erbaut; die angebaute Marienkapelle entstand 1420. Die Altstadt beherbergt viele historische Gebäude.

St. Hippolyte (St. Pilt): 760 errichtete der Heilige Fulrad hier ein Kloster, in das die Reliquien von St. Hippolyt verbracht wurden, und das zum Ziel vieler Wallfahrten wurde. Der Ort wurde bereits 1316 als Stadt erwähnt und war lange Streitobjekt zwischen den Herzögen von Lothringen und den Bischöfen von Straßburg. Teile der Stadtbefestigung sind noch erhalten. Die Pfarrkirche wurde zwischen dem 14. und 16. Jahrhundert mehrfach erweitert; Silbermannorgel von 1738. St.-Kreuz-Kapelle aus dem 14. Jahrhundert. Das Kolleg St. Maria wurde 1718 erbaut.

Bergheim erhielt 1311 Stadtrechte und kam 1313 an Vorderösterreich. Der größte Teil der Stadtbefestigung mit ihren Türmen und Toren ist noch erhalten. Pfarrkirche 1347 geweiht.

Rappoltsweiler, eine der malerischsten Städte des Elsaß, 759 erstmalig erwähnt und ab 1284 ummauert, ist seit 1290 Stadt und gehörte dem Elsässischen Zehnstädtebund an. Die Stadt birgt eine so große Fülle an Sehenswürdigkeiten, daß sie hier nicht aufgezählt werden können!

Guémar entstand aus der römischen Siedlung Herbarium, erhielt im 13. Jahrhundert Stadtrechte und wurde ummauert. Teile der Stadtbefestigung sind noch erhalten. Das gotische »Steinhaus« wurde Anfang des 16. Jahrhunderts erbaut. Das Langhaus der Kirche entstand 1741; der Turm ist gotisch.

Tourenbeschreibung In *Sasbach* fahren wir auf der Marckolsheimer Straße aus dem Ort hinaus und unterhalb der Ruine

Limburg vorbei zur *Staustufe Marckolsheim,* auf der wir den Rhein überqueren. Am Straßenkreisel biegen wir links (»Marckolsheim«) und einen Kilometer weiter rechts ab. Durch *Marckolsheim:* An der Kreuzung mit der früheren Nationalstraße rechts in die Rue de Maréchal Joffre, geradeaus weiter in die Rue de Maréchal Foch und fast am Ortsende nach links durch die Route d'Ohnenheim.

Durch *Ohnenheim:* Am Ortseingang halbrechts in die Route de Marckolsheim, an ihrem Ende rechts in die Rue de l'Ill und an deren Ende nach links versetzt durch die Rue de Heidolsheim. In *Heidolsheim:* Am Ende der Straße, auf der wir gekommen sind, rechts in die Rue Principale (Wegweiser: Mussig) und nach der Kirche links in die Route de Mussig. Bei allen Abzweigungen folgen wir den Schildern »Mussig«. Durch *Mussig:* Mit der Rue de Heidolsheim links ab bis zur Kirche und nach links auf der Rue de Moulin (Wegweiser: Breitenheim). Einen Kilometer, nachdem wir den Weiler *Breitenheim* durchfahren haben, biegen wir links ab.

Nach dem Weiler *Rathsamhausen* geht es links ab nach *Schlettstadt (Séléstat):* Am Ende der Route de Muttersholtz geradeaus durch den Boulevard François E. J. Amey, geradeaus durch den Boulevard de Nancy, an der Ampel links in die Route de Strasbourg, am Wasserturm (links zur Altstadt) rechts ab und über die Bahn, dahinter an der Ampel links ab in die Rue de St. Dié, in der Höhe des Güterbahnhofs halbrechts durch die Route

Zu Tour 19, 22, 42, 63 **Sasbach, alte Kelter** an der Winzergenossenschaft.
(Foto: Heinz Wittner)

St-Maurice
Thanvillé
662
Dieffenthal
Hirtzelb.
Kientzville
A35
Willerhof
Hilsenheim
Bindernheim
532
Ramstein
Ortenbourg
N83
Riedwassen
Giessen
E25
Wittisheim
Sundhouse
Niederhause
Rheinhausen
Oberhaus
(170)
Neubois
Franckenbourg
703
Scherwiller
Ehrwihr
Muttersholtz
164
Saasenheim
Liepvrette
(182)
169
Rathsam-hausen
168
la Vancelle
Hurst
Châtenois
530
Baldenheim
Schwobsheim
Schœnau
Breitenheim
SÉLESTAT
Richtolsheim
Leopolds-Kanal
Lièpvre
Forêt de Sélestat
Weisweil
Bois l'Abbesse
Kintzheim
Mussig
Bœsenbiesen
Min.-Bad Waldsburg
726
Orschwiller
Ch^lle du Chêne
Artolsheim
Hessenheim
Harderer Hof
705
Schnellenbuhl
D424
Forchheim
Thannen-kirch
St-Hippolyte
Hirtengaerten
Heidolsheim
Bootzheim
Rodern
Rorschwihr
Wyhl
949
Reichen-berg
176
Mackenheim
Ohnenheim
la Grde Verrerie
574
Bergenbach
Ch^lle de St Maximin
N83
Blind
Rhein
900
MARCKOLSHEIM
Museumsbahn
Ribeaupierre
Bergheim
Guémar
Illhaeusern
273
R. Limburg
Girsberg
KÖNIG-SCHAFFHSN.
AMOLTERN
Sasbach
D106
Elsenheim
Bilsteinthal
Cité provisoire
R. Usenburg
Kath. Kp.
Leiselhm.
Bilstein
RIBEAUVILLÉ
(240)
Strengbach
Forêt de Colmar
KIECHLINGS-BERGEN
Hunawihr
Fecht
Grussenheim
Jechtingen
Zellenberg
Ostheim

Zu Tour 56 **Junge Elsässerinnen in Tracht** (Kaysersberg).
(Foto: Klaus Puntschuh)

de Kintzheim stadtauswärts und am Verkehrskreisel geradeaus auf die Vogesen zu.

In *Kintzheim:* Durch die Kirchgass (Rue de Général de Gaulle), an der Kirche links in die Üssegass (Rue de la Liberté) und wir befinden uns damit auf der Route de Vin (Weinstraße). Wir durchfahren *Orschwiller* auf der Route du Vin. Durch *St. Hippolyte* geht es ebenfalls auf der Route du Vin (an der Kirche links). Nachdem wir *Rorschwihr* hinter uns haben, grüßen uns Mauern und Türme von *Bergheim;* hier heißt unsere Durchfahrtsstraße ebenfalls Route de Vin (Wegweiser: Ribeauvillé).

In *Rappoltsweiler (Ribeauvillé)* geht es am Ende der Route de Bergheim rechts mit der Rue Klee in die Stadtmitte. Weiter nach Sasbach: Aus der Altstadt heraus am Straßenkreisel dem Wegweiser nach *Guémar* folgend erreichen wir das ehemalige Städtchen: Nach dem Unterfahren der Nationalstraße in die Route de Séléstat und nach rechts mit der Route d'Illhaeusern ortsauswärts. *Illhaeusern,* das Feinschmeckern aus ganz Europa ein Begriff ist, durchfahren wir auf der Rue de 25 Janvier.

In *Elsenheim* fahren wir am Ende der Rue Principale halblinks durch die Route de Marckolsheim wieder hinaus. Durch *Marckolsheim:* Nach dem Überqueren des Rhône-Rhein-Kanals rechts am Wasserturm vorbei durch die Rue de la Chapelle und an ihrem Ende an der Kreuzung geradeaus und wieder aus dem Ort hinaus. Draußen fahren wir nach links auf der Rheinuferstraße bis zum Straßenkreisel, biegen hier rechts ab und kommen über die *Staustufe Marckolsheim* zurück nach *Sasbach.*

43 Vom Rhein zur Elsässischen Weinstraße III

Kappel a. Rh. – Rhinau – Boofzheim – Herbsheim – Benfeld – Westhouse – Valff – Bourgheim – Barr – Eichhoffen – Itterswiller – Nothalten – Blienschwiller – Dambach-la-Ville – Ebersheim – Ebersmunster – Hilsenheim – Witternheim – Friesenheim – Rhinau – Kappel

Verkehrsmöglichkeiten Kappel ist über die Autobahnabfahrt Ettenheim zu erreichen.
Parkmöglichkeiten An der Kirche in Kappel.
Tourenlänge 75 km.
Fahrzeit Etwa 6 Stunden.
Höhenunterschiede Von Barr bis Dambach-la-Ville welliges Gelände; ansonsten eben.
Karten Topographische Karte 1:100000 der ign France »St. Dié–Mulhouse–Bâle«; 1:200000 Generalkarte Vogesen/Elsaß.
Anmerkung Wegen der vielen sehenswerten Orte an dieser Strecke wäre es besser, wenn man sich zwei Tage für diese Tour vornehmen würde. Personalausweis nicht vergessen! Fast die gesamte Tour verläuft auf Straßen, die für Radfahrer besonders empfohlen sind.
Wissenswertes *Rhinau* wurde 1398 mitsamt dem Kloster Honau vom Hochwasser zerstört und landeinwärts verlegt. Die 1514 erbaute Kirche wurde 1945 zerstört; nur der Chor ist noch erhalten.

Benfeld, das bereits in frühfränkischer Zeit entstand, erhielt 1306 Stadtmauern, die heute weitgehend verschwunden sind. Das Rathaus mit offener Erdgeschoßhalle und Fachwerkobergeschoß wurde 1531 erbaut. Der Chor der 1840/44 erbauten Kirche stammt von 1352. Spital aus dem 16. Jahrhundert.

Das 788 zum erstenmal genannte Städtchen *Barr* ist ein bedeutender Weinort. Sein Weinmarkt am 14. Juli und das Weinlesefest im Oktober haben überregionale Bedeutung. Obwohl die Stadt 1678 von den Franzosen niedergebrannt wurde, hat sie noch viele sehenswerte Gebäude zu bieten. Das Rathaus wurde zu Beginn des 17. Jahrhunderts anstelle des zerstörten Schlosses Kleppenburg erbaut. Kirche St. Martin: Turmuntergeschoß romanisch, Obergeschoß gotisch; Langhaus von 1850.

Die Kapelle des Altdorfer Hofes in *Eichhoffen* wurde 1050 geweiht; 1569 erneuert.

Sehenswert in *Blienschwiller:* Schöne Winzerhäuser. Rathaus mit offener Erdgeschoßhalle von 1602. Schöner Laufbrunnen von 1580. Schlößchen. Pfarrkirche: Turm und Teile des Langhauses romanisch. Gotische Erasmus-Kapelle, 15. Jahrhundert.

Dambach-la-Ville, seit 1347 Stadt, konnte sich weitgehend das mittelalterliche Stadtbild bewahren. Die Stadtmauer mit drei Toren ist fast ganz erhalten. Rathaus von 1547. Die 1285 in den Weinbergen erbaute Sebastianskapelle bietet eine Fülle von Kunstwerken, darunter eine Riemenschneider-Madonna. Liebfrauenkapelle von 1479.

Die Benediktiner-Abtei *Ebersmünster* wurde bereits im 7. Jahrhundert gestiftet. Nach der Zerstörung im Jahr 1632 wurde das Kloster im 17. und 18. Jahrhundert erneuert. Die weithin sichtbare Barockkirche entstand nach mehreren Bränden 1719 bis 1727; die Inneneinrichtung war erst 1759 fertig.

Tourenbeschreibung Ab Kirche *Kappel:* Auf der Rathausstraße in die Ortsmitte und dort geradeaus weiter zur *Rheinfähre Kappel – Rhinau,* mit der wir nach Frankreich übersetzen. Durch *Rhinau:* Durch die Rue de Rhin, halblinks durch die Rue des Chanoines, an ihrem Ende nach rechts in die Rue de l'Hôtel de Ville und deren Fortsetzung, der Rue de Nouveau Faubourg und auf der Rue de Boofzheim weiter nach *Boofzheim:* Vor der Kirche links und gleich wieder rechts ab (Wegweiser: Benfeld).

Durch *Herbsheim:* Durch die Rue de Boofzheim, rechts in die Rue Principale. Draußen beim Weiler Ziegelscheuer kommen wir an einem Badeweiher vorüber. In *Benfeld:* Am Ende der Faubourg du Rhin rechts in die Rue du 1er Décembre, links in die Rue Clemenceau und zum alten Rathaus, hier rechts in die Rue du Général de Gaulle, dann Rue du Général Leclerq bis zur Route de Strasbourg, hier rechts ab und 300 Meter weiter mit dem Wegweiser »Barr« nach links aus dem Ort hinaus.

Wir durchfahren den Ortsrand von *Westhouse* und erreichen fünf Kilometer danach *Valff,* wo wir am Ortseingang links ab-

ERSTEIN
Schwanau
LAHR
BARR
BENFELD
Kappel-
-Grafen-
hausen
Rust
Niedernai
Bernhards-
willer
Schaeffersheim
Bolsenheim
Uttenheim
Osthouse
Ottenheim
Goxwiller
Valff
Heiligen-
stein
Gertwiller
Bourgheim
Westhouse
Matzenheim
Gerstheim
Allmannsweier
Sand
Obenheim
Nonnenweier
Zellwiller
Kertzfeld
Daubensand
Wittenweier
St. Pierre
Stotzheim
Herbsheim
Boofzheim
Rhinau
Eichhoffen
Huttenheim
Rossfeld
Epfig
Sermersheim
Kogenheim
Itterswiller
Witternheim
Friesenheim
Neunkirch
Riedhof
Zelsheim
Ebersmunster
Ebersheim
Hilsenheim
Bindernheim
Diebolsheim
Dambach-
la-Ville
Blienschwiller
Dieffenthal
Kürzell
Schuttern
HUGSWEIER
DINGLINGEN
LANGEN-
WINKEL
KIPPENHEIM
WEILER
MAHLBERG
ORSCHWEIER
ALTDORF
Ringsheim
A35
N422
N83
D468

biegen und den Ort auf der Rue Principale in seiner ganzen Länge durchfahren. Am Ortsende mit dem Wegweiser »Barr« halblinks nach *Bourgheim:* Durch die Rue de Benfeld und deren Fortsetzung, die Rue Edgar Heywang und kreuzen die stark befahrene Nationalstraße geradeaus (Wegweiser: Barr – Mairie).

Durch das reizvolle Städtchen *Barr:* Durch die Route de Strasbourg, geradeaus durch die Rue Dr. Sultzer, vor dem Rathaus links und gleich wieder rechts in die Rue des Bouchers, links in die Rue des Boulangers, Fortsetzung ist die Rue Taufflieb, geradeaus bis zur Ampel, hier links ab und durch die Avenue des Vosges und an ihrem Ende nach rechts auf der Route du Hohwald aus der Stadt hinaus.

Am Ortseingang von *Eichhoffen* kommen wir an einem überdachten Waschplatz vorüber. Das Dorf durchfahren wir auf der Route des Vosges. Etwa 2,5 Kilometer danach biegen wir links ab und befahren die hübsche Winzergemeinde *Itterswiller* auf der Route du Vin. Am Ortsende geht es rechts ab und bei leichtem Gefälle erreichen wir das Dörfchen *Nothalten,* das wir auf der Route du Vin durchmessen. Im Weinort *Blienschwiller* fahren wir bis zum Rathaus und biegen dort links ab.

In *Dambach-la-Ville:* Auf der Route de Blienschwiller kommen wir durch das Obertor, in der Verlängerung durch die Rue du Maréchal Foch, durch das Untertor und auf der Rue de la Gare wieder aus der Stadt. Später kreuzen wir die Nationalstraße und sind nach dem Überqueren der Autobahn in *Ebersheim:* Am Ende der Rue de la Gare nach links auf der Nationalstraße aus dem Ort. Einen Kilometer weiter biegen wir rechts ab nach *Ebersmünster,* wo wir auf der Rue du Général Leclerq auf die Abteikirche zufahren und weiter durch das Dorf.

In *Hilsenheim:* Am Ende der Rue d'Ebersmunster an der Kreuzung links ab in die Rue Principale, nochmals links in die Rue de Benfeld und am Ortsende rechts ab (»Witternheim«). Durch *Witternheim:* Am Ende der Rue de Hilsenheim rechts in die Rue Principale und geradeaus auf der Rue de Neunkirch wieder hinaus. Bald fahren wir durch den Weiler *Neunkirch,* der hauptsächlich aus kirchlichen Anlagen mit der Wallfahrtskirche Zu Unserer Lieben Frau besteht.

An riesigen Tabakschuppen vorbei kommen wir nach *Friesenheim:* Am Ende der Rue de Neunkirch rechts in die Rue Principale und später nach links durch die Rue de Rhinau. In *Rhinau:* Durch die Rue de Friesenheim und deren Fortsetzung, die Rue de la Dordogne, geradeaus durch die Rue des Chanoines (»Bac du Rhin«) und halbrechts auf der Rue du Rhin zur Fähre und auf der anderen Rheinseite zurück nach *Kappel.*

44 Erstein – Nordhouse – Hindisheim – Krautergersheim – Bischoffsheim – Obernai – Bernardswiller – Goxwiller – Valff – Westhouse – Benfeld – Sand – Matzenheim – Osthouse – Erstein

Verkehrsmöglichkeiten Erstein ist Bahnstation an der Strecke Strasbourg – Mulhouse. Mit dem Auto über die Nationalstraße 83 ab Straßburg.

Parkmöglichkeiten Auf dem »Kirchplatz« (Place René Friedel) bei der Pfarrkirche.

Tourenlänge 50 km. **Fahrzeit** Etwa 4 Stunden.

Höhenunterschiede Keine nennenswerten.

Karten Topographische Karten 1:100000 der ign France »Strasbourg – Forbach« und »St. Dié – Mulhouse – Bâle«; 1:200000 Generalkarte Vogesen/Elsaß.

Wissenswertes Benfeld siehe Tour 43.

Erstein entstand bei einem fränkischen Königshof, der an der Stelle einer römischen Siedlung errichtet wurde. Stadtrechte seit dem 13. Jahrhundert. 840 gründete hier die Gemahlin Kaiser Lothars ein weltliches Damenstift, das später in eine Abtei umgewandelt wurde, und deren Äbtissinnen Reichsfürstinnen waren. Renaissanceschloß der Herren Zorn von Bulach von 1558.

Die gotische Kapelle von *Hindisheim* birgt eine Reihe von gotischen Statuen.

Bei einem fränkischen Königshof, der an der Stelle eines Römerlagers entstand, bildete sich der Ort *Bischoffsheim*. Das Unterschloß wurde im 16. Jahrhundert erbaut.

In *Oberehnheim* (heute: *Obernai*) befand sich ein merowingischer Königshof. In der Burg zu Oberehnheim soll die elsässische Heilige, Odilia, geboren worden sein. Der Ort wird bereits 1240 als Stadt erwähnt und trat 1354 dem Zehnstädtebund bei. Groß ist die Zahl der Sehenswürdigkeiten des Städtchens, wie z.B. das 1462 erbaute Rathaus, die Burg (heute Schule), deren älteste Teile von 1246 stammen, oder der schöne Sechseimerbrunnen.

Tourenbeschreibung Ausgangspunkt ist der Kirchplatz in *Erstein:* Nach rechts (Norden) in die Kirchgasse (Rue Capitain Da), links in die Rue Mercière und gleich nochmals links in die Sandgass (Rue Brulée), an ihrem Ende rechts in die Rhingass (Rue Général de Gaulle), an der Ampel rechts durch die Rue du Printemps (Hinter de Garte) und am Kreisel am Stadtausgang geradeaus weiter.

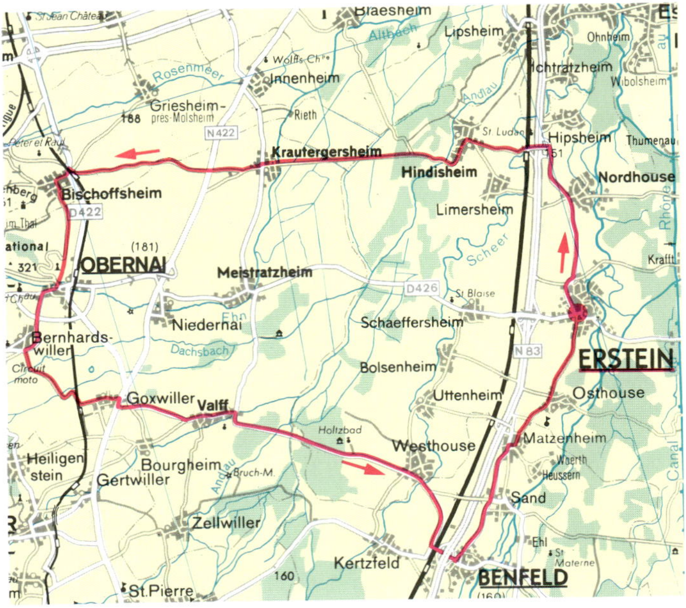

Wir berühren *Nordhouse* am Rande und fahren am Verkehrskreisel gerade weiter. Nach dem Überqueren von Nationalstraße und Bahn folgt *Hindisheim,* das wir auf der Rue de la Gare durchfahren (im Ort links ab). Auf dem weiteren Weg durchfahren wir ein Gebiet mit Baggerseen; in einem davon ist das Baden erlaubt. Durch *Krautergersheim* kommen wir auf der Grand' Rue, wobei wir rechts an der Friedhofskapelle vorbeifahren. Bald danach kreuzen wir die stark befahrene Nationalstraße (besondere Vorsicht!) und kommen später nach *Bischoffsheim:* Nach dem Überqueren der Bahn geradeaus in die Rue Principale und später am Brunnen links in die Rue Monseigneur Frey und geradeaus weiter durch die Rue des Cerissiers.

Auf einem Radweg durch Streuobstanlagen kommen wir in das Städtchen *Obernai (Oberehnheim):* Am Ende der Rue de la Montagne halbrechts weiter und in einem Linksbogen um die Kirche und geradeaus in die Rue Chanoine Gyss, am Rathaus (Hôtel de Ville) rechts durch die Rue du Général Gouroud bis zur Tankstelle und dort links ab. Durch *Bernardswiller:* Auf der Rue Principale bis zur Abzweigung, hier rechts in das Dorf, vor der Kirche mit ihrem eigenwilligen Turm links durch die Rue de l'École und geradeaus auf der Rue de Goxwiller wieder hinaus, wobei wir uns am Sportplatz halblinks halten.

Durch *Goxwiller:* Am Ortseingang links in die Rue du Vignoble, durch die Rue de la Gare und deren Fortsetzung, der Rue Principale, an der Nationalstraße geradeaus durch die Rue des Bois, an ihrem Ende rechts in die Distriktsstraße und an der Kreuzung links weiter. *Valff* durchqueren wir in seiner ganzen Länge auf der Rue Principale; am Ortsende geht es rechts ab (»Benfeld«). Durch *Westhouse* bleiben wir geradeaus.

In *Benfeld:* Nach dem Unterqueren der Nationalstraße biegen wir links ab, fahren auf der Rue de Strasbourg durch das Dorf und wieder hinaus. In *Sand* kommen wir durch die Route de Séléstat. Durch *Matzenheim:* Durch die Rue de Séléstat und deren Fortsetzung, die Rue de Strasbourg. Wo unsere Straße die Nationalstraße berührt, biegen wir rechts ab und dann links hinein nach *Osthouse:* Durch die Rue des Pierres und geradeaus durch die Rue d'Erstein. In *Erstein:* Am Ende der Rue du Général de Lattre Tassigny an der Ampel rechts in die Rhingass und nach links in die Altstadt.

Große Jugendherbergstour

45 Ortenberg – Offenburg – Rammersweier – Ebersweier – Appenweier – Urloffen – Renchen – Önsbach – Achern – Kappelrodeck – Ottenhöfen – DJH Sohlberghaus

Verkehrsmöglichkeiten Ortenberg ist Bahnstation an der Strecke Offenburg – Villingen. Autobahnabfahrt Offenburg.
Parkmöglichkeiten Bei der Burg Ortenberg.
Jugendherbergen Schloß Ortenberg, Burgweg 21, D-7601 Ortenberg. Kehl, Altrheinweg 11.
Fahrradbahnhof Offenburg Hauptbahnhof.
Tourenlänge 52 km.
Fahrzeit 4½ Stunden.
Höhenunterschiede Von Ottenhöfen bis zur Abzweigung Unterwasser 145 Meter auf 3,5 Kilometer; von Unterwasser bis zum Sohlberghaus 325 Meter auf 3,5 Kilometer.
Karten Topographische Karten RW 1:50000 Offenburg, Oberkirch und Baden-Baden; 1:200000 Generalkarte Blatt 21.

Wissenswertes Offenburg siehe Tour 9. Appenweier siehe Tour 5. Renchen siehe Tour 3. Achern und Ottenhöfen siehe Tour 1.

Tourenbeschreibung Ab Schloß *Ortenberg:* Den Burgweg hinunter, an der Kreuzung beim Rathaus geradeaus aus dem Ort und nach der Eisenbahnbrücke nach rechts auf dem Dammweg weiter. Bei der Gaststätte »Am Großen Deich« über den Bach und nach rechts am Bach entlang nach *Offenburg:* An der Kreuzung, wo die Dampflok steht, geradeaus durch die Badstraße, später mit dem Radwegweiser »Stadtmitte« am Bach entlang und in den Zwingerpark, nach links wieder hinaus, bei der Ampel die Straße kreuzen, nach links parallel zur Grabenallee und nach rechts durch die Hauptstraße (Fußgängerzone) zum Bahnhof, durch den Fußgänger- und Radtunnel unter der Bahn durch und nach links parallel zur Rammersweierer Straße stadtauswärts. Am Ortseingang von *Rammersweier* biegen wir mit dem Radweg links ab, geradeaus durch die Blumenstraße und an deren Ende geht es nach links auf dem Radweg durch die Felder.

Durch ausgedehnte Obstanlagen gelangen wir zur Landesstraße, der wir wenige hundert Meter rechts nach *Ebersweier* folgen: Anfangs auf der Bohlsbacher Straße, nach links über den Durbach, nach rechts »Am Durbach« entlang und bei der Post links ab und leicht ansteigend durch Obstanlagen; dann bei leichtem Gefälle wieder abwärts.

Kurz vor *Appenweier* überqueren wir die Bundesstraße. Im Ort: Am Ende des Weges »Hinter den Gärten« links durch die Nesselrieder Straße, an deren Ende rechts in die Hauptstraße, nach links in die Bahnhofstraße, nach dem Bahnübergang rechts weiter und nach dem Kreuzen der Bahnstrecke nach Kehl weiter nach *Urloffen:* Auf der Hauptstraße in das Dorf, links in die Mattenstraße und gleich wieder rechts durch die Waldstraße hinaus. Wir kommen am Max-Jordan-See (Badegelegenheit) vorüber und behalten unsere Richtung bei, bis der Weg am Renchkanal endet.

Nach links und dann auf einer Furt durch den Kanal und drüben nach links auf dem befestigten Weg durch den Wald. Bei der Schutzhütte biegen wir rechts ab, bleiben dann in der Nähe der Bahn und benutzen die erste Gelegenheit, um sie zu kreuzen. Wo die Straße endet, auf der wir nach *Renchen* kommen, biegen wir links ab und durchfahren auf der Hauptstraße die Stadt.

Önsbach durchmessen wir auf der Offenburger Straße und *Fautenbach* auf der Hauptstraße. Durch *Achern:* Im Zuge der Bundesstraße durch die Stadt, bei einer Ampel rechts in die

Ottersweier
ACHERN
Sasbach
Lauf
Sasbachwalden
Kappelrodeck
Ottenhöfen
RENCHEN
Urloffen
Appenweier
OBERKIRCH
Lautenbach
Durbach
OFFENBURG
Ortenberg
Ohlsbach
ADAC

Hornisgrindestraße und sofort nochmals rechts durch die Illenauer Allee, geradeaus weiter durch die Oberacherner Straße und mit ihr durch *Oberachern,* vor dem Bahnübergang nach links auf der Fabrikstraße durch ein Gewerbegebiet.

An dessen Ende in Schleifen über die Bahn und zur Straße, hier links ab und gleich darauf nach links parallel zur Bundesstraße. Später bleibt der Radweg rechts von der Bahn und führt hinein nach *Kappelrodeck* mit seinen schönen Fachwerkhäusern, das wir auf seiner Hauptstraße durchfahren. Ab hier haben wir keinen Radweg mehr.

Bald durchqueren wir *Furschenbach.* Bevor wir nach *Ottenhöfen* kommen, dreht sich rechts der Straße an der Acher das Rad einer alten Mühle. Im Ort biegen wir nach dem Bahnhof rechts in die Allerheiligenstraße. Kurz danach durchfahren wir bei leichter Steigung die Streusiedlung *Unterwasser.* Weit außerhalb der dichteren Bebauung, wo rechts ein stattlicher Fachwerkbauernhof steht, biegen wir scharf rechts hinauf (Wegweiser: Heidenbach, Sohlberg). Die Straße gewinnt in einem Taleinschnitt an Höhe, in dessen oberer Hälfte beiderseits stattliche Gehöfte der Streusiedlung Heidenbach stehen. Oben an der Kreuzung, bei einem Bildstock, biegen wir links hinauf. Hinter der Schranke beginnt der steilste Teil der Strecke. Auf dem höchsten Punkt geht es vor dem Sportplatz nach rechts zur *Jugendherberge Sohlberghaus.*

46 DJH Sohlberghaus – Ottenhöfen – Kappelrodeck – Achern – Fautenbach – Rheinbischofsheim – Kehl (– Straßburg)

Verkehrsmöglichkeiten Autobahnabfahrt Achern. Achern ist Station an der Bahnstrecke Karlsruhe – Basel. Ottenhöfen ist Endstation der Nebenstrecke der SWEG aus Richtung Achern.
Parkmöglichkeiten Bei den Jugendherbergen.
Jugendherbergen Sohlberghaus, Sohlberg 5, D-7593 Ottenhöfen. Kehl, Altrheinweg, 11. Strasbourg, Auberge de Jeunesse »Parc du Rhin«.
Fahrradbahnhöfe Achern und Kehl.
Tourenlänge 53 km. **Fahrzeit** 4 Stunden.
Höhenunterschiede Ab Sohlberghaus auf 6 Kilometer starkes und anschließend bis Achern ständig leichtes Gefälle. Die weitere Strecke ist eben.

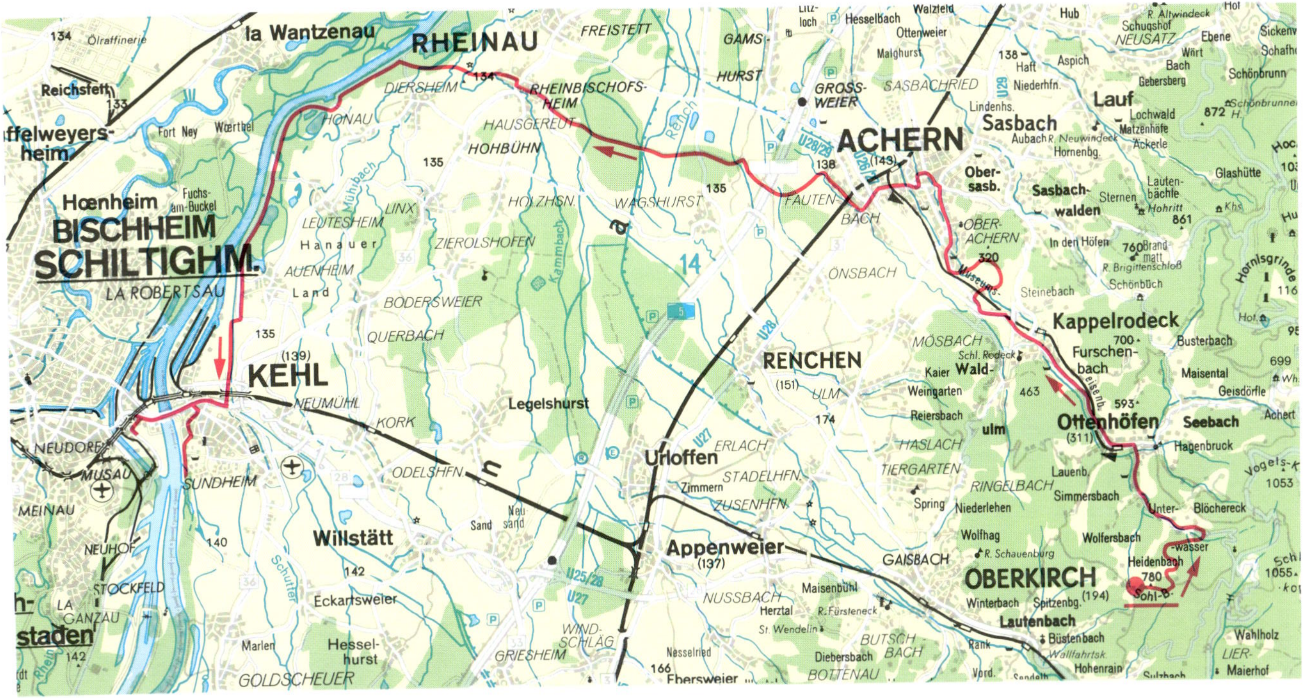

la Wantzenau
RHEINAU
FREISTETT
Reichstett
Hoenheim
BISCHHEIM
SCHILTIGHM.
LA ROBERTSAU
Fort Ney
Diersheim
Honau
Rheinbischofsheim
Hausgereut
Hohbühn
Holzhsn.
Wagshurst
Linx
Leutesheim
Zierolshofen
Auenheim
Hanauer Land
Bodersweier
Querbach
KEHL
(139)
Neumühl
Kork
Odelshfn.
Sundheim
Neudorf
Musau
Meinau
Neuhof
Stockfeld
La Ganzau
Willstätt
Eckartsweier
Hesselhurst
Marlen
Goldscheuer
Legelshurst
Sand
Neusand
Urloffen
Appenweier
(137)
Zimmern
Stadelhfn.
Zusenhfn.
Erlach
Nussbach
Herztal
Windschläg
Griesheim
Ebersweier
Nesselried
RENCHEN
(151)
Ulm
Önsbach
Fautenbach
ACHERN
(143)
Gamshurst
Grossweier
Sasbachried
Gaisbach
OBERKIRCH
(194)
Lautenbach
Kappelrodeck
Ottenhöfen
(311)
Seebach
Sasbach
Lauf
Oberachern
Sasbachwalden
Ringelbach
Haslach
Tiergarten
Mösbach
Waldulm
Hornisgrinde

Karten Topographische Karten RW 1:50000 Oberkirch, Baden-Baden, Rheinau und Offenburg; 1:200000 Generalkarte Blatt 21.
Anmerkung Für die Fahrt bis Straßburg ist ein Personalausweis erforderlich!
Wissenswertes Achern und Ottenhöfen siehe Tour 1. Kehl siehe Tour 6. Straßburg siehe Tour 8.
Tourenbeschreibung Vom *Sohlberghaus* über *Unterwasser, Ottenhöfen, Furschenbach, Kappelrodeck* und *Oberachern* nach *Achern* fahren wir wie bei Tour 2. In Achern biegen wir an der Ampel am Ende der Hornisgrindestraße links ab und fahren im Zuge der Bundesstraße 3 durch die Stadt und zum Stadtteil *Fautenbach.* Der weitere Weg über *Rheinbischofsheim* zum Rheinufer beim *Badesee Honau* verläuft genau wie bei Tour 4 beschrieben.

Wir folgen der Rheinuferstraße nach Süden, wobei wir beim Kieswerk rechts abbiegen müssen, um am Rheinufer weiterzufahren. Wo unsere Straße im Gebiet des Rheinhafens *Kehl* in gerader Richtung endet, geht es rechts über den Kinzigkanal und nach links am Kanal entlang weiter. 300 Meter nach dem Unterqueren der Bahnstrecke kommen wir zur Brücke der Bundesstraße. Parallel zu ihr fahren wir in die Stadt (Westen). Zur Jugendherberge *Straßburg:* Wir bleiben geradeaus, fahren über die Europabrücke (Zoll) und folgen 350 Meter danach links dem Wegweiser »Auberge de Jeunesse«. Zur Jugendherberge Kehl: An der Ampel beim Bahnhof links in die Hauptstraße und sofort rechts durch die Friedensstraße und nach links parallel zum Rheindamm zur Jugendherberge bei den Sportanlagen.

47 Kehl – Meißenheim – Ottenheim – Nonnenweier – Wittenweier – Kappel a. Rh. – Rust – Rheinhausen – Weisweil – Breisach

Verkehrsmöglichkeiten Kehl ist Grenzbahnhof an der Strecke nach Straßburg. Autobahnabfahrt Appenweier und weiter vierspurig auf der Europastraße 11 nach Kehl.
Parkmöglichkeiten In Kehl östlich des Bahnhofs und bei der Jugendherberge.
Jugendherbergen Kehl, Altrheinweg 11. Strasbourg, Auberge de Jeunesse »Parc du Rhin«. Breisach, Münsterbergstraße 30.
Fahrradbahnhöfe Kehl und Breisach.

BISCHHEIM
SCHILTIGHM.
BODERSWEIER
Land
QUERBACH
Legelshurst
KEHL
NEUMÜHL
KORK
ODELSHFN.
Neusand
Sand
E52
28
SUNDHEIM
Kinzig
Schutter
Willstätt
WINDSCHLÄG
Meinau
Neuhof
Stockfeld
Eckartsweier
Hesselhurst
GRIESHEIM
BOHLSBA
N 83
36
33
8
Marlen
WEIER
GOLDSCHEUER
Illkirch-
Graffenstaden
142
Kittersburg
Im
Gottwald
HOHN-
HURST
BÜHL
WALTERS-
WEIER
(162)
Staustufe
Strasbourg
OFFENBURG
Schafhardt
Fme
Altenhmr.
Hof
Langhurst
147
33 a
Müllen
Hetzlader
Fmes
Eschau
Ohnheim
Plobsheim
Ausgleichsbecken
Altenheim
Schutterwald
Höfen
Wibolsheim
Dundenheim
Hof
weiher
Kempferhof
D468
les Sept
Écluses
146
Neuried
Ichenheim
151
16
Thumenau
Nordhouse
Rhein
Mühlenbach
E35
Meißenheim
150
Schutterzell
Gutleut-K.
Krafft
36
5
3
ERSTEIN
(150)
Kürzell
Schuttern
Friesen-
heim
158
Ottenheim
HUGSWEIER
Osthouse
Gerstheim
Allmannsweier
LAHR
(168)
Schwanau
Nonnenweier
DINGLINGEN
Obenheim
LANGEN-
WINKEL
Damme
153
MIETERSHEIM
Daubensand
Wittenweier
KIPPENHEIM
WEILER
Herbsheim
Boofzheim
Rhinau
Rossfeld
Kippenhe

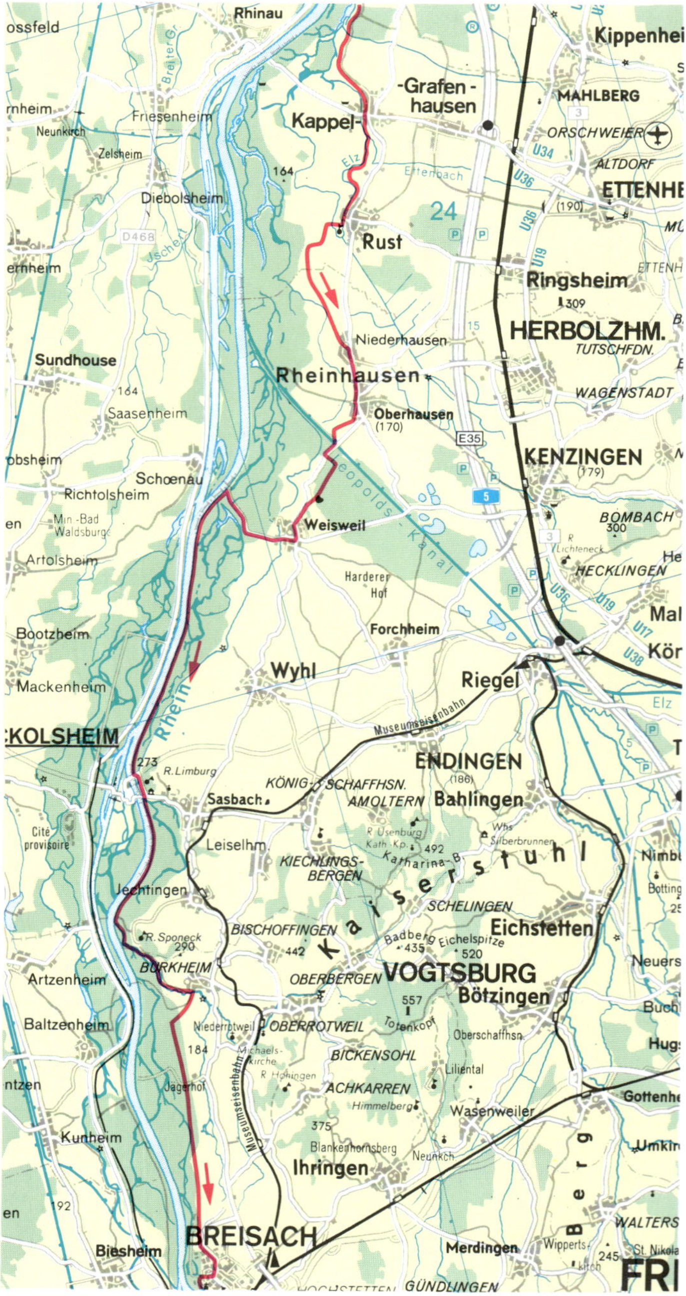

Rhinau
Kippenhei
Grafen-
hausen
MAHLBERG
Friesenheim
Neunkirch
Zelsheim
Kappel-
ORSCHWEIER
U34
ALTDORF
Elz
Ettenbach
164
Diebolsheim
U36
ETTENHE
(190)
24
D468
Rust
Ringsheim
309
HERBOLZHM.
TUTSCHFDN.
Niederhausen
Sundhouse
Rheinhausen
164
Saasenheim
WAGENSTADT
Oberhausen
(170)
E35
KENZINGEN
(179)
Schoenau
Richtolsheim
Leopolds-Kanal
5
Min.-Bad
Waldsburg
Weisweil
BOMBACH
300
R. Lichteneck
Artolsheim
HECKLINGEN
Harderer
Hof
U36
U19
U17
U38
Bootzheim
Forchheim
Wyhl
Riegel
Mackenheim
Elz
Rhein
Museumseisenbahn
KOLSHEIM
ENDINGEN
(186)
273
R. Limburg
KÖNIG-SCHAFFHSN.
AMOLTERN
Bahlingen
Sasbach
Cité
provisoire
R. Usenburg
Kath.-Kp.
492
Whs
Silberbrunnen
Leiselhm.
Katharina-B.
Kaiserstuhl
KIECHLINGS-
BERGEN
Jechtingen
SCHELINGEN
Eichstetten
BISCHOFFINGEN
R. Sponeck
290
442
Badberg
435
Eichelspitze
520
BURKHEIM
Artzenheim
OBERBERGEN
VOGTSBURG
Bötzingen
557
Baltzenheim
Niederrotweil
OBERROTWEIL
Totenkopf
Oberschaffhsn.
184
Michaels-
kirche
BICKENSOHL
R. Höhingen
Liliental
Jägerhof
ACHKARREN
Himmelberg
Wasenweiler
Gottenhe
Kunheim
375
Blankenhornsberg
Neunkch.
Ihringen
Umkir
192
Berg
WALTERS
Biesheim
BREISACH
Merdingen
Wippertskirch
245
St. Nikola
HOCHSTETTEN
GÜNDLINGEN
FRI

Tourenlänge 82 km. **Fahrzeit** 7 Stunden.
Höhenunterschiede Keine.
Karten Topographische Karten RW 1:50000 Offenburg, Lahr, Weisweil und Breisach; 1:200000 Generalkarte Vogesen/Elsaß oder Blatt 21/24.
Wissenswertes Kehl siehe Tour 6. Meißenheim siehe Tour 10. Rust siehe Tour 16. Burkheim und Breisach siehe Tour 22.
Tourenbeschreibung Von der Jugendherberge über den Rheindamm und auf dem Rheinuferweg nach links weiter. Der weitere Weg verläuft über *Meißenheim, Ottenheim* und *Nonnenweier* wie bei der Tour 13. In Nonnenweier: Am Ende der Mühlenstraße nach links durch die Neue Rheinstraße und an deren Ende nach rechts durch die Wittenweierer Straße und weiter wie bei Tour 23 über *Wittenweier, Kappel a. Rh., Rust, Niederhausen, Oberhausen* und *Weisweil* zur Rheinbrücke bei der *Staustufe Marckolsheim.* Wir bleiben am Rheinufer und fahren wie bei Tour 25 über *Burkheim* nach *Breisach* zur Jugendherberge.

48 Breisach – Hausen an der Möhlin – Biengen – Bad Krozingen – Heitersheim – Seefelden – Buggingen – Hügelheim – Müllheim – Auggen – Schliengen – Bad Bellingen – Weil-Friedlingen – Basel – Lörrach-Stetten

Verkehrsmöglichkeiten Breisach ist Endstation einer Bundesbahnstrecke aus Freiburg und der Kaiserstuhlbahn aus Riegel. Autobahnabfahrt Riegel oder Freiburg-Mitte.
Parkmöglichkeiten In Breisach beschränkt bei der Jugendherberge; in der Radbrunnenallee oder am Bahnhof. In Lörrach bei der Jugendherberge.
Jugendherbergen Breisach, Münsterbergstraße 30–32. Lörrach-Stetten, Am Steinenweg.
Fahrradbahnhöfe Breisach, Bad Krozingen und Bad Bellingen.
Tourenlänge 82 km.
Fahrzeit 7 Stunden.
Höhenunterschiede 20 Meter vor Heitersheim. Nach Auggen 50 Meter auf 500 Meter. Ab Schliengen 130 Meter auf 1,8 Kilometer. Leichter Anstieg durch Lörrach-Stetten zur Jugendherberge.

Biesheim
Wolfgantzen
NEUF-BRISACH
Volgels-hm.
Weckolsheim
Algolsheim
Obersaasheim
Heiteren
Geiswasser
Obergeiswasser
Alte Schanze
Nambsheim
Balgau
Fessenheim
Rheinfelderhof
Blodelsheim
Rumersheim-le-Haut
Chalampé-le Bas
Bantzenheim
Chalampé
Ottmarsheim
Hombourg
Canal du Rhône au Rhin
Römerstraße
Grand Canal d'Alsace
Rhein
Ihringen
BREISACH
Blankenhornsberg
Himmelberg
Wasenweiler
Neunkch
HOCHSTETTEN
Vogelgrun
Merdingen
GÜNDLINGEN
Wipperts-kirch
Rothaus
NIEDER-RIMSINGEN
TIENGEN
OBER-RIMSINGEN
MUNZINGEN
Ehrentrudis-Kp.
Grezhausen
Hausen a. d. M.
Möhlin
Mühlbach
Talbuck-hof
Scherzingen
Biengen
Offnadgn.
Feldkirch
Hartheim
Schlatt
Thermalbad
Bad Krozingen
Unter-krozingen
Unt.-Ambringen
Bremgarten
Weinstetten
Tunsel
Oberkrozingen
Neumagen
Schmid-hofen
Eschbach
GALLENWLR.
WETTELBRUNN
GRISSHEIM
HEITERSHEIM
Malteser Schl.
GRUNERN
Seefelden
Dottingen
Ballrechten-
Betberg
Kastelberg
Oberdottingen
St. Ilgen
Enggründle-K
Buggingen
ZIENKEN
LAUFEN
SULZBURG
St. Cyriakus
Muggardt
HÜGEL-HEIM
Dattingen
MÜLLHEIM
BRITZINGEN
ZUNZINGEN
R. Neuenfels
Oberwlr.
NIEDERWLR.
Schweighof
NEUEN-BURG
R. Gutenau
Hach
VÖGISHEIM
Zähringer R.
Schl. Baden
Thermalb.
Badenweiler
Klemm-B.
Zizingen
Lipburg
Rheintal
Sehringen
Luisenheim
Auggen
FELDBERG
R. Grüneck
Berghotel Hochblauen
Blauen
STEINENSTADT
Mauchen
Gennenbach
Schallsingen
Marzell
Schliengen
Käsacker
Kaltenbach
Markgräfler Land
Tuniberg
FRANKREICH

Chalampé
MÜLLHEIM
(230)
HEIM
BRITZINGEN
688
ZUNZINGEN
R. Neuenfels
Oberwlr.
NIEDERWLR.
Schweighof
755
NEUEN-
BURG
326
Hach
R. Gutenau
Ottmarsheim
VÖGISHEIM
Zähringer R.
Schl. Baden
Thermalb.
(426)
Badenweiler
Klemm-B.
Lipburg
Zizingen
Rheintal
Sehringen
Luisenheim
Auggen
(266)
FELDBERG
1165
Berghotel Hochblau
R. Grüneck
705
Blauen
STEINENSTADT
225
348
Mauchen
239
Gennenbach
434
Schallsingen
(712)
Marzell
863
Hombourg
Schliengen
(251)
Nd.-
Ob.-
Käsacker
Kaltenbach
1080
Schl. Entenstein
Eggenen
Hohwild
Petit
Landau
453
Stocken
FEUERBACH
SITZENKIRCH
Vogelbach
R. Sausenburg
Lütschenbach
Edenbach
Liel
Karlshof
Lausbühl
Bad
Bellingen
Thermalbad
Hertingen
477
Wässerlehof
469
Malsburg-
Niffer
Bamlach
Ettingen
Hohe Stück
939
387
Rheinweiler
Kaltenherberg
Uttnach
RIEDLINGEN
TANNENKIRCH
KANDERN
(352)
Endenburg
Gupf
Glashüttenhof
358
HOLZEN
543
Platzhof
702
Munzen-B.
Blansingen
Hammerstein
Welmlingen
(289)
Kleinkems
R. Vollenburg
Mappach
Egisholz
R. Rüttihof
Schlächtenhaus
(405)
Huttingen
Winterswlr.
Maugenhard
Nebenau
Egerten
266
Istein
388
Britschenhöfe
WOLLBACH
501
Hägelberg
Isteiner Klotz
Egringen
Wittlingen
Efringen-
Rechberg
Kembs
Schallbach
Kander
Museumseisenbahn
Rosenau
Kirchen
Fischingen
Rümmingen
(293)
Burg Rötteln
HAUINGEN
Rohr-Gr.
Eimel-
dgn.
Binzen
HAAGEN
326
Wiese
BROMBACH
Höll
MÄRKT
ÖTLINGEN
Lucke
TUM-
RINGEN
Hüsingen
Haberhaeuser
Village-
Neuf
HALTINGEN
ADAC
LÖRRACH
(294)
Ottwangen
Langenhaeuser
Flughafen
Bâle Mulhouse
HUNINGUE
Ober-
tüllgn.
278
St. Fridolins-
Münster
Waid-
hof
STETTEN
St.Louis
Hesingue
WEIL
Inzlingen
Hagenbach
Schl. Reichenstein
249
OTTERBACH
KLEIN-
BASEL
Riehen
508
475
Eich-B.
Bourgfelden
St. Chrischona
Hégenheim
Bettingen
DEGERFDN.
(272)
Rührberg
HERTEN
RHE
NEU-
ALLSCHWIL
Münster
Hist. Mus.
Kunst-Mus.
Grenzach-
Kuranstalt
-Wyhlen
Allschwil
Birs-
felden
Markhof
BASEL
(260)
Rheinhäuser
Soda-Fbr.
Kaiseraugst
Frei-
dorf
Augst
(Augusta raurica)
Röm. Th.
Schweizerhalle
Binningen
Neuwiller
Bott-
(272)
Muttenz

Karten Topographische Karten RW 1:50000 Breisach, Freiburg-Süd, Lörrach und Weil am Rhein sowie ohne Radwege Müllheim; 1:200000 Generalkarte Blatt 24.
Anmerkung Diese Tour beinhaltet einige Steigungen, bietet dafür jedoch herrliche Ausblicke. Personalausweis nicht vergessen!
Wissenswertes Breisach siehe Tour 22. Bad Krozingen siehe Tour 30. Heitersheim siehe Tour 31. Müllheim und Hügelheim siehe Tour 34. Schliengen und Bad Bellingen siehe Tour 36. Basel und Lörrach siehe Tour 40.
Tourenbeschreibung In *Breisach* die Münsterbergstraße hinunter (Einbahnstraße!), durch das Spector, geradeaus durch die Richard-Müller-Straße und die Poststraße zum Bahnhof, hier rechts ab und weiter wie bei Tour 31 über *Hochstetten, Hausen an der Möhlin, Biengen, Bad Krozingen, Schmidhofen, Gallenweiler, Heitersheim* nach *Seefelden.* Hier am Ende der Wiesenstraße nach links und wie bei Tour 34 über *Buggingen* und *Hügelheim* nach *Müllheim,* das wir im Zuge der Bundesstraße 3 durchfahren.

Vor dem ersten Gebäude von *Auggen* biegen wir links und danach vor den Weinbergen wieder rechts ab. Durch den Ort und

Zu Tour 40, 48, 49, 50, 58 **Dreiländereck; Lörrach, Jugendherberge.**
(Foto: Klaus Puntschuh)

durch *Mauchen* und *Schliengen* nach *Bad Bellingen* fahren wir wie bei Tour 36 beschrieben.

Weiterer Weg: Unter der Bahn durch, rechts in die Rheinstraße, in deren Rechtskurve links die Badstraße hinunter, dann rechts ab »Im Mittelgrund«, nach links mit dem Wegweiser »Sportplatz« und nach dem Unterqueren der Autobahn nach links auf dem Rheindamm weiter. Der weitere Weg am *Stauwehr Märkt* vorbei über *Weil-Friedlingen, Basel-Kleinhüningen, Kleinbasel* zum Zollhäuschen am Stadtrand von *Lörrach* entspricht der Tour 40.

Weiter: Geradeaus unter der Eisenbahnbrücke durch in die Wiesentalstraße, gleich rechts durch die Dammstraße, nach links in die Käppelestraße, nach der Neumayer-Schule rechts in die Tullastraße, geradeaus in die Carl-Maria-von-Weber-Straße, an ihrem Ende links durch die Inzlinger Straße, an deren Ende rechts den Steinenweg hinauf und aus dem Stadtteil *Stetten* hinaus. Etwa einen Kilometer nach dem Ortsende steht rechts die Jugendherberge.

49 Breisach – Neuenburg – Weil-Friedlingen – Basel – Lörrach

Verkehrsmöglichkeiten Breisach ist Endstation einer Bundesbahnstrecke aus Freiburg und der Kaiserstuhlbahn aus Riegel. Autobahnabfahrt Riegel oder Freiburg-Mitte.

Parkmöglichkeiten In Breisach beschränkt bei der Jugendherberge; in der Radbrunnenallee oder am Bahnhof. In Lörrach bei der Jugendherberge.

Jugendherbergen Breisach, Münsterbergstraße 30–32. Lörrach-Stetten, Am Steinenweg.

Fahrradbahnhöfe Breisach und Bad Bellingen.

Tourenlänge 66 km.

Fahrzeit 5½ Stunden.

Höhenunterschiede Lediglich ein leichter Anstieg in Lörrach-Stetten zur Jugendherberge.

Karten Topographische Karten RW 1:50000 Breisach, Lörrach und Weil am Rhein sowie ohne Radwege Müllheim; 1:200000 Generalkarte Blatt 24.

Anmerkung Dieser Vorschlag bietet eine Alternative zu Tour 48. Der Rheindamm zwischen Breisach und Weil am Rhein zählt zu den reizvollsten Radwegen am Oberrhein. Es müssen einige Einschränkungen erwähnt werden. Bis zum Stauwehr

Zu Tour 40, 48, 49, 58 **Basel,** im Hof des Kunst-Museums. **Rodin: »Die Bürger von Calais«.** (Foto: Klaus Puntschuh)

Märkt gibt es keine Einkehrmöglichkeiten, sieht man davon ab, daß Neuenburg und Bad Bellingen nur wenige hundert Meter neben der Fahrstrecke liegen. Da der Rheindamm nicht asphaltiert, sondern nur befestigt ist (jedoch bei guter Oberflächenbeschaffenheit), ist er für Räder mit dünnen Reifen nicht zu empfehlen. Ab Neuenburg ist die Oberfläche des Dammes besser als zwischen Breisach und Neuenburg.

Personalausweis nicht vergessen!

Wissenswertes Breisach siehe Tour 22. Neuenburg siehe Tour 33. Basel und Lörrach siehe Tour 40.

Tourenbeschreibung In *Breisach* die Münsterbergstraße hinunter (Einbahnstraße!), durch das Spector, geradeaus durch die Richard-Müller-Straße und die Poststraße zum Bahnhof, rechts weiter und am Ende der Bahnhofstraße die Straße kreuzen, nach links parallel zu ihr und dann links unter ihr durch, geradeaus auf dem Steg über die Möhlin, rechts ab und vor der Rheinbrücke links weiter. Nur einmal verlassen wir den Rheindamm:

Biesheim
Ihringen
Wasenweiler
BREISACH
Neunkch.
Wolfgantzen
NEUF-BRISACH
Volgelsheim.
HOCHSTETTEN
Merdingen
N 415
Vogelgrun
196
GÜNDLINGEN
Wippertskirch
Weckolsheim
199
Algolsheim
31
Rothaus
292
Obersaasheim
NIEDER-RIMSINGEN
196
Möhlin
199
·304
TIENGEN
264
OBER-RIMSINGEN
Heiteren
Geiswasser
316
MUNZINGEN
Canal du Rhône au Rhin
Obergeiswasser
Ehrentrudis-Kp.
Grezhausen
Mühlbach
Hausen a. d. M.
D 52
Mengen
Talbuckhof
Alte Schanze
Scherzingen
208
Nambsheim
207
Biengen
Rheinfelderhof
Offnadgn.
Feldkirch
U9/48
Hartheim
Balgau
204
U7/46
Unterkrozingen
Römerstraße
Fessenheim
Schlatt
Thermalbad
31
Bremgarten
Bad Krozingen
Unt.-Ambringen
Weinstetten
(234)
Oberkrozingen
Tunsel
Grand Canal d' Alsace
227
U48
Blodelsheim
Schmidhofen
Neumagen
Eschbach
19
GALLENWLR.
245
Rhein
WETTELBRUNN
214
GRISSHEIM
(254)
220
HEITERSHEIM
Malteser Schl.
GRUNERN
Seefelden
-Dottingen
Ballrechten-
Rumersheim-le-Haut
Betberg
Kastelberg
442
704
Oberdottingen
St. Ilgen
Enggründle-K
Buggingen
246
SULZBURG
(474)
Chalampé-le Bas
ZIENKEN
LAUFEN
St. Cyriakus
U7
U48
Dattingen
Muggardt
Bantzenheim
HÜGELHEIM
Markgräfler Land
(230)
688
Chalampé
BRITZINGEN
MÜLLHEIM
D 39
378
U5/48
ZUNZINGEN
R. Neuenfels
U7 U50
Oberwlr.
NIEDERWLR.
Schweighof
NEUENBURG
755
326
Hach
Thermalb.
(426)
Ottmarsheim
R. Gutenau
5
VÖGISHEIM
Zähringer R.
Schl. Baden
Badenweiler
Klemm-B.
5
Lipburg
Zizingen
Luisenheim
Rheintal
Auggen
(266)
Sehringen
862
1165
FELDBERG
Berghotel Hochblauen
36
STEINENSTADT
R. Grüneck
705
Blauen
225
348
Mauchen
239
Gennenbach
434
(712)
Marzell
Schallsingen
863
U50
U5
Ob.-
Hombourg
Schliengen
Nd.-
Käsacker
Kaltenbach
1080
Schl. Entenstein
(251)
Eggenen

Bantzenheim
Chalampé
(230)
MÜLLHEIM
HÜGELHEIM
Muggardt
BRITZINGEN
688
ZUNZINGEN
R. Neuenfels
Oberwlr.
NIEDERWLR.
Schweighof
755
NEUENBURG
R. Gutenau
Ottmarsheim
Hach
326
Zähringer R.
Thermalb.
(426)
Schl. Baden
Badenweiler
VÖGISHEIM
Klemm-B.
Lipburg
Zizingen
Rheintal
Sehringen
Auggen
(266)
FELDBERG
1165
Berghotel Hochblauen
Luisenheim
Blauen
R. Grüneck
705
STEINENSTADT
225
239
348
Mauchen
Gennenbach
434
Schallsingen
863
(712)
Marzell
Hombourg
Schliengen
(251)
Schl. Entenstein
Nd.-
Ob.-
Eggenen
Käsacker
Kaltenbach
Hohwild
Petit Landau
453
Stocken
FEUERBACH
SITZENKIRCH
Vogelbach
R. Sausenburg
Lütschenbach
Edenbach
Lausbühl
Liel
Karlshof
Bad Bellingen
Thermalbad
Hertingen
477
Wässerlehof
469
Malsburg-
Hohe Stück
939
Niffer
Bamlach
Ettingen
387
Kaltenherberg
RIEDLINGEN
Uttnach
TANNENKIRCH
KANDERN
(352)
Endenburg
Rheinweiler
Gupf
Glashüttenhof
543
Platzhof
358
HOLZEN
Blansingen
702
Munzen-B.
Welmlingen
(289)
Hammerstein
Kleinkems
R. Vollenburg
Mappach
R. Rüttihof
Schlächtenhaus
(405)
Huttingen
Winterswlr.
Maugenhard
Egisholz
Egerten
Nebenau
266
Istein
388
Britschenhöfe
Isteiner Klotz
Egringen
WOLLBACH
Wittlingen
501
Hägelberg
Efringen-
Rechberg
Kembs
Schallbach
Museumseisenbahn Kandertal
HAUINGEN
Rosenau
Kirchen
Fischingen
Rümmingen
(293)
Burg Rötteln
HAAGEN
Rohr-Gr.
Eimeldgn.
Binzen
326
Wiese
BROMBACH
Höll
MÄRKT
ÖTLINGEN
TUMRINGEN
Lucke
HALTINGEN
Hüsingen
Haberhaeuser
Village-Neuf
ADAC
LÖRRACH
(294)
Ottwangen
Langenhaeuser
Flughafen Bâle Mulhouse
HUNINGUE
Obertüllgn.
278
St. Fridolins-Münster
STETTEN
Waidhof
Inzlingen
Hagenbach
St. Louis
Hesingue
WEIL
Schl. Reichenstein
475
Eich-B.
249
OTTERBACH
KLEINBASEL
Riehen
508
St. Chrischona
Bourgfelden
Hégenheim
DEGERFDN.
(272)
Bettingen
Grenzach-
Rührberg
HERTEN
RHE
NEU-ALLSCHWIL
Münster
Hist. Mus.
Kunst-Mus.
Kuranstalt
-Wyhlen
Allschwil
Birsfelden
Markhof
BASEL
(260)
Rheinhäuser
Soda-Fbr.
Kaiseraugst
Freidorf
Binningen
Augst
Augusta raurica
Röm.Th.
Schweizerhalle
Bott-
Muttenz

Zu Tour 40, 48, 49, 58 **Basel, Blick vom Turm des Münsters auf den Kreuzgang.** (Foto: Klaus Puntschuh)

Wo der Radweg in gerader Richtung endet, fahren wir auf dem Sträßchen nach links und gleich wieder rechts, kommen zwischen einem Campingplatz und einem Jachthafen durch und kehren in einem großen Rechtsbogen zum Rheindamm zurück. Unterwegs befindet sich bei einem Rheinwärterhaus ein kleines Tiergehege.

Wir unterfahren die Rheinbrücke bei *Neuenburg,* unterqueren die Autobahn nach Frankreich und sehen links die Dörfer Bad Bellingen, Rheinweiler, Kleinkems und Istein liegen. In Höhe von Efringen-Kirchen kommen wir an einem großen Rastplatz mit Grillstelle und Kinderspielplatz vorüber. Nach genau 52 Kilometern auf dem Rheindamm erreichen wir das *Stauwehr Märkt.* Ab hier über *Weil-Friedlingen, Basel-Kleinhüningen* und *Kleinbasel* zum Zollhäuschen am Stadtrand von *Lörrach* fahren wir wie bei Vorschlag 40.

Weiter: Geradeaus unter der Eisenbahnbrücke durch in die Wiesentalstraße, gleich rechts in die Dammstraße, nach links in in die Käppelestraße, nach der Neumayer-Schule rechts in die Tullastraße, geradeaus in die Carl-Maria-von-Weber-Straße, an ihrem Ende links durch die Inzlinger Straße, an deren Ende rechts den Steinenweg hinauf und aus dem Stadtteil *Stetten* hinaus. Etwa einen Kilometer nach dem Ortsende steht rechts die Jugendherberge.

50 Lörrach – Tüllingen – Weil am Rhein – Haltingen – Eimeldingen – Efringen-Kirchen – Neuenburg – Grißheim – Heitersheim – Bad Krozingen – Pfaffenweiler – Freiburg

Verkehrsmöglichkeiten Lörrach ist Bahnstation an der Strecke von Basel nach Zell im Wiesental. Mit dem Auto von der Rheintalautobahn A 5 über die Autobahn A 98 bis zur Abfahrt Lörrach-Inzlingen.
Parkmöglichkeiten In Lörrach und Freiburg jeweils bei der Jugendherberge.
Jugendherbergen Lörrach-Stetten, Am Steinenweg. Freiburg, Kartäuserstraße 151.
Fahrradbahnhöfe Bad Bellingen, Bad Krozingen und Freiburg Hauptbahnhof.
Tourenlänge 85 km.
Fahrzeit 7 Stunden.
Höhenunterschiede 80 Meter auf 1,5 Kilometer von Lörrach nach Tüllingen. Sanfter Anstieg in Heitersheim. Ansonsten eben.
Karten Topographische Karten RW 1:50000 Lörrach, Weil am Rhein und Freiburg-Süd sowie ohne Radwege Müllheim; 1:200000 Generalkarte Blatt 24.
Anmerkung Von Efringen-Kirchen bis Grißheim keine Einkehrmöglichkeiten direkt am Weg. Es liegen jedoch mehrere Ortschaften nur wenige hundert Meter abseits des Radweges. Der Rheindamm zwischen Efringen-Kirchen und Grißheim ist nur befestigt, doch mit einer recht guten Oberfläche versehen.
Wissenswertes Lörrach siehe Tour 40. Neuenburg siehe Tour 33. Heitersheim siehe Tour 31. Bad Krozingen, Kirchhofen und Ebringen siehe Tour 30. Freiburg siehe Tour 27.
Tourenbeschreibung Ab Jugendherberge *Lörrach-Stetten:* Den Steinenweg hinunter, geradeaus durch die Hauptstraße, über

den Bahnübergang, geradeaus die Weiler Straße hinunter, an deren Ende nach rechts durch die Wiesentalstraße bis zur Brücke über die Wiese und mit dem Wegweiser »Tüllingen« nach links über die Brücke. Der weitere Weg über *Tüllingen, Weil am Rhein, Haltingen* und *Eimeldingen* zum Bahnhof *Efringen-Kirchen* verläuft wie bei Vorschlag 40. Weiter: Die Bahnhofstraße hinunter und an der Kreuzung nach links auf der Markgrafenstraße aus dem Dorf. Wir kreuzen die Landesstraße, unterqueren die Autobahn und kommen zum Rheindamm, dem wir nach rechts folgen.

Fast 30 Kilometer bleiben wir auf dem Rheindamm, wobei wir die Autobahnbrücke und die Straßenbrücke bei *Neuenburg* unterqueren. Sieben Kilometer nach der Neuenburger Brücke verlassen wir den Rhein nach rechts auf der Straße nach *Grißheim:* Vor dem Sportplatz geradeaus durch die Rheinstraße und mit ihr links hinauf, an der Kreuzung geradeaus durch die Obere

Zu Tour 40, 48, 49, 50, 58 **Dreiländereck. Lörrach, Burg Rötteln.**
(Foto: Klaus Puntschuh)

Eschbach
hofen
GALLENWLR.
245
WETTELBRUNN
GRUNERN
Rhein
GRISSHEIM
214
(254)
HEITERSHEIM
Malteser Schl.
220
Seefelden
-Dottingen
Rumersheim-
le-Haut
Betberg
Ballrechten-
Kastelberg
442
704
Oberdottingen
St.Ilgen
Buggingen
246
Enggründle-K.
Chalampé -
le Bas
ZIENKEN
LAUFEN
SULZBURG
St.
Cyriakus
(474)
Dattingen
Bantzenheim
HÜGEL-
HEIM
Muggardt
Chalampé
(230)
MÜLLHEIM
BRITZINGEN
688
ZUNZINGEN
R. Neuenfels
Bad S
U7
U50
U5
U48
Oberwlr.
NIEDERWLR.
Schweighof
NEUEN-
BURG
326
Hach
Thermalb.
(426)
755
Zähringer R.
Schl. Baden
Badenweiler
Ottmarsheim
R. Gutenau
VÖGISHEIM
Klemm-B.
Lipburg
Zizingen
Rheintal
Luisenheim
Sehringen
Auggen
(266)
FELDBERG
1165
A36
862
Berghotel Hochblauen
R. Grüneck
705
Blauen
225
STEINENSTADT
348
239
Mauchen
Gennenbach
434
(712)
-Marzel
Schallsingen
863
Hombourg
Schliengen
Nd.-
Ob.-
Käsacker
Kaltenbach
Schl. Entenstein
(251)
-Eggenen
Hohwild
453
Vogelbach
Petit
Landau
Liel
Stocken
FEUERBACH
SITZENKIRCH
Lütschenbach
R. Sausenburg
Edenbach
Karlshof
Lausbühl
Bad
Bellingen
Thermal-
bad
Hertingen
Wässerlehof
Malsburg -
477
469
Niffer
Bamlach
Ettingen
Hohe Stück
939
387
Rheinweiler
Kalten-
herberg
RIEDLINGEN
Uttnach
TANNENKIRCH
KANDERN
(352)
Endenburg
Gupf
358
Glashüttenhof
543
Platzhof
Blansingen
HOLZEN
Markgräfler Land
Kandertal
702
Munzen-B.
Welmlingen
(289)
Kleinkems
Hammerstein
Schlächtenhaus
R. Vollenburg
(405)
Mappach
R. Rüttihof
Huttingen
Winterswlr.
266
Maugenhard
Egisholz
Egerten
Nebenau
Istein
388
Britschen-
höfe
WOLLBACH
501
Hägelberg
Isteiner Klotz
Egringen
Wittlingen
Efringen-
Rechberg
Kembs
Schallbach
Rosenau
Kirchen
Fischingen
Rümmingen
(293)
Burg Rötteln
HAUINGEN
Museumseisenbahn
Kander
Rohr-Gr.
HAAGEN
Eimel-
dgn.
Binzen
Chaussée
326
Wiese
BROMBACH
MÄRKT
ÖTLINGEN
Lucke
TUM-
RINGEN
Haberhaeuser
Hüsingen
Village-
Neuf
HALTINGEN
ADAC
LÖRRACH
Langenhaeuser
(294)
Ottwangen
Flughafen
Bâle Mulhouse
HUNINGUE
Ober-
tüllgn.
278
St. Fridolins-
Münster
Waid-
hof
STETTEN
St. Louis
Hesingue
WEIL
Inzlingen
Hagenbach
Schl. Reichenstein

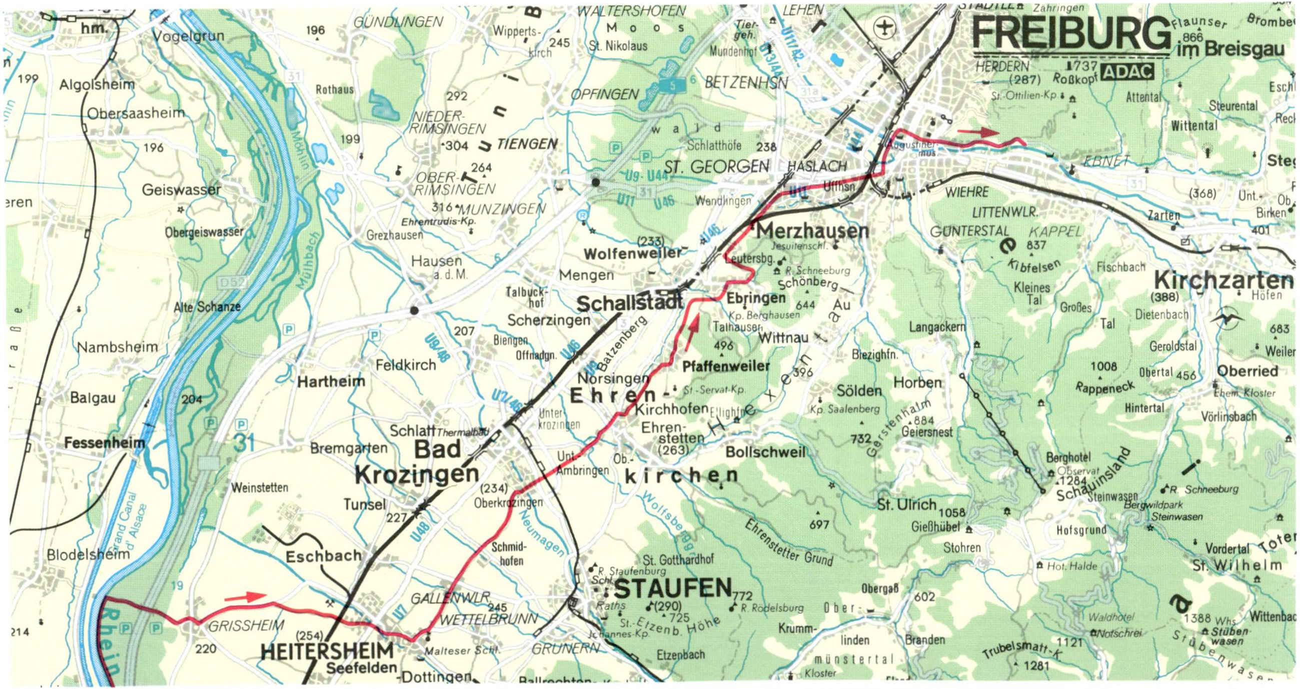
FREIBURG im Breisgau
ADAC
Kirchzarten
Merzhausen
Schallstadt
Ebringen
Pfaffenweiler
Bad Krozingen
STAUFEN
HEITERSHEIM
Seefelden
Dottingen
Eschbach
Tunsel
Hartheim
Feldkirch
Bremgarten
Schlatt
Norsingen
Kirchhofen
Ehrenstetten
Bollschweil
Wittnau
Sölden
Horben
Au
Mengen
Scherzingen
Wolfenweiler
ST. GEORGEN
HASLACH
WIEHRE
GÜNTERSTAL
LITTENWLR.
KAPPEL
Kibfelsen
OPFINGEN
BETZENHSN
WALTERSHOFEN
St. Nikolaus
TIENGEN
MUNZINGEN
OBER-RIMSINGEN
NIEDER-RIMSINGEN
Hausen a. d. M.
Grezhausen
Rothaus
GÜNDLINGEN
Vogelgrun
Algolsheim
Obersaasheim
Geiswasser
Obergeiswasser
Alte Schanze
Nambsheim
Balgau
Fessenheim
Blodelsheim
Weinstetten
GRISSHEIM
Grand Canal d' Alsace
Rhein
Möhlin
Mühlbach
Neumagen
Wolfsberg
Ehrenstetter Grund
Oberkrozingen
Schmid-hofen
GALLENWLR.
WETTELBRUNN
GRUNERN
Etzenbach
Krumm-linden
münstertal
Obergaß
Branden
St. Ulrich
Gießhübel
Stohren
Hofsgrund
Schauinsland
Steinwasen
Rappeneck
Oberried
Hintertal
Vörlinsbach
St. Wilhelm
Vordertal
Notschrei
Trubelsmatt-K.
Stübenwasen
Zarten
Ebnet
HERDERN
Roßkopf
Attental
Steurental
Wittental
Dietenbach
Geroldstal
Obertal
Weiler
Höfen
Langackern
Geiersnest
Fischbach
Kleines Tal
Großes Tal

Kirchstraße, an ihrem Ende rechts in die Bugginger Straße und gleich wieder links durch die Heitersheimer Straße aus dem Ort hinaus.

Nach zwei Kilometern ohne Radweg biegen wir in einer langgezogenen Linkskurve rechts in den Wirtschaftsweg (vor uns ein Hochspannungsmast) und fahren auf den Schwarzwald zu. Nach dem Unterqueren der Bahn erreichen wir *Heitersheim* auf dem Grißheimer Weg. Weiter: Später links durch die Hebelstraße, an ihrem Ende auf dem Steg über den Bach, rechts und über die Bundesstraße, durch die Eisenbahnstraße, am Alten Rathaus halblinks durch die Hauptstraße und vor dem Ordensschloß nach links aus der Stadt. Den Stadtteil *Gallenweiler* durchfahren wir auf der Schmidhofener Straße.

Auf der Felix- und Naborstraße kommen wir durch *Schmidhofen.* In *Bad Krozingen:* Am Ende der Schmidhofener Straße an der Kapelle geradeaus in die Fridolinstraße, an deren Ende rechts in die Kemsstraße, links in die Josefstraße, über die Neumagenbrücke, beim »Adler« die Straße kreuzen und geradeaus durch die Felder.

Der weitere Weg über *Kirchhofen, Pfaffenweiler, Ebringen, Leutersberg,* die Freiburger Stadtteile *Wendlingen, St. Georgen* und *Uffhausen* bis zur Brücke über die Dreisam in *Freiburg* verläuft wie bei Vorschlag 30. Wir tragen unser Rad die Treppen auf der Südseite der Brücke hinunter und fahren auf dem Rad-

Zu Tour 10, 51 **Friesenheim, römische Straßenstation.** (Foto: Heinz Wittner)

und Fußweg an der Dreisam bachaufwärts. Er führt unter einer Vielzahl von Brücken durch. In der Fußgängerunterführung halten wir uns an den Hinweis »Schwabentor«. Dann geht es weiter an der Dreisam entlang. Im Bereich der Sportanlagen wechseln wir auf dem Ottiliensteg auf die andere Seite und sind nach 500 Metern an der Jugendherberge.

51 Freiburg – Gundelfingen – Vörstetten – Emmendingen – Teningen – Riegel – Malterdingen – Kenzingen – Herbolzheim – Ringsheim – Ettenheim – Mahlberg – Kippenheim – Mietersheim – Lahr – Hugsweier – Friesenheim – Ober- und Niederschopfheim – Hofweier – Elgersweier – Ortenberg

Verkehrsmöglichkeiten Freiburg ist IC-Bahnhof an der Strecke Karlsruhe – Basel. Autobahnabfahrt Freiburg-Mitte.

Parkmöglichkeiten Bei den Jugendherbergen Freiburg und Ortenberg.

Jugendherbergen Freiburg, Kartäuserstraße 151. Schloß Ortenberg, Burgweg 21, D-7601 Ortenberg.

Fahrradbahnhöfe Freiburg und Offenburg Hauptbahnhof sowie Lahr.

Tourenlänge 90 km.

Fahrzeit 7½ Stunden.

Höhenunterschiede 62 Meter auf 1 Kilometer zwischen Ringsheim und Ettenheim. 60 Meter auf 1,5 Kilometer nach Friesenheim. Anstieg in Ortenberg zur Burg.

Karten Topographische Karten RW 1:50000 Freiburg-Süd, Freiburg-Nord, Lahr und Offenburg; 1:200000 Generalkarte Blatt 21/24.

Wissenswertes Freiburg siehe Tour 27. Emmendingen siehe Tour 26. Riegel siehe Tour 19. Kenzingen und Hecklingen siehe Tour 18. Herbolzheim und Ettenheim siehe Tour 16. Mahlberg und Kippenheim siehe Tour 15. Lahr siehe Tour 14. Niederschopfheim siehe Tour 10. Ortenberg siehe Tour 11.

Tourenbeschreibung Von der Jugendherberge *Freiburg* über die Straße, an der Dreisam entlang, über den Ottiliensteg und an der anderen Seite vier Kilometer an der Dreisam entlang bis zur wappengeschmückten Brücke. Wir tragen das Rad die Stufen hinauf, oben rechts über die Brücke, geradeaus durch die

Kippenheim
MAHLBERG
ORSCHWEIER
Schmieheim
WALLBURG
Wittelbach
Wolfersbach
Regelsbach
Schutter-
tal
ALTDORF
ETTENHEIM
MÜNCHWEIER
Ringsheim
St. Landolin
ETTENHEIM-
MÜNSTER
Dörlinbach
HERBOLZHEIM
TUTSCHFELDEN
BROGGINGEN
BLEICHHEIM
Muckental
Streitberg
WAGENSTADT
R. Kirnburg
Kirnhalden
NORDWEIL
Hohreute
Unterer
Berg
Hohe Eck
Ottoschwanden
KENZINGEN
BOMBACH
Oberer
Berg
Eckle
Allmend
Waldshut
Graben
Bretttental
R. Lichteneck
HECKLINGEN
Heimbach
Freiamt
Niedertal
Schillinger B.
Mußbach
R. Keppenbach
Dörner
Malterdingen
Huttenhof
Allmends-
berg
Glasig
Reichenbach
Hohe Tag
Keppen-
bach
Siegelau
Köndringen
Landeck
MUNDINGEN
Tennenb.
Ober-
sexau
Gescheid
MALECK
Elz
Teningen
Zeismatte
R. Hochburg
Eberbächle
Harnischwald
Vögelestein
Gutach
EMMENDINGEN
WINDENREUTE
Mühlebächle
KOLLMARS-
REUTE
Reichenbächle
KOLLNAU
R. Kastelbg.
Untere Höfe
WASSER
Altdorf
Ob.
Höfe
Vordersexau
Sexau
Lörch
Hohe Tanne
Batzenhäusle
Nimburg
Bottingen
Reute
BUCHHOLZ
Petershöfe
Neuershsn.
Holzhsn.
Unterreute
Oberreute
Glotterbach
R. St.
Severin
SUGGENTAL
Schupfholz
March
Vörstetten
Buchheim
Denzlingen
Kranzkopf
Benzhsn.
Hugstetten
Vorder-
heuwlr.
Neu
häuser
Winterbach
HOCHDF.
Moos-
wald
Markwald
Heuweiler
Hinterheuwlr.
Wiggisrain
Ohrensbach
Gundel-
fgn.
Föhrental
Glottert
Am Rain
Wildtal
ZÄHRINGEN
VOR-
STÄDTLE
R.
Zähringen
LEHEN
Tier-
geh.
Mundenhof
BETZENHSN.
Flaunser
Brombee
FREIBURG
im Breisgau
HERDERN
Roßkopf
ADAC
St.-Ottilien-Kp.
Attental
Steurental
Wittental
Schlatthöfe
Augustiner-
mus.

Schnewlinstraße, an ihrem Ende links über den Konrad-Adenauer-Platz, vor dem Bahnhof nach links auf der Brücke über die Bahn, geradeaus durch die Wannerstraße, an deren Ende rechts durch die Fehrenbachallee, an ihrem Ende rechts in die Breisacher Straße, an der nächsten großen Kreuzung nach links durch die Hohenzollernstraße. Im weiteren Verlauf behalten wir innerhalb der Stadt immer die nördliche Richtung bei: Durch die Friedhofstraße, die Waldkircher Straße, halblinks durch die Zähringerstraße und geradeaus durch die Gundelfinger Straße.

Gundelfingen durchfahren wir auf der Bundesstraße (am »Rößle« geradeaus; im Ort kein Radweg). Am Ortsende, wo die Bundesstraße halbrechts abzweigt, fahren wir geradeaus weiter. Später unterqueren wir die vierspurige Bundesstraße, dahinter nach links nochmals unter der Bundesstraße durch, dann wieder links und sofort wieder rechts weiter.

Durch *Vörstetten:* Am Ende der Talstraße nach rechts durch die Freiburger Straße und deren Fortsetzung, der Breisacher Straße durch den Ort. 500 Meter nach dem Ortsende verlassen wir im Bereich der Hochspannungsmasten die Straße nach rechts. An der Waldecke geht es rechts und gleich wieder links. Auf der folgenden Strecke behalten wir bei allen Abzweigungen immer die nördliche Richtung bei.

Im Emmendinger Stadtteil *Wasser* biegen wir am Ende des Hirtenweges rechts in die Basler Straße und gleich wieder links in den Grünweg, fahren über die Elzbrücke und dahinter auf dem Elzdamm nach *Emmendingen:* Im Bereich der nächsten Brücke kreuzen wir die stark befahrene Bundesstraße (Vorsicht!). Eine Brücke weiter verlassen wir nach rechts versetzt den Damm und fahren auf der Straße in gleicher Richtung weiter.

In *Teningen* geht es über die Elzbrücke und sofort nach rechts auf dem Elzdamm weiter. Am Ende des Dammes bei *Riegel* biegen wir rechts über die Brücke und 200 Meter weiter nochmals rechts ab. Wir unterqueren die Autobahn, kreuzen die Bahn und die Bundesstraße und kommen nach *Malterdingen,* das wir sogleich wieder scharf links auf der Hecklinger Straße verlassen.

Später entfernt sich unser Radweg von der Bundesstraße, wobei wir immer die Ruine Lichteneck im Blickfeld haben. *Hecklingen* durchfahren wir auf der Dorfstraße. Nach dem Dorf verläuft der Radweg einige hundert Meter neben der Bundesstraße, um sie dann nach rechts zu verlassen. Später, wo wir schon vor uns die Doppeltürme der Kirche sehen, biegen wir links ab und fahren vor der Elzbrücke auf dem schmalen Pfad am Bach entlang. Am Ende des Radweges erreichen wir *Kenzingen:* Rechts

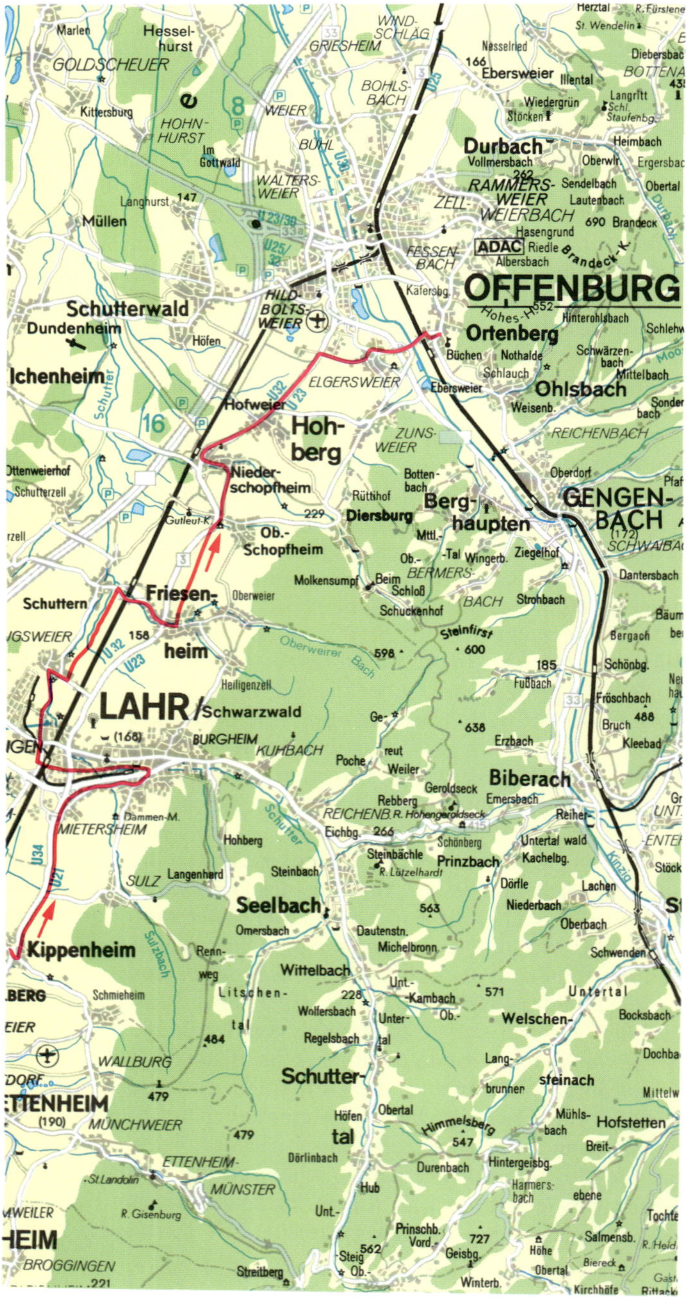
OFFENBURG
LAHR/Schwarzwald
GENGENBACH
Marlen
Hesselhurst
GOLDSCHEUER
Kittersburg
HOHNHURST
Im Gottwald
Langhurst
Müllen
Schutterwald
Dundenheim
Höfen
Ichenheim
Ottenweierhof
Schutterzell
Schuttern
Friesenheim
Oberweier
Heiligenzell
BURGHEIM
KUHBACH
MIETERSHEIM
Dammen-M.
SULZ
Langenhard
Kippenheim
Schmieheim
WALLBURG
MÜNCHWEIER
ETTENHEIM-MÜNSTER
St. Landolin
R. Gisenburg
BROGGINGEN
Streitberg
WINDSCHLÄG
GRIESHEIM
BOHLSBACH
WEIER
BÜHL
WALTERSWEIER
HILDBOLTSWEIER
ELGERSWEIER
Hofweier
Hohberg
Niederschopfheim
Gutleut-K.
Ob.-Schopfheim
Molkensumpf
ZUNSWEIER
Rüttihof
Diersburg
Bottenbach
Berghaupten
Beim Schloß
Schuckenhof
Steinfirst
Oberweirer Bach
Geroldseck
Rebberg
REICHENB.
R. Hohengeroldseck
Eichbg.
Schönberg
Steinbächle
R. Lützelhardt
Prinzbach
Hohberg
Steinbach
Seelbach
Ornersbach
Dautenstn.
Michelbronn
Wittelbach
Litschental
Wolfersbach
Unt.-Kambach
Untertal
Regelsbach
Schuttertal
Obertal
Höfen
Dörlinbach
Himmelsberg
Durenbach
Hub
Prinschb. Vord.-
Geisbg.
Winterb.
Steig
Nesselried
Ebersweier
Illental
Wiedergrün
Stöcken
Langrütt
Schl. Staufenbg.
Durbach
Vollmersbach
RAMMERSWEIER
ZELL-WEIERBACH
Heimbach
Oberwlr.
Ergersbach
Sendelbach
Obertal
Lautenbach
Hasengrund
Brandeck
ADAC
Riedle
Albersbach
Brandeck-K.
FESSENBACH
Käfersbg.
Hohes-H.
Hinterohlsbach
Ortenberg
Büchen
Nothalde
Schlauch
Schwärzenbach
Mittelbach
Ebersweier
Ohlsbach
Weisenb.
REICHENBACH
Oberdorf
Ziegelhof
Strohbach
Dantersbach
Bergach
Schönbg.
Fußbach
Fröschbach
Bruch
Kleebad
Erzbach
Biberach
Emersbach
Reiher-
Untertal wald
Kachelbg.
Dörfle
Lachen
Niederbach
Oberbach
Schwenden
Kinzig
Untertal
Bocksbach
Welschensteinach
Langbrunnen
Mühlsbach
Hofstetten
Breitebene
Hintergeisbg.
Harmersbach
Salmensb.
Höhe
Obertal
Biereck
Kirchhöfe
Herztal
R. Fürstenegg
St. Wendelin
Diebersbach
Schutter
Sulzbach
Durbach

in den Ablosweg, an dessen Ende nach links durch die Lange Straße in die Stadtmitte und nach rechts auf der Hauptstraße in nordöstlicher Richtung aus der Stadt.

Von Kenzingen über *Herbolzheim, Ringsheim, Ettenheim, Altdorf* nach *Mahlberg* halten wir uns an die Beschreibung der Tour 18. In Mahlberg fahren wir am Ende der Karl-Kromer-Straße nach rechts auf der Eisenbahnstraße stadtauswärts. Durch *Kippenheim* und *Mietersheim* nach *Lahr* zum Bahnhof fahren wir wie bei Tour 15 beschrieben.

Vor dem Bahnhof Lahr nach links durch die Vogesenstraße, vor der Brücke rechts ab und über die Bahn, nach rechts auf der Raiffeisenstraße durch das Gewerbegebiet, an der Ampel geradeaus durch die Flugplatzstraße; nach den letzten Häusern beginnt wieder der Radweg. In *Hugsweier* biegen wir am Ende der Flugplatzstraße nach rechts in die Hugsweierer Hauptstraße. Nach den letzten Häusern fahren wir nach links weiter, am Ende des Weges wieder rechts und vor dem Aussiedlerhof nach links.

Später liegen rechts unseres Weges die Ausgrabungen der *römischen Straßenstation Friesenheim.* Wo wir zur Straße kommen, biegen wir rechts ab und kommen nach *Friesenheim:* Nach dem Überqueren der Bahn durch die Bahnhofstraße, an ihrem Ende bei der Ampel geradeaus in die Friesenheimer Hauptstraße, nach der zweiten Kirche bei der Post nach links auf der Weinbergstraße leicht ansteigend ortsauswärts. Die Anstrengung des Anstiegs wird wettgemacht durch eine längere Gefällstrecke bis *Oberschopfheim:* Am Ende der Hebelstraße parallel zur Bundesstraße und am Ortsende halbrechts durch die Niederschopfheimer Straße wieder hinaus.

In *Niederschopfheim:* Durch die Blumenstraße, geradeaus durch die Steinebühlstraße bis zur Linde, nach links durch die Hauptstraße an der Barockkirche vorbei, und auf deren Fortsetzung, der Alten Landstraße, nach rechts wieder ortsauswärts. Draußen parallel zur Bundesstraße hinein nach *Hofweier,* das wir auf der Freiburger Straße durchqueren.

Knapp zwei Kilometer nach dem Ortsende biegen wir kurz vor dem Beginn der Bebauung rechts ab und durchfahren *Elgersweier* den Wegweisern nach *Ortenberg* folgend, wo wir an der Kreuzung beim Rathaus geradeaus in den Burgweg und hinauf zur Jugendherberge fahren.

52 Straßburg – la Wantzenau – Hoerdt – Geudertheim – Brumath – Krautwiller – Wingersheim – Gingsheim – Duntzenheim – Saessolsheim – Altenheim – Furchhausen – Zabern (Saverne)

Verkehrsmöglichkeiten Straßburg ist Bahnknotenpunkt. Autobahnabfahrt Appenweier und weiter auf der Europastraße 11.
Parkmöglichkeiten In Straßburg und Zabern bei den Jugendherbergen.
Jugendherbergen Strasbourg, Auberge de Jeunesse »Parc du Rhin«. Saverne, Château de Rohan.

Zu Tour 52, 53 **Le Haut Barr** (Elsaß). (Foto: Office du Tourisme, Saverne)

Fahrradbahnhof Kehl. **Tourenlänge** 60 km.
Fahrzeit Gut 5 Stunden.
Höhenunterschiede Zwischen Wingersheim und Saverne hügeliges Gelände.
Karten Topographische Karte 1:100000 der ign France »Strasbourg – Forbach«; 1:200000 Generalkarte Vogesen/Elsaß.
Wissenswertes Straßburg siehe Tour 8.

Brumath geht auf den gallo-römischen Ort Brocomagus zurück, der zur Zeit Cäsars Hauptstadt des Germanenstammes der Triboker wurde. Die Franken errichteten hier einen Königshof. Im Jahr 1000 wurde in Brumath eine Münzprägestätte erbaut. Stadtrechte seit 1336. Teile des von 1720 bis 1728 erbauten Schlosses der Grafen von Hanau-Lichtenberg sind erhalten.

An der Stelle der heutigen Stadt *Zabern (Saverne)* befand sich zur Römerzeit die Stadt Tres Tabernae (drei Tavernen), die an der Kreuzung wichtiger Straßen entstand. Gegen Ende des 12. Jahrhunderts kam der Ort in den Besitz der Straßburger Bischöfe, die hier von 1414 bis 1789 residierten. Das 1539 begonnene Alte Schloß ist noch zum großen Teil erhalten. Nach einem Brand im Jahr 1709 ließ Kardinal de Rohan das Neue Schloß im Barockstil erbauen, das nach einem neuerlichen Brand 1779 das heutige Gesicht bekam. In der Altstadt sind eine Reihe von sehenswerten Bürgerhäusern erhalten geblieben. Leider hat man nach dem Zweiten Weltkrieg die Reste der alten Stadtmauer mit einem Römerturm beseitigt. Ehemalige Stiftskirche: Turm romanisch, Langhaus 1418/39 erbaut; reichhaltige Ausstattung, 14./18. Jahrhundert. Ehemalige Franziskanerkirche mit Kreuzgang, 1303 erbaut; Ausstattung 14./19. Jahrhundert. Die St.-Michaels-Kapelle wurde Anfang des 14. Jahrhunderts erbaut.

Tourenbeschreibung Ab Jugendherberge »Parc du Rhin« in *Straßburg:* Am Ende der Rue des Cavalliers bei den Kapellen nach links unter der Bahn durch, nach rechts in die Route du Petit Rhin, halblinks über die Hafenbrücke, hier das Rad die Treppe hinuntertragen, nach Norden durch die Rue Général Picquart, geradeaus durch die Rue Général Conrad, Linkskurve, Rue Boussingault und nach rechts über die Brücke des Rhein-Marne-Kanals.

Durch *Robertsau:* Durch die Rue de la Carpe Haute und mit ihr an der Kreuzung rechts weiter, links durch die Rue Himmerich, an der Hospitalmauer nach rechts durch die Rue Mélanie, am Schloß Robertsau halbrechts, später nach rechts zum Rheindamm und auf ihm nach links weiter.

Am kleinen Tierpark der Vogelfreunde verlassen wir den Damm nach links und kommen nach *la Wantzenau:* Nach rechts

über die Illbrücke und nacheinander durch die Rue du Général Leclerq, die Rue des Héros und die Rue Général de Gaulle, nach rechts auf der Route de Strasbourg über die Bahn und einige hundert Meter weiter links ab nach *Hoerdt:* Am Ende der Rue de la Wantzenau biegen wir rechts ab und folgen nach dem Rathaus (Mairie) links dem Wegweiser nach *Geudertheim.* Dort biegen wir im Ort links ab (»Brumath«) und durchfahren ihn in seiner gesamten Länge.

Durch das Städtchen *Brumath:* Durch die Rue du Général Raempon, geradeaus durch die Rue Jacques Kable, geradeaus durch die Rue du Général Duport und weiter gerade auf der Rue de Krautwiller aus der Stadt. Gleich nach dem Unterqueren der Autobahn durchfahren wir das Dörfchen *Krautwiller* auf der Rue de l'École.

Bei der Mühle überqueren wir die Zorn und sind sogleich am Rhein-Marne-Kanal. Hier könnte man auf dem Treidelpfad

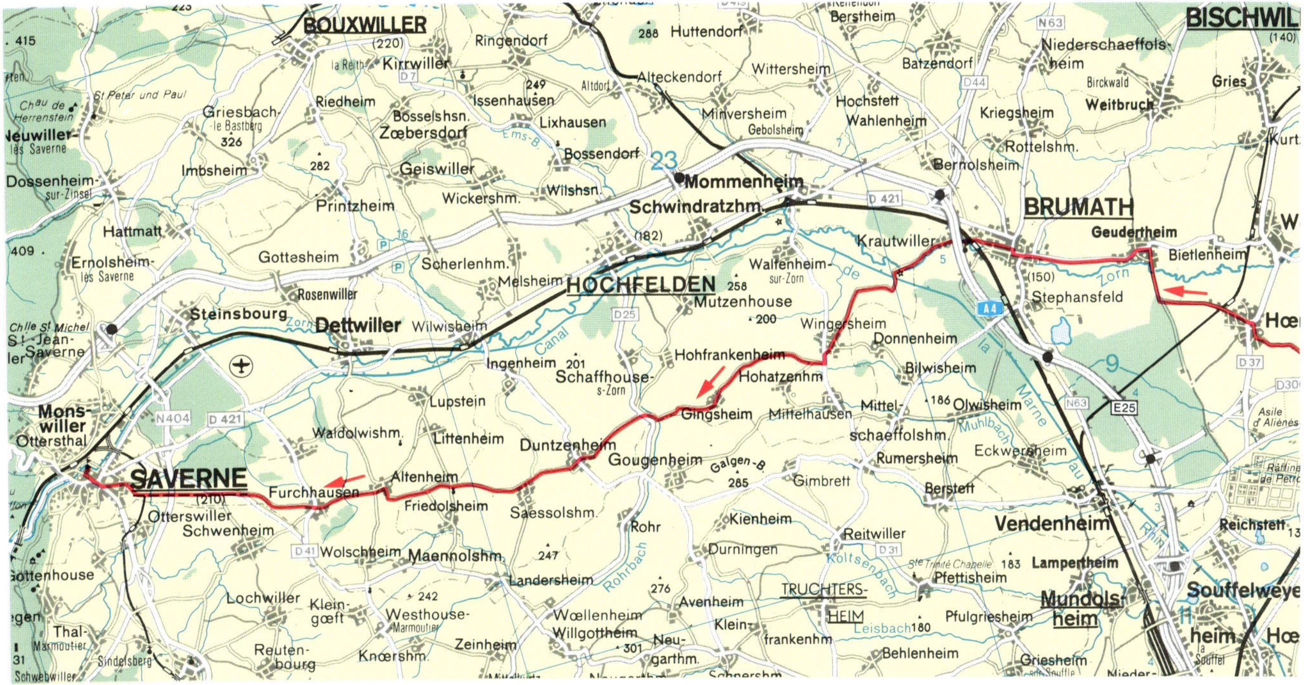
BOUXWILLER
BISCHWIL
BRUMATH
HOCHFELDEN
SAVERNE
Ringendorf
Huttendorf
Berstheim
Niederschaeffols-
heim
Kirrwiller
Alteckendorf
Wittersheim
Batzendorf
Gries
Weitbruch
Birckwald
Riedheim
Issenhausen
Altdorf
Hochstett
Wahlenheim
Kriegsheim
Griesbach-
le Bastberg
Bosselshsn.
Zœbersdorf
Lixhausen
Minversheim
Gebolsheim
Rottelshm.
Neuwiller-
lès Saverne
Imbsheim
Geiswiller
Bossendorf
Mommenheim
Bernolsheim
Dossenheim-
sur-Zinsel
Printzheim
Wickershm.
Wilshsn.
Schwindratzhm.
Hattmatt
Gottesheim
Scherlenhm.
Krautwiller
Geudertheim
Bietlenheim
Ernolsheim-
lès Saverne
Melsheim
Waltenheim-
sur-Zorn
Stephansfeld
Rosenwiller
Steinsbourg
Dettwiller
Wilwisheim
Mutzenhouse
St-Jean-
Saverne
Wingersheim
Donnenheim
Hohfrankenheim
Ingenheim
Schaffhouse-
s-Zorn
Hohatzenhm
Bilwisheim
Mons-
willer
Ottersthal
Lupstein
Gingsheim
Mittelhausen
Mittel-
schaeffolshm.
Olwisheim
Waldolwishm.
Littenheim
Duntzenheim
Eckwersheim
Gougenheim
Rumersheim
Altenheim
Furchhausen
Gimbrett
Berstett
Friedolsheim
Saessolshm.
Otterswiller
Schwenheim
Kienheim
Rohr
Reitwiller
Vendenheim
Reichstett
Wolschheim
Maennolshm.
Durningen
Lampertheim
Gottenhouse
Landersheim
Pfettisheim
Souffelweye
Lochwiller
Klein-
gœft
Westhouse-
Marmoutier
Wœllenheim
Willgottheim
Avenheim
TRUCHTERS-
HEIM
Mundols-
heim
Thal-
Marmoutier
Reuten-
bourg
Knœrshm.
Zeinheim
Neu-
garthm.
Klein-
frankenhm
Pfulgriesheim
Behlenheim
Griesheim
Sindelsberg
Schwebwiller
St Peter und Paul
Chau de Herrenstein
Chlle St Michel
Zorn
Canal
Marne
Muhlbach
Rohrbach
Koltsenbach
Leisbach
Ems-B.
Galgen-B.
Asile d'Aliénés
D 421
N404
D 421
D 25
D 41
D 31
D 44
D 7
N63
N63
A4
E25
D 37
23
9
11
(220)
(210)
(182)
(150)
(140)
415
409
326
282
249
288
258
200
201
186
285
247
276
242
301
183
180

ohne Höhenunterschiede nach Zabern fahren; der Pfad ist jedoch nur geschottert. In *Wingersheim:* Von der Rue de la 1ere Armée halbrechts in die Rue de la Liberation, die dann in die Route de Mittelhausen übergeht, und am Ortsende rechts ab. Auf der Rue Principale durchmessen wir *Gingsheim.* Zwei Kilometer weiter biegen wir rechts und 100 Meter danach wieder links ab und kommen nach *Duntzenheim:* Am Ende der Rue de Hochfelden an der Gabelung halblinks durch die Rue de Saverne.

Saessolsheim berühren wir nur am Ortsrand. *Altenheim* durchfahren wir nacheinander auf der Rue de Friedolsheim, der Rue Principale und der Rue de Furchhausen, immer der Beschilderung »Saverne« folgend. Durch *Furchhausen* kommen wir auf der Rue d'Altenheim und deren Fortsetzung, der Route de Saverne. Gut 1,5 Kilometer außerhalb des Dorfes folgen wir der Querstraße nach rechts. Achtung: Unmittelbar nach dem Unterqueren der Umgehungsstraße biegen wir links ab. In *Zabern:* Am Ende der Rue de l'Ermitage rechts ab immer den Wegweisern »Centre Ville« folgend, nach links auf der Route de Paris und nach rechts in die Altstadt und zur Jugendherberge im Schloß.

53 Elsässische Städteromantik I Zabern (Saverne) – Gottenhouse – Maursmünster (Marmoutier) – Reutenbourg – Jetterswiller – Wasselnheim (Wasselonne) – Soultz-les-Bains – Molsheim – Dorlisheim – Rosheim – Boersch – Obernai

Verkehrsmöglichkeiten Saverne ist Schnellzugstation an der Strecke Strasbourg – Metz. Autobahnabfahrt Saverne auf der A 4.
Parkmöglichkeiten In Zabern beschränkt am Rohan-Schloß; großer Platz: An der Rue des Dragons (Wegweiser: Hoh-Barr).
Jugendherberge Saverne, Château de Rohan (Rohan-Schloß).
Tourenlänge 43 km.
Fahrzeit Knapp 4 Stunden.
Höhenunterschiede Auf der gesamten Strecke leicht welliges Gelände.
Karten Topographische Karte 1:100000 der ign France »Strasbourg – Forbach«; 1:200000 Generalkarte Vogesen/Elsaß.

Zu Tour 52, 53 **Hexentisch** (Elsaß). (Foto: Office du Tourisme, Saverne)

Anmerkung Auf dieser Strecke werden mehrere reizvolle Städtchen angefahren. In Obernai gibt es keine Jugendherberge.
Wissenswertes Zabern (Saverne) siehe Tour 52.

Maursmünster (Marmoutier) entstand bei einem der ältesten und reichsten Klöster des Elsaß, dessen Anfänge weit in das 7. Jahrhundert zurückreichen. Sein heutiger Name geht auf den Abt Maurus zurück, der um 724 dem Kloster vorstand. Das Kloster erlebte ab dem Ende des 12. Jahrhunderts seine höchste Blüte. Zur Zeit der Französischen Revolution wurde es aufgehoben. Ehemalige Abteikirche, seit 1805 Pfarrkirche: Der Westbau mit den zwei Türmen wurde um 1140 begonnen; vollendet wurde die Kirche um 1300; reiche Ausstattung; viele alte Grabdenkmäler. Beiderseits des Platzes vor der Kirche: Stiftshäuser, 17./18. Jahrhundert. Friedhofskapelle, 12. Jahrhundert.

Wasselnheim wird 754 zum erstenmal urkundlich erwähnt, als es dem Kloster Hornbach geschenkt wurde. 1436 kam es in den Besitz der Stadt Straßburg. Von der alten Stadtbefestigung ist noch ein Tor erhalten. Vom Schloß, das einst Straßburger Amtssitz war, ist noch der Rest eines Turmes vorhanden. In der 1755/57 erbauten Pfarrkirche befindet sich eine Silbermann-Orgel von 1745. Einmalig im Elsaß ist die protestantische Kanzel auf dem Friedhof (1673).

Das Bad mit einer Kochsalzquelle wird schon 1481 in *Sulzbad (Soultz-les-Bains)* erwähnt. Der Turm der Pfarrkirche stammt aus dem 12. Jahrhundert, der Chor aus dem 15. Jahrhundert.

Molsheim, das 1263 eine Stadtmauer bekam, war ab 1308 im Besitz des Bistums Straßburg. Das 1580 gegründete Jesuitenkolleg wurde 1617 zur Universität erhoben, die 1702 nach Straßburg verlegt wurde. In unserem Jahrhundert war die Stadt bis in die 50er Jahre Sitz der Automobilfabrik von Ettore Bugatti. Eine stattliche Zahl schöner Renaissancegebäude hat die Zeit überdauert, wie z. B. die Metzig, die Münze, der Getreidekasten oder der Altdorfer Hof. Teile der Stadtmauer sind noch erhalten. Die Pfarrkirche, früher Jesuitenkirche, wurde 1614/18 erbaut; reiche Ausstattung, darunter Silbermann-Orgel von 1781.

Das 737 erstmals genannte *Dorlisheim* war im Mittelalter ummauert und kam 1495 in den Besitz der Stadt Straßburg. Die Pfarrkirche stammt zum größten Teil aus der Mitte des 12. Jahrhunderts.

Klein aber fein! So könnte man das Städtchen *Rosheim* umschreiben. Der Ort, dessen Geschichte durch einen häufigen Herrschaftswechsel gekennzeichnet ist, trat 1323 dem Zehnstädtebund bei. Innerhalb der fast vollständigen Stadtmauer ist fast jedes Gebäude ein Beispiel der Baukunst vergangener Jahrhunderte.

Ähnlich ist das benachbarte Städtchen *Boersch,* das im Besitz des Straßburger Bistums war und 1430 Stadtrecht erhielt: Tore, schöne alte Gebäude und der besonders schöne Sechseimerbrunnen geben dem Ort heute noch das Gepräge einer mittelalterlichen Stadt.

Obernai (Oberehnheim) siehe Tour 44.

Tourenbeschreibung Ab Parkplatz an der Rue des Dragons in *Zabern (Saverne).* Rechts (Osten) in die Route de Paris und gleich wieder rechts in die Rue de Gottenhouse (bei der schräg versetzten Kreuzung halblinks), an der Gabelung steil hinauf durch die Rue de Donon und aus der Stadt heraus. In *Gottenhouse:* Auf der Rue de Saverne steil abwärts (vorsichtig fahren!), an der Stoppstraße geradeaus durch die Rue de Stade. Am Auenwaldhof, einem alleinstehenden Gehöft, geht es geradeaus weiter.

Gleich darauf durchfahren wir den Ortsteil Biegen und kommen auf der Rue de Sindelsberg nach *Maursmünster (Marmoutier):* An ihrem Ende rechts in die Rue du Général de Lattre de Tassigny, auf dem Platz vor der Kirche links durch die Rue de Couvent, an ihrem Ende durch die Rue du Pont, an deren Ende wieder links, geradeaus über die Schnellstraße und an der Kreuzung nach rechts. Durch *Reutenbourg:* Auf der Rue Principale bis zum Rathaus (Mairie), rechts durch die Rue du Couvent. Nach dem Ort umfahren wird das Kloster *Reinacker.* In *Jetters-*

willer biegen wir vor der Kirche links ab, folgen jedoch außerhalb des Dorfes nicht dem ersten Wegweiser »Wasselonne«; er würde uns auf die stark befahrene Schnellstraße führen. Erst gut einen Kilometer weiter biegen wir rechts ab.

Nach dem Überqueren der Nationalstraße kommen wir nach *Wasselnheim (Wasselonne):* Am Ende der Rue de Zehnacker links durch die gewundene Rue de Général de Gaulle und dann nach rechts auf der Route de Strasbourg aus der Stadt. Die Nationalstraße weist hier einen für Radfahrer vorgesehenen Randstreifen auf. Später im Kronthal biegen wir rechts ab (»Molsheim«). Gleich darauf durchqueren wir den Weiler *Wangenmuhl. Irmstett* berühren wir nur am Rande. In *Soultz-les-Bains:* Durch die Rue de Saverne und geradeaus durch die Rue de Molsheim. Auch *Avolsheim* berührt die Straße nur kurz.

In *Molsheim:* Durch die Rue de Saverne, nach rechts über die Place de l'Hôtel de Ville, auf der Rue de Strasbourg durch das

Stadttor, links durch die Rue des Alliés und gleich darauf wieder rechts und auf einer schmalen Brücke über die Breusch (Bruche), über die Bahn und nach dem Elektrizitätswerk nochmals über ein Brückchen und wir sind in *Dorlisheim:* Durch die Avenue du Général de Gaulle, geradeaus durch die Rue de l'Église, an deren Ende rechts ab, mit der Rue de Rosheim nach links weiter und durch deren Fortsetzung, der Rue Ettore Bugatti. Außerhalb des Ortes geht es links ab und über die Schnellstraße.

Durch Weinberge erreichen wir *Rosheim:* Auf der Rue de Molsheim durch das Stadttor, durch die Rue Braun in die Stadtmitte, nach links in die Rue des Anges zum reizvollen Marktplatz und durch das Stadttor rechts hinaus auf der Rue du Général de Gaulle, vor der Kapelle auf der Route de Boersch weiter. Auf der Route de Molsheim gelangen wir nach *Boersch* (nach rechts geht es durch das Stadttor zum malerischen Marktplatz), nach links und dem Wegweiser folgend fahren wir nach *Obernai,* wo wir am Ende der Rue de Boersch rechts in die Altstadt kommen.

54 Elsässische Städteromantik II Obernai – Bernardswiller – Goxwiller – Bourgheim – Barr – Eichhoffen – Itterswiller – Nothalten – Blienschwiller – Dambach-la-Ville – Dieffenthal – Scherwiller – Schlettstadt (Séléstat)

Verkehrsmöglichkeiten Obernai ist Bahnhof an der Strecke Séléstat – Molsheim. Mit dem Auto über die Nationalstraße 422 ab Straßburg.
Parkmöglichkeiten In Obernai am Rande der Altstadt. In Schlettstadt an der Ill am Quai des Pêcheurs.
Jugendherbergen Weder in Obernai noch in Schlettstadt gibt es eine Jugendherberge.
Tourenlänge 36 km.
Fahrzeit Gut 3 Stunden.
Höhenunterschiede Auf gesamter Strecke welliges Gelände.
Karten Topographische Karte 1:100000 der ign France »St. Dié – Mulhouse – Bâle«; 1:200000 Generalkarte Vogesen/ Elsaß.
Wissenswertes Obernai siehe Tour 44. Barr, Eichhoffen, Blienschwiller und Dambach-la-Ville siehe Tour 43. Schlettstadt siehe Tour 42.

Zu Tour 11, 45, 51, 59 **Schloß Ortenberg, Jugendherberge.**
(Foto: Heinz Wittner)

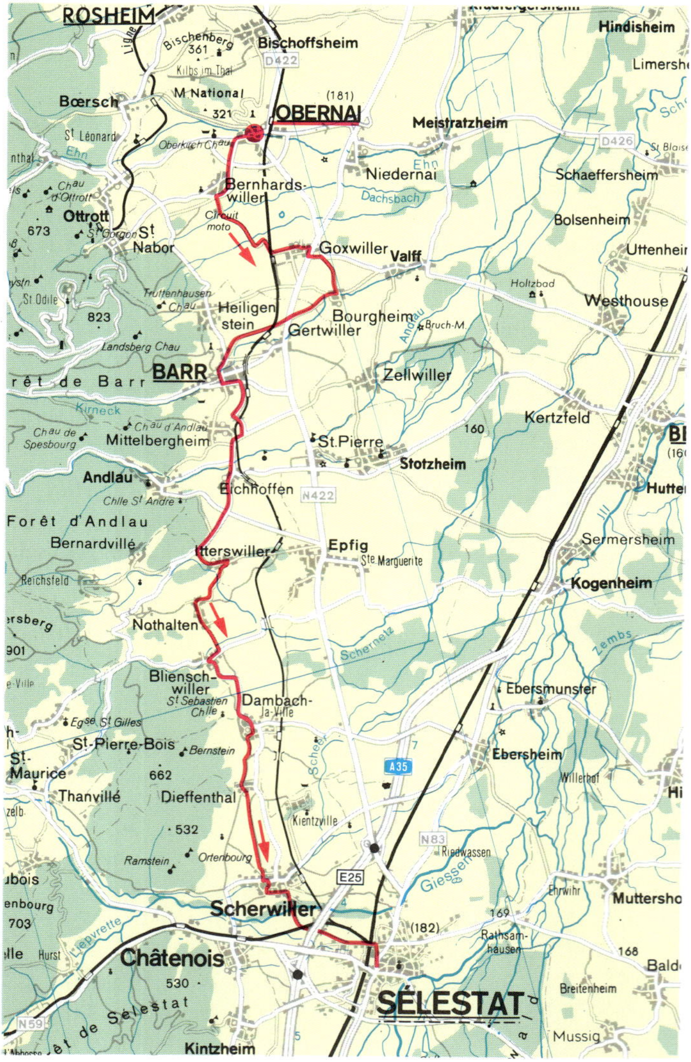
ROSHEIM
Bischenberg
361
Bischoffsheim
D422
Kilbs im Thal
M National
Bœrsch
(181)
OBERNAI
321
Meistratzheim
St Léonard
Oberkirch Chau
D426
Ehn
Niedernai
Schaeffersheim
Chau d'Ottrott
Bernhardswiller
Dachsbach
Ottrott
Circuit moto
Bolsenheim
673
St Gorgon
St Nabor
Goxwiller
Valff
Uttenheim
St Odile
Truttenhausen Chau
Holtzbad
Westhouse
Heiligenstein
Bourgheim
823
Gertwiller
Bruch-M.
Andlau
Landsberg Chau
BARR
Zellwiller
Forêt de Barr
Kirneck
Kertzfeld
Chau d'Andlau
160
Chau de Spesbourg
Mittelbergheim
St.Pierre
Stotzheim
Andlau
Eichhoffen
N422
Chlle St André
Forêt d'Andlau
Bernardvillé
Epfig
Sermersheim
Itterswiller
Ste Marguerite
Reichsfeld
Kogenheim
Nothalten
901
Schernetz
Zembs
Blienschwiller
St Sebastien Chlle
Dambach-la-Ville
Ebersmunster
Egse St Gilles
St-Pierre-Bois
Bernstein
Scheer
A35
Ebersheim
St-Maurice
662
Willerhof
Thanvillé
Dieffenthal
Kientzville
532
N83
Riedwassen
Ramstein
Ortenbourg
E25
Giessen
Ehrwihr
703
Scherwiller
Muttersho
169
(182)
Rathsamhausen
Châtenois
168
530
SÉLESTAT
Breitenheim
N59
Forêt de Sélestat
Mussig
Kintzheim

Zu Tour 52, 53 **Schweitzerhof** (Elsaß). (Foto: Office du Tourisme, Saverne)

Bei *Scherwiller* wurde 1525 der elsässische Bauernaufstand durch den Herzog von Lothringen beendet, wobei 13000 Bauern niedergemacht wurden. Im Ort schöne Fachwerkhäuser, wie das Rathaus (1670). Odilienkapelle, größtenteils romanisch. Wolfgangkapelle von 1698.

Tourenbeschreibung Ab Rathaus in *Obernai:* In westlicher Richtung durch die Rue du Général Gouroud bis zur Tankstelle und nach links weiter. Durch *Bernardswiller:* Auf der Rue Principale bis zur Abzweigung, hier rechts in das Dorf, vor der Kirche links durch die Rue de l'École und geradeaus auf der Rue de Goxwiller wieder hinaus, wobei wir uns am Sportplatz halblinks halten. Durch *Goxwiller:* Am Ortseingang links in die Rue du Vignoble, durch die Rue de la Gare und deren Fortsetzung, die Rue Principale, an der Nationalstraße geradeaus durch die Rue des Bois, an ihrem Ende rechts in die Distriktsstraße und an der Kreuzung geradeaus nach *Bourgheim,* wo wir rechts in die Rue Edgar Heywang biegen und das Dorf wieder verlassen.

Der Weg durch das Städtchen *Barr,* durch *Eichhoffen, Itterswiller, Nothalten, Blienschwiller* nach *Dambach-la-Ville* folgt der Beschreibung wie bei Vorschlag 43. In Dambach: Nach dem Obertor durch die Rue du Général de Gaulle, an ihrem Ende links in den Marktplatz und vor dem Rathaus rechts durch die Rue de l'Église, geradeaus durch die Rue Irma Mersiol-Burrus, durch das Stadttor, dahinter links und später rechts durch die Rue de Dieffenthal stadtauswärts.

Wir berühren das Dörfchen *Dieffenthal* und von rechts oben grüßt uns die imposante Ortenburg. Durch *Scherwiller:* Am Kreisel geradeaus in die Rue de Dambach, an ihrem Ende links in die Rue de la Gare, rechts durch die Rue de Giessen und vor dem Kapellchen nach links auf der Rue de Séléstat ortsauswärts. In *Schlettstadt (Séléstat):* Am Ende des Sträßchens nach rechts durch die Route de Strasbourg bis zum Wasserturm und hier links zur Altstadt.

55 Straßburg – Plobsheim – Krafft – Erstein – Osthouse – Matzenheim – Sand – Benfeld – Hilsenheim – Muttersholtz – Schlettstadt (Séléstat)

Verkehrsmöglichkeiten Séléstat ist Bahnknotenpunkt. Mit dem Auto auf der vierspurigen Nationalstraße aus Richtung Straßburg.
Parkmöglichkeiten In Straßburg bei der Jugendherberge. In Schlettstadt an der Illbrücke am Quai des Pêcheurs.
Jugendherbergen Kehl, Altrheinweg 11. Strasbourg, Auberge de Jeunesse »Parc du Rhin«. In Schlettstadt gibt es keine Jugendherberge mehr.
Fahrradbahnhof Kehl.
Tourenlänge 58 km. **Fahrzeit** Etwa 5 Stunden.
Höhenunterschiede Keine.
Karten Topographische Karten 1:100000 der ign France »Strasbourg – Forbach« und »St. Dié – Mulhouse – Bâle«; 1:200000 Generalkarte Vogesen/Elsaß.
Wissenswertes Straßburg siehe Tour 8. Plobsheim siehe Tour 13. Erstein siehe Tour 44. Benfeld siehe Tour 43. Schlettstadt siehe Tour 42.
Tourenbeschreibung Ab Jugendherberge »Parc du Rhin« in *Straßburg:* Auf der Rue des Cavalliers bis zu deren Ende bei den zwei Kapellen, nach links unter der Bahn durch und später links ab durch die Rue du Rhin Napoléon in das Industriegebiet im Bereich des Hafens; später überqueren wir eine weiße Bogenbrücke und fahren auf der anderen Seite in gleicher Richtung weiter. Am Ende des Gewerbegebietes biegen wir an der Ampel links ab und kommen in einem Rechtsbogen zur Rheinuferstraße, auf der wir in südlicher Richtung weiterfahren.

Knapp zwei Kilometer, nachdem wir den rechts unter uns liegenden Altenrheiner Hof passiert haben, biegen wir rechts ab.

STRASBOURG
BISCHHEIM
SCHILTIGHM.
KEHL
Hœnheim
AUENHEIM
Pfulgriesheim
Behlenheim
Griesheim
Nieder-
hausbergen
Mittel-
Offenheim
Dingsheim
Stutzheim
Oberhaus-
bergen
Cronenbourg
Musau
A35
Wolfishm.
Oberschaeffols-
heim
Eckbolsheim
SUNDHEIM
Achenhm.
(136)
(139)
wickers-
heim
Hangen-
bieten
Lingolshm.
Meinau
Neuhof
Stockfeld
N83
Holtzheim
D392
Kolbshm.
Ostwald
Illkirch-
Graffenstaden
142
Bruche
Aeroport
de Strasbourg-
Entzheim
Entzheim
14
Staustufe
Strasbourg
Duppigheim
A35
Kratz
Schafhardt
Altenhm.
Hof
N83
E25
GEISPOLSHEIM
Fegersheim
Eschau
199
Blaesheim
Altbach
Lipsheim
Ohnheim
Plobsheim
Ausgleichsbecken
Innenheim
Ichtratzheim
Wibolsheim
Rieth
Kempferhof
D468
les Sept Ecluses
146
Krautergersheim
St Ludan
Hipsheim
151
Thumenau
Rhein
Hindisheim
Nordhouse
Limersheim
Meißen
Scheer
Krafft
D426
St Blaise
ERSTEIN
(150)
Schaeffersheim
N83
Bolsenheim
Uttenheim
Osthouse
Holtzbad
Westhouse
Matzenheim
Gerstheim
Bruch-M.
Woerth
Heussern
Sand
Obenheim
Ehl
St Materne
Kertzfeld
160
BENFELD
(160)
Daubensand
Herbsheim
Huttenheim
Boofzheim
Rhinau
Rossfeld

Unser Weg windet sich durch die Felder nach *Plobsheim,* das wir auf der Rue du Rhin durchfahren; an ihrem Ende geht es nach links mit der Rue Général Leclerq aus dem Dorf. Draußen steht rechts von der Straße die sehenswerte *Wallfahrtskapelle Maria zur Eich* mitten in den Feldern.

Schon bei den ersten Häusern von *Krafft* biegen wir rechts ab und kommen zum Städtchen *Erstein:* Am Straßenkreisel links ab durch die Rue du Printemps (Hinter de Garte), an ihrem Ende an der Ampel geradeaus und auf der Rue du Général de Lattre Tassigny wieder stadtauswärts. *Osthouse* durchfahren wir auf der Rue des Pierres; am Ortsende rechts ab und vor der Nationalstraße nach links weiter. Durch *Matzenheim* geht es auf der Rue de Strasbourg und der Rue de Séléstat, wobei wir uns später halbrechts halten. Unsere Durchfahrtsstraße in *Sand* heißt ebenfalls Route de Séléstat.

Durch *Benfeld:* Durch die Route de Strasbourg, später links nacheinander durch die Rue du Général Leclerq und die Rue du Général de Gaulle zum Rathaus, in die Rue Clémenceau, rechts durch die Rue du 1er Décembre und nach links auf dem Faubourg du Rhin wieder hinaus. Etwa einen Kilometer nach dem Ort, beim Weiler Ziegelscheuer (Badesee), biegen wir rechts ab.

Hilsenheim durchfahren wir auf der Rue de Benfeld und der Rue de Muttersholtz. In *Muttersholtz* am Ende der Rue de Hilsenheim rechts ab und in einem Rechtsbogen auf der Rue Welschinger wieder hinaus. Kurz danach durchfahren wir das zu Muttersholtz gehörende Dörfchen *Ehnwihr* und wenig später das Dörfchen *Rathsamhausen.* In *Schlettstadt (Séléstat):* Durch die Route de Muttersholtz, geradeaus weiter durch den Boulevard François E. J. Amey, geradeaus durch den Boulevard de Nancy, an der Ampel links durch die Route de Strasbourg, an ihrem Ende beim Wasserturm nach links in die Altstadt.

56 Elsässische Städteromantik III Schlettstadt (Séléstat) – Kintzheim – Orschwihr – St. Hippolyte – Rorschwihr – Bergheim – Rappoltsweiler (Ribeauvillé) – Hunawiller – Reichenweier (Riquewihr) – Kientzheim – Kaysersberg – Sigolsheim – Houssen – Colmar

Verkehrsmöglichkeiten Colmar ist Bahnknotenpunkt. Mit dem Auto über die Nationalstraße 83 aus Straßburg oder von Breisach auf der Nationalstraße 415.

Parkmöglichkeiten In Schlettstadt an der Illbrücke am Quai des Pêcheurs. In Colmar im Bereich der Herbergen.

Jugendherberge Colmar, Rue Sint Niklaas (oder, falls dort geschlossen: Rue Pasteur).

Tourenlänge 48 km. **Fahrzeit** 4 Stunden.

Höhenunterschiede Zwischen Kintzheim und Kientzheim hügeliges Gelände.

Karten Topogr. Karte 1:100000 der ign France »St. Dié – Mulhouse – Bâle«; 1:200000 Generalkarte Vogesen/Elsaß.

Anmerkung Versuchen Sie nicht, von Kaysersberg über Ammerschwihr nach Colmar abzukürzen! Es handelt sich um eine zum größten Teil vierspurige Schnellstraße.

Zu Tour 56 In **Kaysersberg.** (Foto: Klaus Puntschuh)

Wissenswertes Schlettstadt, St. Hippolyte (St. Pilt), Bergheim und Rappoltsweiler (Ribeauvillé) siehe Tour 42. Colmar siehe Tour 41.

Hunawihr, das seit 1324 zu Württemberg gehörte, besitzt den am besten erhaltenen Wehrfriedhof im Elsaß, 15. Jahrhundert. Im Chorturm der Kirche sind Malereien von 1492 erhalten. Renaissance-Rathaus von 1517 und mehrere schöne Häuser aus dem 16. Jahrhundert.

Reichenweier (Riquewihr) wurde 1291 befestigt und ab 1320 als Stadt genannt. Die Stadt war württembergischer Amtsort. Das ehemalige Schloß, in dem 1487 Herzog Ulrich von Württemberg geboren wurde, steht noch. Auch die Stadtbefestigung mit Türmen und Toren ist fast ganz erhalten. Jedes Haus in diesem Schmuckkasten an der Elsässischen Weinstraße ist eine Sehenswürdigkeit für sich.

In *Kientzheim* ließ sich der Türkenbezwinger Lazarus von Schwendi, der auch in Baden eine große Rolle spielte, in der zweiten Hälfte des 16. Jahrhunderts ein Schloß bauen. Das zweite Schloß im Ort ließen im 16. Jahrhundert die Herren von Türkheim errichten. In der Oberkirche, einst Kirche des Clarissinnenklosters, aus dem 15. Jahrhundert, befindet sich der Grabstein von Lazarus von Schwendi (1584). Die Untere Kirche, früher Wallfahrtskirche, weist verschiedene Bauepochen auf, 13. bis 15. Jahrhundert.

Kaysersberg ist eine systematische Gründung des 13. Jahrhunderts. 1293 erhielt es Stadtrechte und schloß sich 1354 dem Zehnstädtebund an. Die Stadt brachte viele bekannte Persönlichkeiten hervor. Die größte Berühmtheit erlangte der 1875 geborene Arzt, Pfarrer und Musiker Albert Schweitzer. Auch für diese Stadt gilt das gleiche wie für viele Elsaßstädte: Die Fülle der Sehenswürdigkeiten würde den Rahmen dieses Buches sprengen!

Das erstmals 759 erwähnte *Sigolsheim* gehörte zur habsburgischen Herrschaft Hohlandsberg. Der frühere Dinghof des Klosters Ebersmünster ist seit 1888 Kapuzinerinnenkloster. Die Pfarrkirche, im wesentlichen aus dem 12. Jahrhundert, gehört zu den wenigen Gebäuden, die die schweren Zerstörungen von 1944 überstanden. Die vor dem Ort stehende St.-Anna-Kapelle von 1508 birgt ein Vesperbild der Anna Selbdritt aus der Bauzeit der Kirche.

Tourenbeschreibung Ab Parkplatz am Quai des Pêcheurs in *Schlettstadt (Séléstat):* Nach Westen nacheinander durch die Rue Président Poincaré, Rue du 4eme Zouaves, Avenue de la Liberté bis zum Wasserturm, geradeaus über die Bahn, dahinter bei der Ampel links durch die Rue de St. Dié. Der weitere Weg über *Kintzheim, Orschwiller, St. Hippolyte, Rorschwihr, Bergheim* nach *Rappoltsweiler (Ribeauvillé)* verläuft wie bei Vorschlag 42.

Durch *Rappoltsweiler:* Von der Route de Bergheim rechts in die Rue Klee und mit ihr nach links durch das Stadttor, dahinter in die Rue l'Abbé Louis Kremp, nach links auf der Grand' Rue durch das Stadttor, gleich dahinter rechts durch die schmale Rue Klobb, in deren Fortsetzung in einem Rechtsbogen durch die Rue de la Marne, die erste Möglichkeit links ab und geradeaus über die Kreuzung und auf der Rue du Vignoble hinaus in die Weinberge.

Durch *Hunawihr:* Auf der Rue Roger Kuhlmann über die Kreuzung mit der Rue du Nord, an ihrem Ende rechts in die Grand' Rue und nach links auf der Rue de Ribeauvillé hinaus. Der Weg ist auf etwa zwei Kilometer nur befestigt. An der Kreuzung, wo der Asphalt wieder beginnt, fahren wir rechts

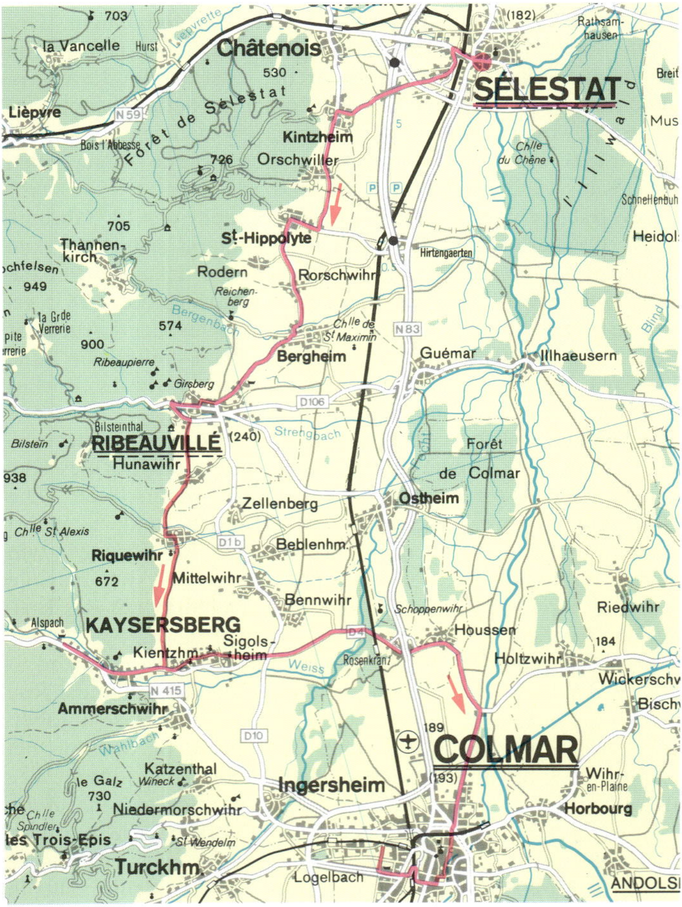

weiter und später links nach *Reichenweier (Riquewihr):* An der Place des Charpentiers durch das Obertor (»Dolder«, von 1293) in die Rue du Général de Gaulle, in der Mitte der Altstadt bei der Kirche rechts in die Rue de la 1ere Armée und geradeaus durch die Route de Kientzheim hinaus in die Weinberge, wo wir uns immer an den breiten, asphaltierten Weg halten.

Das frühere Städtchen *Kientzheim* betreten wir durch das Schneckentor, beim Rathaus rechts in die Grand' Rue (Stroßgass). Auf der Route du Vin und der Rue du Général de Gaulle kommen wir in die Altstadt von *Kaysersberg.* Auf dem gleichen Weg fahren wir wieder zurück, gelangen beim Schloß Reichenstein wieder nach *Kientzheim,* das wir auf seiner Stroßgass durchfahren und durch das Untertor mit dem Schloß der Herren von Hohenlandsberg wieder verlassen. Auf der Route du Vin durchmessen wir die Weinbaugemeinde *Sigolsheim.* Am Kreisel geht es mit dem Wegweiser »Houssen« geradeaus weiter. Beim Bahnhof durchfahren wir den Ortsteil *Benwihr Gare.* Durch *Houssen:* Durch die Rue de Colmar, unter der Nationalstraße durch und mit den Wegweisern »Holtzwihr« durch die Rue de Lattre und auf der Rue de Ladhof hinaus.

Am alleinstehenden Hotel »Ladhof« geradeaus durch das Gewerbegebiet *Ladhof* der Stadt *Colmar:* Am Ende der Rue du Ladhof geradeaus durch die Rue de Neuf-Brisach, in der Altstadt durch die Rue Vauban, geradeaus durch die Grand' Rue, vor der Kirche rechts in die Rue Bruat und mit ihr halbrechts weiter bis zur Rue de la Gare, hier links ab und rechts über die Bahn, dahinter links und wieder rechts durch die Avenue de la

Zu Tour 56 **Malerisches Reichenweier** (Riquewihr) (Foto: Klaus Puntschuh)

Liberté, an ihrem Ende geradeaus in die Avenue de l'Europe und rechts in die Rue Sint Niklaas; hier befindet sich gleich rechts die Jugendherberge. Wenn sie geschlossen ist, z.B. im Winter: Am Ende der Avenue de la Liberté rechts durch die Rue Albert Schweitzer, über den Bahnübergang durch die Rue Pont Rouge und geradeaus in die Rue Pasteur; hier am Anfang der Straße rechts befindet sich die Herberge.

57 Colmar – Sundhoffen – Ste. Croix-en-Plaine – Nieder- und Oberhergheim – Hirtzfelden – Munchhouse – Rixheim – Riedisheim – Mühlhausen

Verkehrsmöglichkeiten Colmar und Mühlhausen sind Bahnknotenpunkte. Colmar ist über die Nationalstraße 83 aus Richtung Straßburg und über die Nationalstraße aus Breisach zu erreichen; Mühlhausen über die Autobahn A 35, die von der Rheintalautobahn A 5 abzweigt.
Parkmöglichkeiten In beschränktem Maße bei den Jugendherbergen Colmar und Mühlhausen.
Jugendherbergen Colmar, Rue Sint Niklaas. Mulhouse, Rue de l'Illberg.
Tourenlänge 60 km.
Fahrzeit 5 Stunden.
Höhenunterschiede Innerhalb Riedisheim leichter Anstieg.
Karten Topographische Karte 1:100000 der ign France »St. Dié – Mulhouse – Bâle«; 1:200000 Generalkarte Vogesen/Elsaß.
Anmerkung In Mühlhausen kann innerhalb der Stadt wegen fehlender Radwege keine Empfehlung zum Besuch der Museen usw. gegeben werden.
Wissenswertes Colmar siehe Tour 41.

Ste. Croix-en-Plaine wurde im 11. Jahrhundert von den Grafen von Egisheim als Benediktinerinnenkloster gegründet, das 1461 in ein Chorherrenstift umgewandelt wurde. Turmunterbau und Chor der Pfarrkirche sind gotisch. Das barocke Rathaus entstand zwischen 1769 und 1773.

Rixheim war lange im Besitz des Klosters Murbach. Von 1613 bis zur Französischen Revolution residierte in der 1735/45 neu gebauten Komturei (heute Fabrik) der Deutsche Ritterorden.

Bis *Mühlhausen* im Jahr 1291 Stadtrechte erhielt, war es Streitobjekt mehrerer Herren. 1354 trat es dem Elsässischen

Zu Tour 41, 56, 57, 64 **Colmar. Museum Unterlinden.** In der Bildmitte der **Isenheimer Altar.** (Foto: Klaus Puntschuh)

Zehnstädtebund bei. Kriege brachten es an den Rand des Ruins, so daß sich die Stadt 1506 an die schweizerische Eidgenossenschaft anschloß. 1798 erklärte Mühlhausen den Anschluß an die französische Republik. Sichtbarstes Zeugnis der mittelalterlichen Stadt ist das 1552 erbaute Rathaus. Im Verhältnis zu seiner heutigen Größe hat nur wenig ältere Bausubstanz die Zeiten überdauert. Überregionale Bedeutung besitzen das Eisenbahn-, das Feuerwehr- und das Automuseum, das der Welt größte Sammlung an Bugatti-Modellen birgt.

Tourenbeschreibung Ab Jugendherberge *Colmar* in der Rue Sint Niklaas: Links in die Avenue de l'Europe und die Avenue de la Liberté, mit ihr über die Bahn und nach rechts durch die Rue de la Gare, links durch die Rue Bruat, am Platz halbrechts durch die Rue Turenne (Krütendi), geradeaus durch die Route de Bâle und halblinks durch die Rue de la Semm.

Durch *Sundhoffen:* Auf der Route de Neuland bis an den Rand des alten Ortskerns, hier rechts in die Route de Ste.

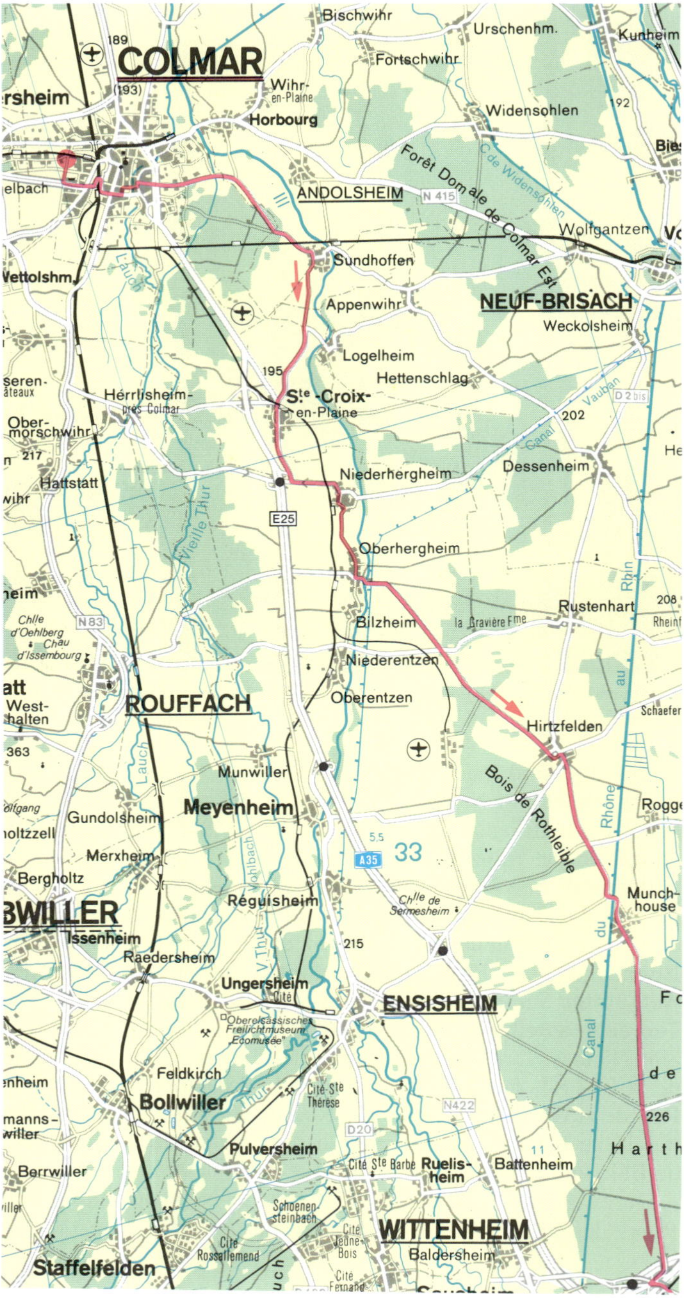
COLMAR
Horbourg
Wihr-en-Plaine
Bischwihr
Fortschwihr
Urschenhm.
Kunheim
Widensohlen
ANDOLSHEIM
N 415
Forêt Domale de Colmar Est
Wolfgantzen
Sundhoffen
Appenwihr
NEUF-BRISACH
Weckolsheim
Logelheim
Hettenschlag
Wettolshm.
Hérrlisheim-près Colmar
Ste -Croix-en-Plaine
Obermorschwihr
Hattstatt
Niederhergheim
Dessenheim
Canal Vauban
D 2 bis
E25
Oberhergheim
Vieille Thur
Rustenhart
Bilzheim
la Gravière Fme
Chlle d'Oehlberg
Chau d'Issembourg
N 83
Niederentzen
Oberentzen
ROUFFACH
Westhalten
Hirtzfelden
Munwiller
Meyenheim
Bois de Rothleible
Gundolsheim
Merxheim
Bergholtz
A35
33
Réguisheim
Chlle de Sermesheim
Munchhouse
Issenheim
Raedersheim
Ungersheim
Cité
ENSISHEIM
Oberelsässisches Freilichtmuseum „Ecomusée"
Feldkirch
Bollwiller
Cité Ste Thérèse
N422
D20
Pulversheim
Cité Ste Barbe
Ruelisheim
Battenheim
Berrwiller
Schoenensteinbach
WITTENHEIM
Cité Jeune Bois
Baldersheim
Cité Rossallemend
Staffelfelden
Cité Fernand
Canal du Rhône au Rhin
Hardt
Lauch
Ill
189
193
192
195
202
217
208
215
226
363

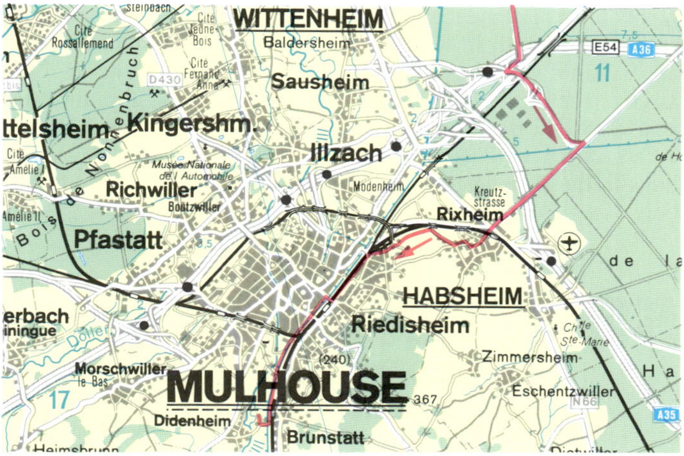

Croix-en-Plaine und mit ihr halbrechts aus dem Dorf hinaus. In *Ste. Croix-en-Plaine* biegen wir 100 Meter nach dem Bahnübergang links in die Route de Bâle, die uns durch das Dorf leitet. Draußen fahren wir an der Nationalstraße mit dem Wegweiser »Meyenheim« links weiter.

In *Niederhergheim:* Am Ende der Rue de Ste. Croix-en-Plaine geradeaus durch die kurvenreiche Rue d'Oberhergheim. Durch *Oberhergheim:* Auf der Rue Principale bis zur Stoppstraße und nach links durch die Rue de Hirtzfelden.

In *Hirtzfelden* am Ende der Rue d'Oberhergheim rechts in die Rue de la République und dann dem Wegweiser halblinks folgend nach *Munchhouse:* Anfangs Rue de Hirtzfelden, jedoch gleich halbrechts durch die Rue des Fleurs, an ihrem Ende geradeaus durch die Rue de Mulhouse und draußen am Sportplatz geradeaus weiter. Gut acht Kilometer verläuft die Straße kerzengerade durch den Wald. An ihrem Ende zuerst gerade, dann mit dem Wegweiser »Rixheim« rechts ab. Später folgen wir dem Wegweiser »Ottmarsheim« und am Ende dieser Straße geht es dann rechts ab.

Durch *Rixheim:* Durch die Route de Ottmarsheim und geradeaus durch die Avenue de Gaulle, an ihrem Ende rechts und später links in die Rue de Riedisheim bis zur Stoppstraße, rechts durch die Rue Wilson, an ihrem Ende links ab durch die Rue Dr. A. Schweitzer und nach *Riedisheim:* Durch die Rue Gounod (über die Stoppstraße und später mit der Vorfahrtsstraße rechts ab), an ihrem Ende geradeaus durch die Rue de Mulhouse. Sie setzt sich in *Mühlhausen* in der Avenue de Riedisheim fort, rechts über die Eisenbahnbrücke und nach links (hier kann man rechts von der Ill in der gleichen Richtung weiterfahren, oder) am Bahnhof vorbei und nach links über die Pont (Brücke) d'Altkirch, nach rechts auf der Avenue d'Altkirch weiter. In *Brunstatt* rechts in die Rue Leo Lagrange (»Altkirch«), am Kreisel rechts durch den Boulevard Charles Stoessel, an der Ampel links in die Rue de Brunstatt und nach links in die Rue de l'Illberg.

58 Mühlhausen – Riedisheim – Rixheim – Habsheim – Kembs – Schaeferhof – Rosenau – Village-Neuf – Weil-Friedlingen – Basel – Lörrach

Verkehrsmöglichkeiten Mühlhausen ist Bahnknotenpunkt. Mit dem Auto über die A 35, die von der Rheintalautobahn A 5 abzweigt. Lörrach ist Bahnstation an der Strecke Basel – Zell im Wiesental. Mit dem Auto von der A 5 über die A 98 bis zur Abfahrt Lörrach-Inzlingen.
Parkmöglichkeiten In Mühlhausen und in Lörrach im Bereich der Jugendherbergen.
Jugendherbergen Mulhouse, Rue de l'Illberg. Lörrach-Stetten, Am Steinenweg.
Tourenlänge 47 km.
Fahrzeit 4 Stunden.
Höhenunterschiede Leichte Anstiege in Riedisheim und Lörrach-Stetten.
Karten Topographische Karte 1:100000 der ign France »St. Dié – Mulhouse – Bâle«; 1:200000 Generalkarte Vogesen/Elsaß und Blatt 24.
Anmerkung Personalausweis nicht vergessen!
Wissenswertes Mühlhausen und Rixheim siehe Tour 57. Basel und Lörrach siehe Tour 40.

Die Kapelle Zu Unserer Lieben Frau in *Habsheim* birgt mehrere Holzschnitzwerke des 14. bis 16. Jahrhunderts.

Tourenbeschreibung Ab Jugendherberge *Mühlhausen* in der Rue l'Illberg: Nach Norden, rechts in die Rue de Brunstatt, an der Ampel rechts durch den Boulevard Charles Stoessel, am Kreisel links in die Rue Leo Lagrange, links durch die Avenue d'Altkirch, geradeaus durch die Avenue de Riedisheim, an deren Ende halbrechts durch *Riedisheim* auf der Rue de Mulhouse; weiter: Am Friedhof halblinks durch die Rue Gounod

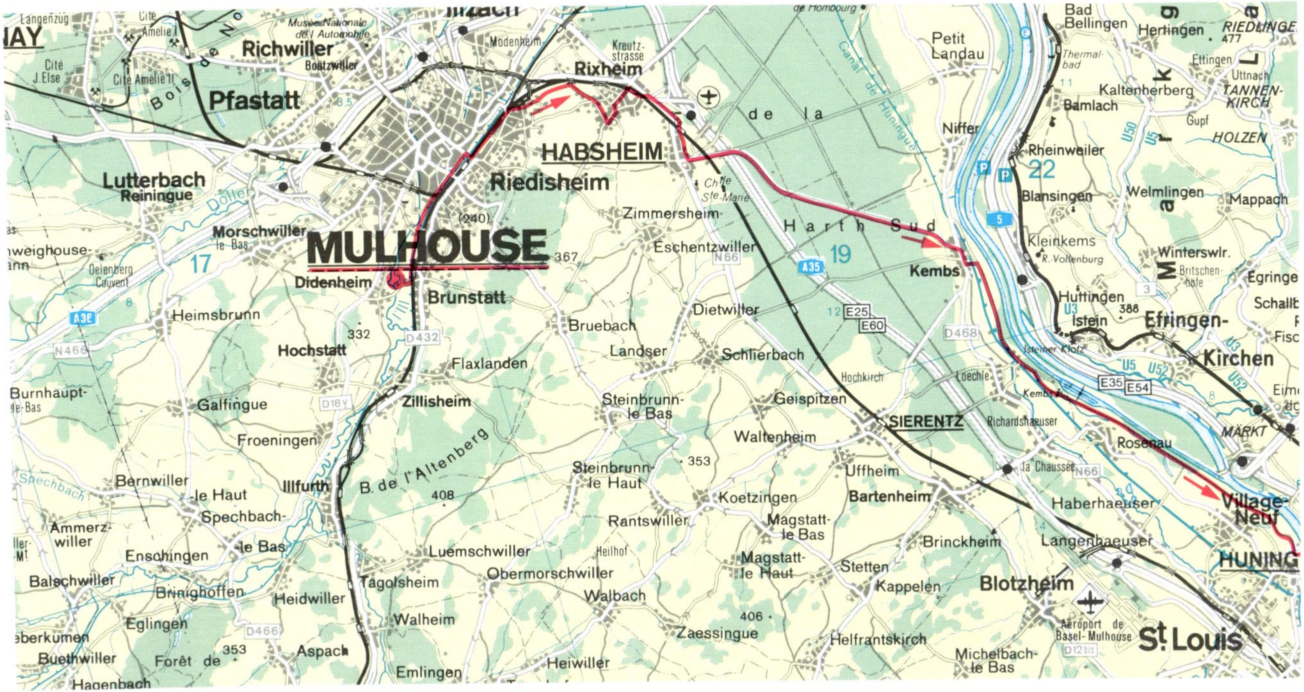
MULHOUSE
Riedisheim
HABSHEIM
Rixheim
Richwiller
Pfastatt
Lutterbach
Reiningue
Morschwiller
le Bas
Didenheim
Brunstatt
Zimmersheim
Eschentzwiller
Dietwiller
Bruebach
Landser
Schlierbach
Heimsbrunn
Hochstatt
Flaxlanden
Zillisheim
Galfingue
Froeningen
Illfurth
Steinbrunn-
le Bas
Steinbrunn-
le Haut
Geispitzen
Waltenheim
SIERENTZ
Uffheim
Bartenheim
Koetzingen
Rantswiller
Magstatt-
le Bas
Magstatt-
le Haut
Luemschwiller
Obermorschwiller
Walbach
Zaessingue
Heiwiller
Tagolsheim
Walheim
Emlingen
Heidwiller
Aspach
Bernwiller
Spechbach-
le Haut
le Bas
Ammerz-
willer
Enschingen
Balschwiller
Brinighoffen
Eglingen
Buethwiller
Hagenbach
Burnhaupt-
le-Bas
Stetten
Kappelen
Helfrantskirch
Brinckheim
Blotzheim
Michelbach-
le Bas
Langenhaeuser
Haberhaeuser
Rosenau
Village-
Neuf
St. Louis
HUNING
Aéroport de
Basel-Mulhouse
Kembs
Niffer
Petit
Landau
Harth Sud
de la
Canal de Huningue
Bad
Bellingen
Hertingen
Bamlach
Kaltenherberg
Rheinweiler
Blansingen
Welmlingen
Mappach
Kleinkems
Winterswlr.
Huttingen
Istein
Efringen-
Kirchen
Egringe
MÄRKT
RIEDLINGE
TANNEN-
KIRCH
HOLZEN
Uttnach
Ettingen
Gupf
Thermal-
bad
Musée Nationale
de l'Automobile
Bourtzwiller
Modenheim
Kreutz-
strasse
Cité
J.Else
Cité Amélie II
Bois de Nonnenbruch
Oelenberg
Couvent
B. de l'Altenberg
Forêt de
Heilhof
Hochkirch
Loechle
Richardshaeuser
la Chaussée
Isteiner Klotz
R. Vollenburg
Britschen-
höfe
Ch.lle
Ste-Marie
Doller
Spechbach
A35
A36
E25
E60
E35
E54
N66
N466
D432
D468
D466
D18V
D12bis
U3
U5
U50
U52
5
17
19
22
367
332
353
408
406
388
477
(240)

und deren Fortsetzung, die Rue Dr. A. Schweitzer nach *Rixheim:* Rechts durch die Rue Wilson, geradeaus durch die Rue Foch, links weiter durch die Rue de l'Étang, an ihrem Ende nach links versetzt durch die Grand' Rue und nach dem Überqueren der Bahn nach rechts auf der Rue de Habsheim aus der Stadt.

Parallel zur Bahn gelangen wir auf der Rue de Rixheim nach *Habsheim:* Nach dem Bahnübergang durch die Rue du Général de Gaulle, vor der Kirche nach links durch die Rue du Maréchal Foch und geradeaus durch die Rue de Petit Landau hinaus. Nach sechs Kilometern Fahrt durch den *Hardtwald* erreichen wir *Kembs:* Am Ende der Rue de Habsheim rechts in die Rue de Maréchal Foch, nach der Kirche links durch die Rue Paul Bader und über die Zugbrücke zum Rhein, wo wir nach rechts auf dem Rheinufersträßchen weiterfahren.

Nacheinander passieren wir die Ortsränder von *Schaeferhof, Rosenau* und *Village-Neuf.* Nach der Raffinerie folgen wir nach links dem Wegweiser »Allemagne« über die Palmrainbrücke nach Deutschland. Am Ende der Brücke müssen wir rechts hinunter und fahren nach rechts auf der Alten Straße durch das Gewerbegebiet von *Weil-Friedlingen.* Der weitere Weg über *Basel-Kleinhüningen* und *Kleinbasel* an den Stadtrand von *Lörrach* verläuft wie bei Tour 40 und mit der Beschreibung von Vorschlag 49 kommen wir durch *Lörrach-Stetten* zur Jugendherberge.

59 Kehl – Bodersweier – Zierolshofen – Eichenkönig – Urloffen – Appenweier – Ebersweier – Rammersweier – Offenburg – Ortenberg

Verkehrsmöglichkeiten Kehl ist Grenzbahnhof an der Strecke nach Straßburg; Autobahnabfahrt Appenweier und weiter auf der Europastraße 11. Ortenberg ist Bahnstation an der Strecke Offenburg – Villingen; Autobahnabfahrt Offenburg.
Parkmöglichkeiten Bei den Jugendherbergen Kehl und Ortenberg.
Jugendherbergen Strasbourg, Auberge de Jeunesse »Parc du Rhin«. Kehl, Altrheinweg 11. Schloß Ortenberg, Burgweg 21, Ortenberg.
Fahrradbahnhöfe Kehl und Offenburg Hauptbahnhof.
Tourenlänge 42 km.
Fahrzeit 3½ Stunden.
Höhenunterschiede 40 Meter auf 2 Kilometer von Appenweier nach Ebersweier. Kurzer Anstieg in Ortenberg zum Schloß.

(Foto: Klaus Puntschuh)

Karten Topographische Karten RW 1:50000 Offenburg und Rheinau; 1:200000 Generalkarte Blatt 21.

Wissenswertes Kehl und Eichenkönig siehe Tour 6. Appenweier siehe Tour 5. Offenburg siehe Tour 9. Ortenberg siehe Tour 11.

Tourenbeschreibung Ab Jugendherberge *Kehl:* Parallel zum Rheindamm in Richtung Stadtmitte, nach rechts durch die Großherzog-Friedrich-Straße und über das Brückchen, das über die Parkanlagen führt, am Bahnhof rechts ab und weiter wie bei den Vorschlägen 6 und 5 (7) über *Auenheim, Bodersweier, Zierolshofen,* den *Eichenkönig* und *Urloffen* nach *Appenweier.* In Appenweier: Rechts in die Hauptstraße, fast am Ende des Ortes links in die Nesselrieder Straße, nach rechts »Hinter den Gärten« aus dem Dorf und über die Bundesstraße leicht ansteigend weiter.

Abwärts nach *Ebersweier:* Nach rechts durch »Am Durbach«, nach links über die Durbachbrücke und nach rechts auf der Bohlsbacher Straße hinaus. 300 Meter nach den letzten Häusern links auf dem Wirtschaftsweg durch Obstanlagen nach *Rammersweier:* Gleich bei den ersten Häusern rechts durch die Blumenstraße, an ihrem Ende geradeaus durch den Radweg und dann nach rechts aus dem Ort hinaus nach *Offenburg:* Durch die Rammersweierer Straße bis in Höhe des Bahnhofes, nach rechts durch den Fußgängertunnel unter der Bahn durch zum Bahnhof und wie bei Tour 11 nach *Ortenberg.*

60 Breisach – Hausen an der Möhlin – Biengen – Bad Krozingen – Pfaffenweiler – Freiburg

Verkehrsmöglichkeiten Breisach ist Endstation einer Bundesbahnstrecke aus Freiburg und der Kaiserstuhlbahn aus Riegel; Autobahnabfahrt Riegel oder Freiburg-Mitte. Freiburg ist IC-Bahnhof an der Strecke Karlsruhe – Basel; Autobahnabfahrt Freiburg-Mitte.
Parkmöglichkeiten In Breisach beschränkt bei der Jugendherberge; in der Radbrunnenallee oder am Bahnhof. In Freiburg bei der Jugendherberge.
Jugendherbergen Breisach, Münsterbergstraße 30–32. Freiburg, Kartäuserstraße 151.
Fahrradbahnhöfe Breisach, Bad Krozingen und Freiburg Hauptbahnhof.
Tourenlänge 42 km.
Fahrzeit 3½ Stunden.
Höhenunterschiede Keine nennenswerten.
Karten Topographische Karten RW 1:50000 Breisach, Müllheim und Freiburg-Süd; 1:200000 Generalkarte Blatt 24.
Wissenswertes Breisach siehe Tour 22. Bad Krozingen, Kirchhofen und Ebringen siehe Tour 30. Freiburg siehe Tour 27.
Tourenbeschreibung In *Breisach* die Münsterbergstraße hinunter (Einbahnstraße!), durch das Spector, geradeaus durch die Richard-Müller-Straße und die Poststraße zum Bahnhof. Über *Hochstetten, Hausen an der Möhlin, Biengen* nach *Bad Krozingen* wie bei Tour 31. In Bad Krozingen am Ende der Schwarzwaldstraße links in die Josefstraße und weiter wie bei Vorschlag 30 über *Kirchhofen, Pfaffenweiler, Ebringen, Leutersberg* und die Freiburger Stadtteile *Wendlingen, St. Georgen* und *Uffhau-*

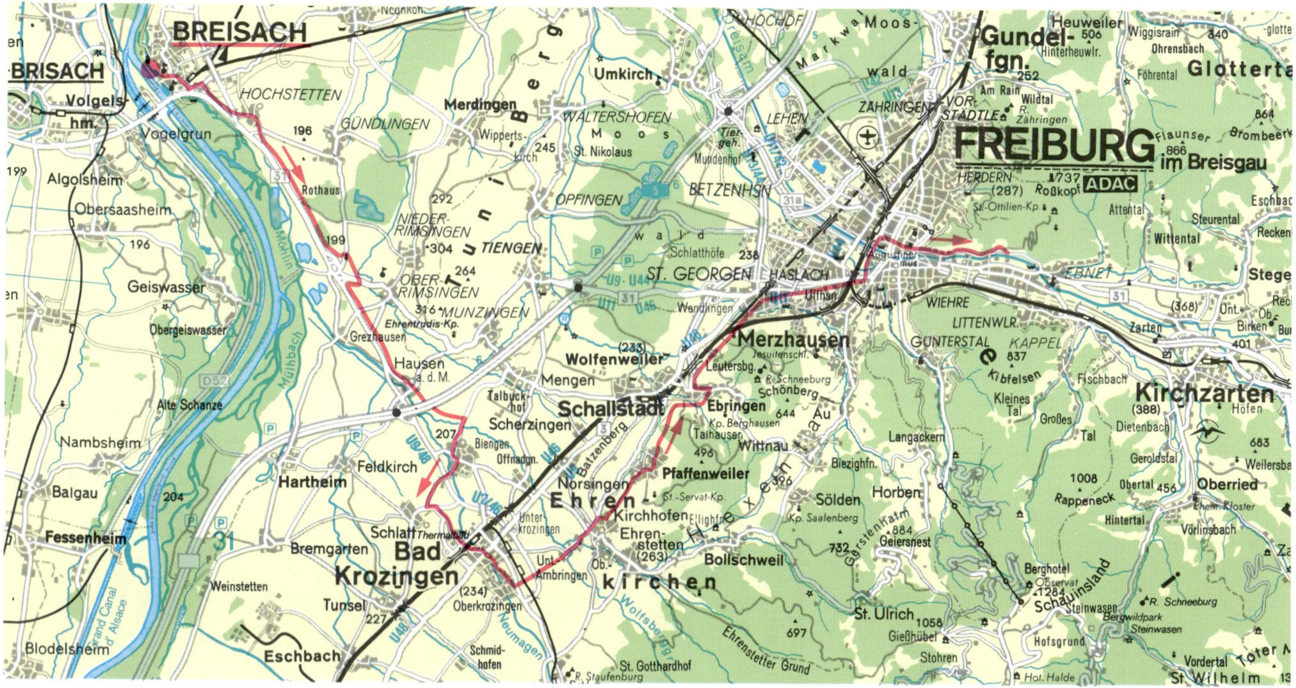

BREISACH
BRISACH
Volgelsheim
Vogelgrun
Algolsheim
Obersaasheim
Geiswasser
Obergeiswasser
Alte Schanze
Nambsheim
Balgau
Fessenheim
Blodelsheim
Grand Canal d'Alsace
HOCHSTETTEN
GÜNDLINGEN
Rothaus
Merdingen
Wipperts-kirch
NIEDER-RIMSINGEN
OBER-RIMSINGEN
TIENGEN
MUNZINGEN
Ehrentrudis-Kp.
Grezhausen
Hausen a. d. M.
Hartheim
Feldkirch
Schlatt
Thermalbad
Bad Krozingen
Bremgarten
Tunsel
Weinstetten
Eschbach
Oberkrozingen
Schmid-hofen
Umkirch
WALTERSHOFEN
St. Nikolaus
OPFINGEN
LEHEN
Tier-geh.
Mundenhof
BETZENHSN
Schlatthöfe
ST. GEORGEN
HASLACH
Uffhsn
Wendlingen
Wolfenweiler
Mengen
Talbuck-hof
Scherzingen
Biengen
Offnadgn.
Schallstadt
Batzenberg
Norsingen
Ehren-kirchen
Unter-krozingen
Unt.-Ambringen
Ob.-
Kirchhofen
Ehren-stetten
Bollschweil
St. Gotthardhof
R. Staufenburg
Wolfsberg
Neumagen
Ehrenstetter Grund
Merzhausen
Jesuitenschl.
Leutersbg.
R. Schneeburg
Schönberg
Ebringen
Kp. Berghausen
Talhausen
Wittnau
Au
Pfaffenweiler
St.-Servat-Kp.
Hexental
Biezighfn.
Sölden
Kp. Saalenberg
Horben
Langackern
Gerstenhalm
Geiersnest
St. Ulrich
Gießhübel
Stohren
Hot. Halde
Hofsgrund
Schauinsland
Berghotel
Observat.
Steinwasen
Bergwildpark Steinwasen
R. Schneeburg
Vordertal
St. Wilhelm
Toter Mann
Markwald
Moos-wald
HOCHDORF
Dreisam
ZÄHRINGEN
VORSTÄDTLE
FREIBURG im Breisgau
ADAC
HERDERN
Roßkopf
St.-Ottilien-Kp.
Augustinermus.
WIEHRE
LITTENWLR.
GÜNTERSTAL
KAPPEL
Kibfelsen
Kleines Tal
Großes Tal
EBNET
Gundelfgn.
Heuweiler
Hinterheuwlr.
Am Rain
Wildtal
R. Zähringen
Wiggisrain
Ohrensbach
Föhrental
Glottertal
Flaunser
Brombeerk.
Attental
Steurental
Wittental
Eschbach
Recken
Stegen
Unt. Ob. Birken
Zarten
Fischbach
Kirchzarten
Höfen
Dietenbach
Geroldstal
Weilersbach
Oberried
Ehem. Kloster
Vörlinsbach
Obertal
Hintertal
Rappeneck
Neunkch.
D52
Möhlin
Mühlbach

sen bis zur Dreisambrücke in *Freiburg*. Hier auf der Südseite die Treppen hinunter und wie bei Tour 29 zur Jugendherberge.

61 Breisach – Ihringen – Vogtsburg – Königschaffhausen – Endingen – Riegel – Malterdingen – Kenzingen

Verkehrsmöglichkeiten Breisach ist Endstation einer Bundesbahnstrecke aus Freiburg und der Kaiserstuhlbahn aus Riegel; Autobahnabfahrt Freiburg-Mitte oder Riegel. Kenzingen ist Bahnstation an der Strecke Karlsruhe – Basel; Autobahnabfahrt Riegel.
Parkmöglichkeiten In Breisach beschränkt bei der Jugendherberge; in der Radbrunnenallee oder am Bahnhof.
Jugendherberge Breisach, Münsterbergstraße 30–32.
Fahrradbahnhof Breisach.
Tourenlänge 40 km.
Fahrzeit 3½ Stunden.
Höhenunterschiede 100 Meter auf 2 Kilometer ab Ihringen und 100 Meter auf 1,5 Kilometer ab Bischoffingen; auf den übrigen Strecken zwischen Ihringen und Königschaffhausen Gefällstrecken; ansonsten eben.

Zu Tour 21, 22, 61 **Rast bei Bischoffingen,** den Durst löscht der Flurbereinigungsbrunnen. (Foto: Heinz Wittner)

Karten Topographische Karten RW 1:50000 Breisach und Freiburg-Nord; 1:200000 Generalkarte Blatt 24.

Wissenswertes Breisach siehe Tour 22. Kiechlinsbergen siehe Tour 21. Endingen und Riegel siehe Tour 19. Hecklingen und Kenzingen siehe Tour 18.

Tourenbeschreibung In *Breisach* die Münsterbergstraße hinunter (Einbahnstraße!), durch das Spector, geradeaus durch die Richard-Müller-Straße, geradeaus in die Poststraße, links in die Zeppelinstraße und wie bei Tour 22 über *Ihringen, Bickensohl, Oberrotweil, Bischoffingen, Kiechlinsbergen* nach *Königschaff-*

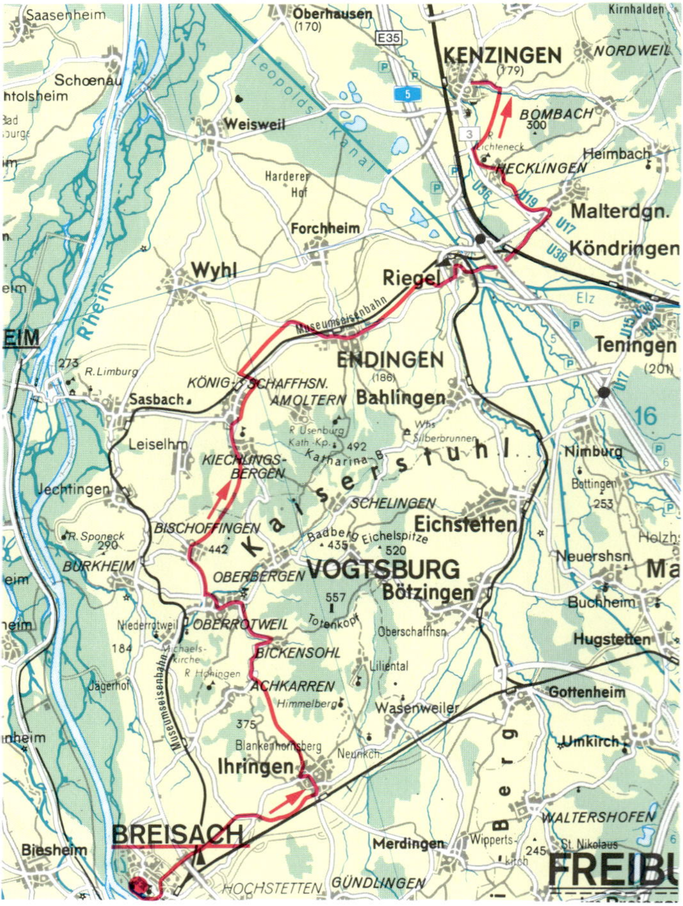

hausen. Hier durch die Kiechlinsberger Straße und geradeaus durch die Endinger Straße und weiter wie bei Tour 19 über *Endingen, Riegel, Malterdingen, Hecklingen* nach *Kenzingen.*

62 Obernai – Bischoffsheim – Krautergersheim – Hindisheim – Nordhouse – Erstein – Plobsheim – Straßburg

Verkehrsmöglichkeiten Obernai ist Bahnstation an der Strecke Molsheim – Séléstat; mit dem Auto über die Nationalstraße 422 ab Straßburg.
Parkmöglichkeiten In Obernai am Rande der Altstadt, In Straßburg bei der Jugendherberge.
Jugendherbergen Strasbourg, Auberge de Jeunesse »Parc du Rhin«. Kehl, Altrheinweg 11.
Fahrradbahnhof Kehl.
Tourenlänge 48 km. **Fahrzeit** 4 Stunden.
Höhenunterschiede Keinen nennenswerten.
Karten Topographische Karten 1:100000 der ign France »Strasbourg – Forbach« und »St. Dié – Mulhouse – Bâle«; 1:200000 Generalkarte Blatt Vogesen/Elsaß.
Wissenswertes Obernai, Bischoffsheim, Hindisheim und Erstein Tour 44. Plobsheim Tour 13. Straßburg Tour 8.

Eckwersheim
Berstett
Vendenheim
Reichstett
Raffinerie de Pétrole
HONAU
Fort Ney
Wörthel
Lampertheim
Pfettisheim
Ste Trinité Chapelle
Mundolsheim
Souffelweyersheim
Pfulgriesheim
Hœnheim
Fuchs-am-Buckel
AUENHEIM
Behlenheim
Griesheim sur Souffle
BISCHHEIM
SCHILTIGHM.
Niederhausbergen
Offenheim
Dingsheim
Mittel-
Stutzheim
Oberhausbergen
Cronenbourg
KEHL
Musau
A351
Wolfishm.
Oberschaeffolsheim
Eckbolshm.
STRASBOURG
SUNDHEIM
Achenhm.
Lingolshm.
Meinau
Neuhof
Stockfeld
Hangenbieten
Holtzheim
D392
Kolbshm.
Ostwald
Illkirch-Graffenstaden
Bruche
Aéroport de Strasbourg-Entzheim
Entzheim
Staustufe Strasbourg
Duppigheim
A35
Kratz
Schathardt F^me
N83
E25
Altenheim
Hof
GEISPOLSHEIM
Fegersheim
Hetzlader F^mes
Blaesheim
Eschau
Altbach
Lipsheim
Ohnheim
Plobsheim
Ausgleichsbecken
Innenheim
Ichtratzheim
Wibolsheim
Andlau
Rieth
Kempferhof
D468
les Sept Ecluses
St. Ludan
Hipsheim
Thumenau
Krautergersheim
Hindisheim
Nordhouse
Rhein
Limersheim
Scheer
Rhône
Meistratzheim
Krafft
D426
St Blaise
ERSTEIN
Schaeffersheim
Bolsenheim
Uttenheim
Osthouse
Holtzbad
Westhouse
Matzenheim
Gerstheim
Bruch-M.
Woerth
Heussern
Canal

Tourenbeschreibung Ab Rathaus (Hôtel de Ville) in *Obernai:* In nördlicher Richtung in die Rue Chanoine Gyss, in einem Rechtsbogen um die Kirche und links die Rue de la Montagne hinauf und durch Obst- und Rebanlagen nach *Bischoffsheim:* Durch die Rue des Cerissiers und die Rue Monseigneur Frey, an deren Ende beim Brunnen rechts durch die Rue Principale, über die Bahn und dahinter rechts weiter. Nach 3,5 Kilometern kreuzen wir die stark befahrene Nationalstraße (Vorsicht!) und durchfahren *Krautergersheim* auf der Grand' Rue.

Nachdem wir durch ein Gebiet mit Baggerseen gekommen sind (Bademöglichkeit), erreichen wir *Hindisheim,* durchqueren es auf der Rue de la Gare und biegen in der Ortsmitte rechts ab. *Nordhouse* berühren wir nur am Rande. Beim Verkehrskreisel am Stadtrand von *Erstein* biegen wir links ab und fahren im Ortsteil *Krafft* links weiter.

Kurz vor Plobsheim lohnt sich ein Abstecher zur links der Straße im freien Feld stehenden gotischen *Wallfahrtskapelle Maria zur Eich* (Notre-Dame-du-Chêne). *Plobsheim* erreichen wir auf der Rue Général Leclerq und biegen bald rechts in die Rue du Rhin; sie leitet uns durch den Ort und windet sich draußen durch die Felder zum Rhein, wo wir der Straße unterhalb des Rheindammes nach links folgen.

Zu Tour 41, 56, 57, 64 **Colmar. Die Auberge de Jeunesse** in der Rue Pasteur. (Foto: Klaus Puntschuh)

Wir fahren bis zur Fabrik mit dem rot-weiß-gestreiften Kamin (Vitalevor). Dahinter biegen wir halblinks ab. Durch *Straßburg:* An der Ampel nach rechts und auf der vierspurigen Straße durch das Gewerbegebiet bis zu einer weißen Bogenbrücke, die wir nach rechts überqueren und nach links durch die Allee weiterfahren; es ist die Rue de Rhin Napoléon; an ihrem Ende folgen wir nach rechts der Beschilderung »Allemagne«, kommen unter der Bahn durch und biegen gleich darauf bei den Kapellen rechts ab zur Jugendherberge.

63 Schlettstadt (Séléstat) – Mussig – Heidolsheim – Ohnenheim – Marckolsheim – Sasbach

Verkehrsmöglichkeiten Schlettstadt ist Bahnknotenpunkt; mit dem Auto über die Nationalstraße 83 aus Richtung Straßburg.
Parkmöglichkeiten In Schlettstadt an der Illbrücke am Quai des Pêcheurs.
Tourenlänge 30 km.
Fahrzeit 2½ Stunden.
Höhenunterschiede Keine.
Karten Topogr. Karte 1:100000 der ign France »St. Dié – Mulhouse – Bâle«; 1:200000 Generalkarte Vogesen/Elsaß.
Anmerkung Personalausweis erforderlich!

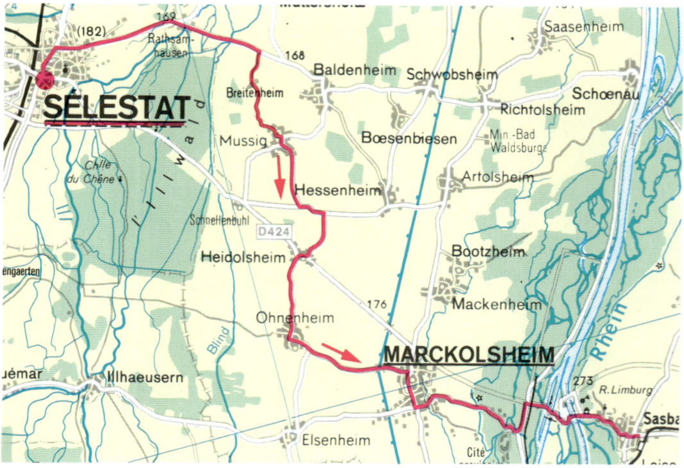

Wissenswertes Schlettstadt Tour 42. Sasbach Tour 19.
Tourenbeschreibung Ab Quai des Pêcheurs in *Schlettstadt:* Nach Westen nacheinander durch die Rue Président Poincaré, Rue du 4eme Zouaves, Avenue de la Liberté bis zur großen Kreuzung am Wasserturm, rechts in die Route de Strasbourg, später an einer Ampel rechts durch den Boulevard de Nancy, geradeaus weiter durch den Boulevard François E. J. Amey und auf der Route de Muttersholtz aus der Stadt. Im Weiler *Rathsamhausen* biegen wir rechts ab (Wegweiser: Baldenheim).

Zwei Kilometer weiter wenden wir uns nochmals nach rechts und durchfahren den Weiler *Breitenheim.* Durch *Mussig:* Am Ende der Rue de Moulin an der Kirche rechts durch die Rue de Heidolsheim wieder hinaus. Bei allen Abzweigungen weisen uns die Schilder nach *Heidolsheim:* Am Ende der Route de Mussig rechts in die Rue Principale und später leitet uns der Wegweiser nach links und weiter nach *Ohnenheim:* Durch die Rue de Heidolsheim, nach links versetzt durch die Rue de l'Ill, nach links durch die Route de Marckolsheim und am Ortsende halblinks weiter.

Durch *Marckolsheim:* Am Ende der Route d'Ohnenheim rechts durch die Rue du Maréchal Foch, geradeaus durch die Rue de Maréchal Joffre und fast am Ortsende links ab (»Sasbach«). Draußen biegen wir links in die Rheinuferstraße und einen Kilometer weiter am Straßenkreisel geht es nach rechts über die *Staustufe Marckolsheim* und weiter nach *Sasbach.*

64 Colmar – Sundhoffen – Appenwihr – Wolfgantzen – Neuf-Brisach – Vogelsheim – Breisach

Verkehrsmöglichkeiten Colmar ist Bahnknotenpunkt; mit dem Auto über die Nationalstraße 83 aus Richtung Straßburg oder über die Nationalstraße 415 aus Breisach.
Parkmöglichkeiten In beschränktem Maß bei der Jugendherberge in Colmar.
Fahrradbahnhof Breisach.
Tourenlänge 27 km.
Fahrzeit Gut 2 Stunden.
Höhenunterschiede Keine.
Karten Topographische Karte 1:50000 Breisach; oder Topographische Karte 1:100000 der ign France »St. Dié – Mulhouse – Bâle«; 1:200000 Generalkarte Vogesen/Elsaß.

Zu Tour 41, 56, 57, 64 **Colmar, in der Altstadt.** (Foto: Klaus Puntschuh)

Anmerkung Personalausweis nicht vergessen!
Wissenswertes Colmar siehe Tour 41. Neuf-Brisach siehe Tour 33. Breisach siehe Tour 22.
Tourenbeschreibung Ab Jugendherberge *Colmar* in der Rue Sint Niklaas: Links in die Avenue de l'Europe und die Avenue de la Liberté, mit ihr über die Bahn, nach rechts durch die Rue de la Gare, links durch die Rue Bruat, am Platz halbrechts durch die Rue Turenne (Krütendi), geradeaus durch die Route de Bâle und halblinks durch die Rue de la Semm.

Durch *Sundhoffen* fahren wir auf der Route de Neuland und deren Fortsetzung, der Grand' Rue. In *Appenwihr* biegen wir am Ende der Rue de Sundhoffen links ab und kommen nach *Wolfgantzen,* wo wir am Ende der Route d'Appenwihr auf der Rue Principale durch den Ort fahren.

Draußen fahren wir einen Kilometer weit auf der stark befahrenen Nationalstraße und dann geradeaus durch den Festungsgürtel hinein nach *Neuf-Brisach:* Am Ende der Rue de Colmar

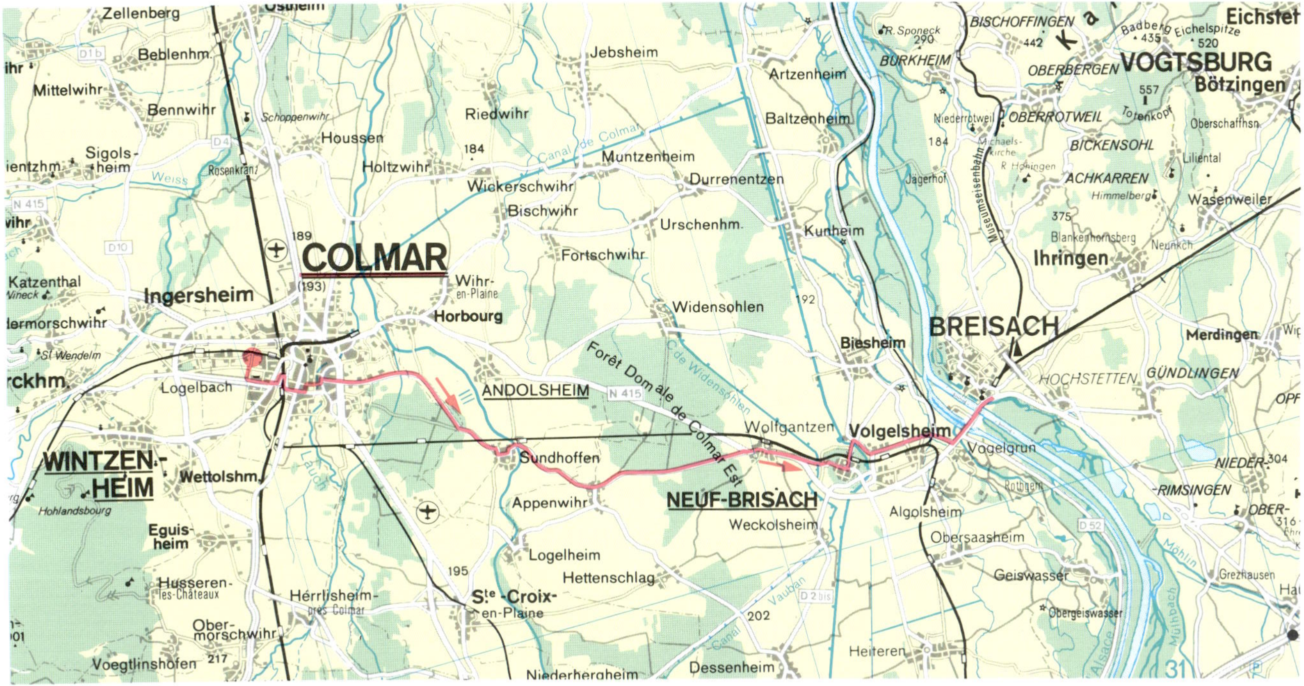
Zellenberg
Beblenhm.
Mittelwihr
Bennwihr
Sigols-heim
Schoppenwihr
Houssen
Riedwihr
Jebsheim
Artzenheim
Baltzenheim
Canal de Colmar
Muntzenheim
Durrenentzen
Holtzwihr
Wickerschwihr
Bischwihr
Urschenhm.
Kunheim
Rosenkranz
Weiss
COLMAR
Ingersheim
Katzenthal
Wineck
Wihr-en-Plaine
Horbourg
Fortschwihr
Widensohlen
St Wendelm
Logelbach
ANDOLSHEIM
Forêt Domale de Colmar Est
C. de Widensohlen
N 415
Wolfgantzen
Biesheim
Volgelsheim
Vogelgrun
BREISACH
Sundhoffen
Appenwihr
NEUF-BRISACH
Weckolsheim
Algolsheim
Obersaasheim
Geiswasser
Obergeiswasser
WINTZEN-HEIM
Wettolshm.
Hohlandsbourg
Eguis-heim
Husseren-les-Châteaux
Herrlisheim-près Colmar
Ober-morschwihr
Voegtlinshofen
Lauch
Logelheim
Hettenschlag
Ste -Croix-en-Plaine
Canal Vauban
Dessenheim
Heiteren
Niederhergheim
R. Sponeck
BURKHEIM
BISCHOFFINGEN
OBERBERGEN
VOGTSBURG
Bötzingen
Eichstet
Badberg
Eichelspitze
Totenkopf
Oberschaffhsn.
Niederrotweil
OBERROTWEIL
Michaels-kirche
R. Höhingen
BICKENSOHL
Liliental
ACHKARREN
Himmelberg
Wasenweiler
Jägerhof
Museumseisenbahn
Blankenhornsberg
Neunkch
Ihringen
Merdingen
HOCHSTETTEN
GÜNDLINGEN
NIEDER-
-RIMSINGEN
OBER-
Rothgem
Möhlin
Mühlbach
Grezhausen
Alsace
D 52
D 2 bis
D 10
D 4
D 1b
31

nach links um den Place d'Armes de Général de Gaulle, nach der Kirche links durch die Rue de Strasbourg, wieder durch den Festungsgürtel, über die Bahn, draußen an der Kreuzung vor der Stadt rechts ab und schon sind wir in *Vogelsheim,* wo wir anfangs den Wegweisern »Freiburg« folgen. Wir biegen vor dem Wasserturm links in die Rue de Neuf-Brisach (passieren den Kasernenbereich), an ihrem Ende nach links in die Rue de la Paix und am Rathaus (Mairie) rechts durch die Route de la Forêt Noire (Wegweiser: Vogelgrun) aus dem Dorf hinaus. Dem Zubringer zur Rheinbrücke folgen wir nach links und überqueren den Rhein.

In *Breisach:* Nach der Rheinbrücke zuerst links und dann rechts in die Bahnhofstraße, am Bahnhof links durch die Poststraße, geradeaus durch die Richard-Müller-Straße, durch das Spector und die Münsterbergstraße hinauf.

65 Mühlhausen – Riedisheim – Rixheim – Ottmarsheim – Bantzenheim – Chalampé – Neuenburg

Verkehrsmöglichkeiten Mühlhausen ist Bahnknotenpunkt; mit dem Auto über die A 35, die von der Rheintalautobahn A 5 abzweigt.
Jugendherberge Mulhouse, Rue de l'Illberg.
Tourenlänge 30 km. **Fahrzeit** 2½ Stunden.
Höhenunterschiede Leichter Anstieg in Riedisheim.
Karten Topogr. Karte RW 1:50000 Lörrach und ohne Radwege Müllheim; oder Topogr. Karte 1:100000 der ign France »St. Dié – Mulhouse – Bâle«; 1:200000 Generalkarte Vogesen/Elsaß.
Anmerkung Personalausweis nicht vergessen!
Wissenswertes Mühlhausen und Rixheim Tour 57. Ottmarsheim Tour 38. Bantzenheim und Neuenheim Tour 33.
Tourenbeschreibung Ab Jugendherberge *Mühlhausen* in der Rue de l'Illberg über *Riedisheim* nach *Rixheim* wie bei Tour 58. In Rixheim von der Rue Wilson links in die Rue de Riedisheim, links durch die Avenue de Gaulle und geradeaus auf der Route de Ottmarsheim stadtauswärts.

Nach dem Überqueren der Autobahn fahren wir sechs Kilometer geradeaus durch den Wald und kommen nach dem Überqueren einer weiteren Autobahn nach *Ottmarsheim,* wo uns die Rue du Général de Gaulle durch den Ort leitet und wie bei Tour 38 fahren wir über *Bantzenheim* und *Chalampé* nach *Neuenburg.*

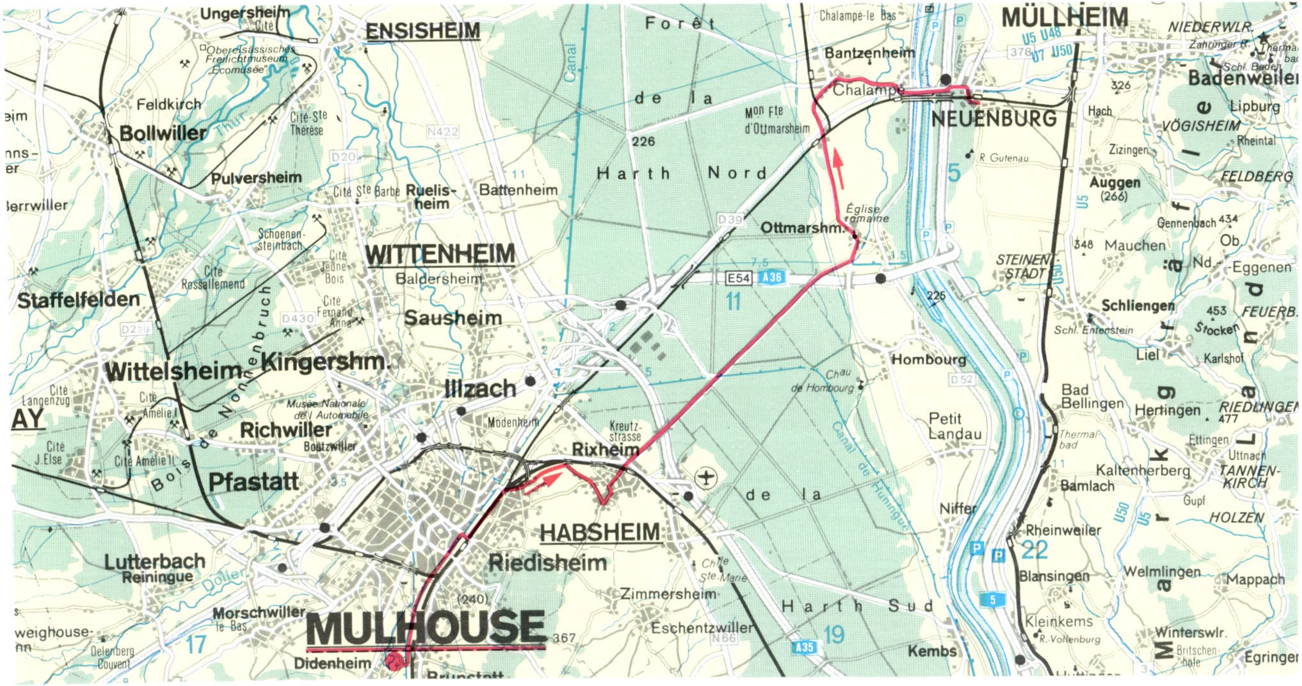
MULHOUSE
MÜLLHEIM
NEUENBURG
ENSISHEIM
WITTENHEIM
HABSHEIM
Ungersheim
Feldkirch
Bollwiller
Pulversheim
Staffelfelden
Wittelsheim
Kingershm.
Richwiller
Pfastatt
Lutterbach
Reiningue
Morschwiller le Bas
Didenheim
Illzach
Modenheim
Sausheim
Baldersheim
Ruelis-heim
Battenheim
Rixheim
Riedisheim
Zimmersheim
Eschentzwiller
Ottmarshm.
Chalampe
Bantzenheim
Chalampé-le Bas
Hombourg
Petit Landau
Niffer
Kembs
Forêt de la Harth Nord
Harth Sud
Badenweiler
Auggen
Schliengen
Bad Bellingen
Hertingen
Rheinweiler
Blansingen
Kleinkems
Welmlingen
Mappach
Winterswlr.
Egringen
Kaltenherberg
Bamlach
STEINENSTADT
Mauchen
Zizingen
Hach
Lipburg
Liel
Karlshof
E54
A36
A35
D39
N422
D20
D430
N66
D52

Anschriftenverzeichnis

Deutsches Jugendherbergswerk
Bismarckstraße 8, D-32756 Detmold

Deutsches Jugendherbergswerk, Landesverband Baden e. V.
Weinweg 43, D-76228 Karlsruhe 1

Deutsches Jugendherbergswerk, Landesverband Rheinland-Pfalz e. V.
In der Meielache 1, D-55122 Mainz

Fédération Française Unie des Auberges de Jeunesse
6 rue Mesnil, F-75116 Paris

Deutsche Wanderjugend
Tannenweg 22, D-71364 Winnenden

Europäische Wandervereinigung e. V.
Reichsstraße 4, D-66111 Saarbrücken

Verband Deutscher Gebirgs- und Wandervereine e. V.
Reichsstraße 4, D-66111 Saarbrücken

Deutscher Alpenverein
Praterinsel 5, D-80538 München 22

Touristenverein »Die Naturfreunde«, Bundesgruppe Deutschland e. V.
Großglocknerstraße 28, D-70327 Stuttgart

ADFC – Allgemeiner Deutscher Fahrrad-Club
Postfach 10 77 47, D-28077 Bremen

Badischer Rad- und Motorfahrerbund e. V.
Ensisheimer Straße 20, D-79110 Freiburg

Wichtiger Hinweis

Da Jugendherbergen und Wanderheime zum Teil während der Woche und zu bestimmten Zeiten des Jahres geschlossen sind, empfiehlt der Verlag, sich frühzeitig vor Beginn einer Wanderung mit den genannten Häusern in Verbindung zu setzen und die folgenden Angaben nur als Hinweis zu betrachten und sich zum Planen – besonders einer längeren Wanderung – folgende Verzeichnisse zuzulegen:
1. Deutsches Jugendherbergsverzeichnis
2. Naturfreundehäuser in Deutschland
3. Die Alpenvereinshütten

im jeweils gültigen Jahrgang. – Zu beziehen über den Buchhandel oder über eine der vorstehenden Adressen.

Verzeichnis der Jugendherbergen

D-79206 Breisach/Rhein
Rheinuferstraße 12

D-79104 Freiburg
Kartäuserstraße 151

D-77694 Kehl
Altrheinweg 11

D-79540 Lörrach
Steinenweg 40

D-77799 Ortenberg
Burgweg 21/Schloß

D-77883 Ottenhöfen/Sohlberg
Sohlberg 5

F-68000 Colmar
7 rue St. Niklaas

F-68610 Lautenbach
Dynamo
La Schellimatt

F-68200 Mulhouse-Dornach
37 Rue de l'Illberg

F-67200 Strasbourg
9, rue de l'Auberge de Jeunesse
Montagne Verte
Ab 1988/89 Strasbourg
Auberge de Jeunesse
»Parc du Rhin«

CH-4006 Basel
St. Alban-Kirchrain 10

Zu Tour 27, 28, 29, 30, 50, 51, 60 Freiburg. Marktplatz mit »Altem Kaufhaus« (1532). (Foto: Ulrich Schnabel, Archiv DWV)

Verzeichnis der Naturfreundehäuser

Kehler Naturfreundehaus
D-77728 Oppenau, Am Boxberg
Information: TV »Die Naturfreunde« OG Kehl, Postfach 14 45,
D-77674 Kehl

Naturfreundehaus Kornebene-Hütte
Information: Stefan Wittmann, Am Amselberg 45, D-77723 Gengenbach

Naturfreundehaus Nothalde-Hütte
D-77797 Ohlsbach
Information: Alfons Kempf, Sauerbruchstraße 5,
D-77656 Offenburg-Elgersweier

Naturfreundehaus Kohlenbach
Information: Karl-Heinz Sutter, Am Moosgraben 8,
D-79183 Waldkirch-Kollnau

Naturfreundehaus Heidsteinhütte
D-79244 Münstertal-Neuhof, Bittenhäuser 3
Information: Helmut Grunwald, Richard-Müller-Straße 3,
D-79219 Staufen (Antwort nur bei Rückporto)

Naturfreundehäuser in Frankreich

Birgmatt
Information: Gérard Schaerer, 8, rue du Soleil, F-68300 Village-Neuf

Haut-Mahrel
Information: Jocelyne Konstanzer, 3, rue des Saules,
F-68740 Fessenheim

Le Treh
Information: Janine Georger, Les A.N., B.P. 1084,
F-68051 Mulhouse cedex

Les Falères
Information: Ginette Schieber, 14, rue Edouard Drumm,
F-68200 Mulhouse

Bourbach-le-bas
Information: Arlette Fuchs, 29, rue du Mimosa, F-68400 Riedisheim

Rotenbrunnen
Information: Gilbert Munsch, 21, rue des Chasseurs, F-68360 Soultz

Schnepfenried
Information: Les Amis de la nature, B.P. 21, F-68001 Colmar cedex

Lac Noir
Information: Jean-Michel Lutz, 26, rue de Belfort, F-68000 Colmar

Gruckert
Information: Xavier Brecl, 11, quai de la Tuilerie, F-67100 Strasbourg

Chaume des Veaux
Information: J.-P. Haertel, 26, rue Jules Rathgeber, F-67100 Strasbourg

La Perheux
Information: Daniel Wahl, 6, rue Ernwein, Eckbolsheim,
F-67200 Strasbourg
Loisirs
Information: Les A. N. Châlet Loisirs, 1, rue Pierre de Courbertin,
F- 67000 Strasbourg

Zu Tour 27, 28, 29, 30, 50, 51, 60 **Freiburg. Blick auf das Münster.**
(Foto: Ulrich Schnabel, Archiv DWV).

DJH – Wegweiser
...rund um Jugendherbergen
Pfalz
Heinz Wittner
KOMPASS Wanderführer
Wanderführer Pfalz
Wanderpfad »Deutsche Weinstraße«
Rund- und Streckenwanderungen
Wolfgang Benz
KOMPASS Radwanderführer
Rad-Wanderführer Oberrhein · Elsaß 2
Rund- und Streckentouren
Heinz R. Wittner
KOMPASS Radwanderführer
Rad-Wanderführer Oberrhein · Elsaß 1
Nord: Zwischen Heidelberg und Straßburg
Rund- und Streckentouren
KOMPASS Wanderführer
Wanderführer Vogesen · Süd
Die schönsten Rundwanderungen
Heinz R. Wittner
Deutscher Wanderverlag Dr. Mair & Schnabel & Co
Mit Sicherheit gut beraten
Vereinte
Versicherungen
KOMPASS Regionalführer
Großer Pfalz-Führer
Heinz R. Wittner
Naturpark Pfälzerwald – Donnersberg mit Umland
Vorderpfalz – Deutsche Weinstraße
Nördlicher Westrich – Südwestpfälzische Hochfläche
Deutscher Wanderverlag Dr. Mair & Schnabel & Co